Adolf Gasser

Preussischer Militärgeist und Kriegsentfesselung 1914

Drei Studien
zum Ausbruch des Ersten Weltkrieges

Verlag Helbing & Lichtenhahn
Basel und Frankfurt am Main 1985

CIP-Kurztitelaufnahme der Deutschen Bibliothek

Gasser, Adolf:
Preussischer Militärgeist und Kriegsentfesselung
1914: 3 Studien zum Ausbruch d. Ersten Welt-
kriegs/Adolf Gasser. – Basel; Frankfurt am
Main: Helbing und Lichtenhahn, 1985.
  ISBN 3-7190-0903-3

ISBN 3 7190 0903 3
Bestellnummer 21 00903
© 1985 by Helbing & Lichtenhahn Verlag AG, Basel
Umschlaggestaltung: Düde Dürst, Zürich
Druck und Ausrüstung: Verlag Hans Schellenberg, Winterthur

Vorwort

I.

Vor der Wahrheitserforschung kann der Historiker immer nur dann bestehen, wenn er für die Zukunft schreibt, nicht für die Gegenwart. Er hat Erkenntnisse zu vermitteln, die ihre Gültigkeit für immer bewahren, solange es noch den Gnadenzustand eines freien Geisteslebens gibt. In seinen Wertungen hat er sich darum an den Massstäben der abendländischen Kulturideale zu orientieren, aus denen die Vielfalt des Geistes erblühte: Freiheit, Gerechtigkeit, Verantwortung, Toleranz, Humanität. Das bedingt auch eine kritische Haltung zu allem, was auf Selbstüberhebung und Vermessenheit hinausläuft.

Wie übermächtig die Vergangenheit in der Gegenwart weiterlebt, vorab in den Staatsstrukturen und in der von ihnen geprägten Völkerpsychologie, habe ich anderweitig in meinem Lebenswerk nachgewiesen, so schon in meiner "Geschichte der Volksfreiheit und der Demokratie" (Aarau 1939). In der Tat bleibt alles aktuelle Geschehen aufs stärkste — so wie den Wandlungen des Zeitgeistes — auch den Gesetzen unterworfen, die dem Reich der Toten entstammen. In meinen Leitartikeln der Basler "National-Zeitung" zur Zeit des Zweiten Weltkriegs — 50 davon abgedruckt im Sammelband "Für Freiheit und Recht 1940—1945" (Bern 1948) — lässt sich nachprüfen, inwieweit sich die Erschliessung historischer Konstanten mit dem Wagnis zur Prognose verbinden lässt.

Aus dieser Erkenntnismethode, die vom Vergangenen aus das Aktuelle und sogar Künftige mitaufzuhellen vermag, erschliesst sich von selbst ihre Irreversibilität. Die Geschichte prägt zwar die Gegenwart, niemals aber die Gegenwart die Vergangenheit. Wer immer sich darum bemüht, von der Problematik, Modeströmungen und Sonderwertungen der Jetztzeit aus Entschlüsse früherer Zeiten zu beleuchten, zu erklären oder gar zu rechtfertigen, der gerät stracks und unentrinnbar in die Gefilde der Geschichtsfälschung. Ebendarum werden Memoirenschreiber immer wieder zu Geschichtsklitterern, vielfach sogar gutgläubig, weil sie sich aus ihrem Rechtfertigungsdrang unbewusst in die Netze des Selbstbetrugs verstricken. In Wirklichkeit vermitteln immer nur die Akten und Wertungen der Krisenlage des Augenblicks die Erkenntnis, "warum es dazu kommen konnte"!

Das gilt gerade auch für das "Kriegsschuld"-Problem von 1914. Die damalige deutsche Generation war unterbewusst von nationaler Selbstüberhebung dergestalt durchdrungen, dass ihr sogar über das Kriegsende 1918 hinaus jede Einsicht mangelte, welche Vermessenheit, ja welcher Wahnwitz es war, einem Grosskrieg gegen drei Weltmächte zusammen entgegenzusteuern. Dabei bildete doch die Triple-Entente eines der lockersten, zu aggressiven Zwecken untauglichsten Abwehrsysteme, das die Weltgeschichte je kannte (siehe u. S. 27 f., 62 f., 109 f.); mit ihr verglichen ist der heutige, ebenfalls rein defensive und stetigen Krisen unterworfene Nordatlantik-pakt glücklicherweise unvergleichlich fester gefügt.

Was 1914 deutscherseits, auf den Kern der Dinge reduziert, ins Werk gesetzt wurde, und zwar höchst freventlich, das war ein eklatanter Erpresserakt, um die Abwehrkoalition so oder so zu sprengen: wenn es nicht "friedlich" (durch ihre Selbstauflösung aus Kriegsangst) gelang, so eben mit Waffengewalt. So habe ich es schon 1968 formuliert, und alle seither neu bekanntgewordenen Akten haben diese Sachlage ausnahmslos erhärtet (siehe u. S. 24, 36, 43, 75 f., 112 f.).

II.

Aufs klarste erhellt dies nunmehr auch aus den endlich publizierten Aufzeichnungen des damaligen Chefredakteurs des "Berliner Tageblattes" (Theodor Wolff, Tagebücher 1914–1919, hrsg. von Bernd Sösemann, 2 Bde., Boppard 1984). Am 25. Juli 1914 erklärten ihm die leitenden Funktionäre des Auswärtigen Amtes folgendes:

Staatssekretär Jagow: "Die diplomatische Situation sei sehr günstig. Weder Russland noch Frankreich noch England wollten den Krieg. Und wenn es sein müsse (lächelnd) – einmal werde der Krieg ja doch kommen, wenn wir die Dinge gehen liessen, und in zwei Jahren sei Russland stärker als jetzt. Beim Abschied: 'Ich halte die Situation nicht für kritisch'."

Direktor Stumm: "Wie Jagow sagt er, dass der Krieg in zwei Jahren unvermeidlich sei, wenn wir uns jetzt nicht aus dieser Situation befreiten (sic!). Es handle sich darum festzustellen, ob Österreich bei uns noch als Bundesgenosse etwas wert sei. Die Russen würden laut herumschreien, und es könnten heisse Tage kommen. Vielleicht werde Russland mobilisieren und dann werde es natürlich nötig sein, unsere Militärs zurückzuhalten."

Wie man im Berliner Auswärtigen Amt in Wirklichkeit "kalkulierte", dafür finden sich in Wolffs Tagebüchern geradezu sensationelle Aufschlüsse. Sie zeugen von einer abgründigen Verachtung der gegnerischen Militärkräfte. Hier einige Aussagen von Wolffs Gesprächspartnern:

Direktor Stumm am 25. Juli 1914: "Bei einem Krieg mit Russland werde man etwas erleben: Revolution in Finnland und Polen – und man werde sehen, dass alles gestohlen ist, sogar die Schlösser der Gewehre, und dass keine Munition da sei. Was Frankreich betreffe – die Enthüllungen des Senators Humbert über die Zustände in der Armee seien Goldes wert."

Legationsrat Wedel am 29. Oktober 1914: (Die Unterschätzungen der gegnerischen Armeen vor Kriegsausbruch) "stammten von den Militärs; das Auswärtige Amt habe daraufhin eine starke Politik machen können."

Stumm am 17. Februar 1915: "Niemand habe voraussehen können, dass militärisch nicht alles so klappen werde, wie man geglaubt" (sic!).

Botschafter Flotow am 5. April 1915: "Über Frankreich hätten sich die Militärs vollkommen geirrt, ebenso über alles andere. Er Flotow, der doch in Paris gelebt hatte, habe immer gegen diesen Irrtum protestiert; aber im Auswärtigen Amt habe man ihm geantwortet: 'Sie werden nicht einmal einen Aufmarsch zustande bringen'" (sic!).

Botschaftsrat Riezler am 24. Mai 1916: "Ausserdem habe der Generalstab erklärt, der Krieg gegen Frankreich werde 40 Tage dauern" (sic!).

Bei solch erschreckend hilfloser Abhängigkeit von den Fehlkalkulationen des Generalstabs sah die deutsche Vorkriegsdiplomatie der Kriegsgefahr mit einem Zynismus ohnegleichen entgegen. Und so durfte der Wiener Historiker Prof. Redlich im Gespräch mit Wolff vom 26. Juli 1917 mit vollem Recht folgern:

"Die beiden Generalstäbe haben es gemacht; die Regierungen sind dann mithineingezogen worden."

In einem langen Gespräch mit Theodor Wolff vom 9. Februar 1915 kam der Kanzler Bethmann Hollweg auch auf die Politik des britischen Aussenministers Grey zu sprechen. Im Kerne beurteilte er sie durchaus richtig:

"Er wollte den Krieg nicht; aber ich möchte sagen, die Tripleentente war ihm mehr wert als der Frieden, er stellte sie über den Frieden."

Faktisch, so wird man hinzufügen müssen, blieb Grey gar nichts anderes übrig; hätte doch das Versagen der Entente vor dem Berliner Erpresserakt mit all den daraus entquellenden Zänkereien ihre Selbstauflösung bewirkt und damit dem zu schwindelnder Machthöhe aufsteigenden Deutschen Reich den Weg zu beliebigen Einfrontenkriegen freigelegt!

Und doch wäre es falsch, die Katastrophe von 1914 einfach auf das "Versagen" der Diplomatie zurückführen zu wollen. Welch übermächtige Kräfte überpersönlicher Natur mit im Spiele standen, geht aus Bethmanns Hinweis zu Wolff am 9. Februar 1915 hervor:

"Der Krieg ist doch nicht aus' diesen einzelnen diplomatischen Aktionen entstanden; er ist das Ergebnis von Volksströmungen – und da haben wir unser Teil der Schuld, haben diese Alldeutschen ihre Schuld."

Zum mindesten seit dem Abend vom 25. Juli 1914 standen Berlin wie andere deutsche Städte unter dem Druck von Strassenkundgebungen, welche Österreichs Mobilisation gegen Serbien bejubelten, "beinahe so als ob wir selber mobilgemacht hätten" (Moltke). Wolff berichtet darüber am 25. und 26. Juli:

"In Berlin finden abends Demonstrationen für Österreich statt, Züge von mehreren tausend Personen ziehen zum Schloss, zu den Botschaften etc., singend und hurraschreiend. Eine unerwartete, eigentümliche Stimmung ... Sonntag. Wiederholung der Kundgebungen in Berlin ... alles 'hoch Österreich, nieder Russland!' rufend. Irgend jemand muss sie führen ... Ich nehme einen sehr üblen Eindruck mit."

Und aus einem Gespräch mit Alt-Reichskanzler Bülow vom 11. Mai 1916 hielt Wolff folgendes fest:

"Er sagt, er könne sich nicht denken, dass man ihn (= den Krieg) gewollt habe. Ich weise auf einige beachtenswerte Symptome hin, z.B. auf die Strassendemonstrationen für den Krieg, gleich nach dem österreichischen Ultimatum, die doch kaum ganz spontan gewesen sein könnten. Er meint, das könne in der Luft gelegen haben; denn sogar auf Norderney, wo doch niemand sie arrangiert habe, hätten solche Kundgebungen stattgefunden."

III.

"Serbien muss sterbien!" – dieser an allen Stammtischen von Flensburg bis Klagenfurt populäre makabre Reim widerspiegelte die "Aufbruchsstimmung" breiter Volkskreise. Und das waren vornehmlich all jene nationalen Aktivisten, welche im Kaiserreich dessen eigentlich tragendes Element bildeten. Besonders übermächtig strahlte im preussisch-deutschen Militärstaat jener "Drang zum Aufbruch" vom gesamten Offizierskorps aus; wie hätte da die politische Reichsleitung gemäss den Worten, mit denen Stumm den beunruhigten Wolff am 25. Juli 1914 zu beschwichtigen suchte, "unsere Militärs zurückhalten", also kneifen können?

Im Wesenskern war der deutsche Volkskörper im halben Jahrhundert von 1895–1945 von einer Machtpsychose sondergleichen durchdrungen und vergiftet: von einer unsäglichen Missachtung der übrigen Welt wegen deren Mangel an militaristischen Leitidealen. Jene fatale Selbstüberhebung mit all ihren psychopathischen Delirien entwickelte sich parallel mit dem langsamen Verpreussungsprozess, dem die Nation seit 1866/71 verfallen war: in der Lust immer breiterer Volkskreise an Disziplin und Gehorsam sowie an kollektiver Machtvergottung. Sie drängte das Deutsche Reich inmitten Europas auf einen verhängnisvollen Sonderweg. Darauf verweist jetzt auch das von Wilhelm Alff edierte Sammelwerk "Deutschlands Sonderung von Europa 1862–1945" (Frankfurt 1984). Alffs Nachweise, wie tief das Denken vieler deutscher Historiker sogar heute noch in jener antieuropäischen Geisteshaltung haftet (vorab S. 422), decken sich aufs trefflichste mit meinen eigenen Schlüssen (vgl. anbei u. S. 117 ff., 129).

Unsere kritische Analyse der Sonderentwicklung, wie sie den preussisch-deutschen Militärstaat kennzeichnet, richtet sich keineswegs gegen das Preussentum als solches – es sind aus ihm um 1810 wahrhaft grosse Europäer hervorgegangen –, sondern gegen seine wohl unvermeidliche *vulgäre Entartung* im modernen Massenzeitalter, in der perversen Form volkstümlicher Vergottung seiner ihm seit jeher anhaftenden – früher aber noch durch Vernunft gebändigten – Macht-, Kriegs- und Expansionsideologie. Sein Umschlag ins *Vulgärpreussentum* stellte die deutsche Politik von 1895–1945 unter besondere Lebensgesetze.

Es war *August Bebel,* bis zu seinem Hinschied im August 1913 der anerkannte Führer der deutschen Sozialdemokratie, der um 1910 besonders klar erkannte, in welche Zeitbombe sich das verpreusste Reich verwandelt hatte. Es geschah dies in Warnungen, die er seinem Zürcher Freund Sir Henry Angst unterbreitete und die dieser "so weit wie möglich in seinen eigenen Worten" ans Londoner Foreign Office weitergab (Helmut Bley, Bebel und die Strategie der Kriegsverhütung 1904–1913, Göttingen 1975). Aus Bebels Warnungen sei hier folgendes zitiert:

22. Oktober 1910: "Ich bin selbst Preusse, aber es macht mir nichts aus, Ihnen zu sagen, dass Preussen ein fürchterlicher Staat ist, von dem in England Fürchterliches erwartet werden muss. Preussen, der Junkerstaat, kann nicht reformiert werden; er wird sich entweder nach seinen alten Grundsätzen von Krieg und Gewalt weiterentwickeln oder völlig zugrundegehen ... Die innere Situation in Deutschland treibt ebenfalls auf einen Krieg zu ... Wir

Sozialisten können einen solchen Krieg gegen England nicht verhindern ... Im Gegenteil, je mächtiger wir werden, um so grösser wird die Gefahr für England."

1. Mai 1911: "Unter dem alten preussischen System stellte die Junkerklasse die grosse Hauptmasse der Offiziere ... Aber seit 1870 haben die Ausweitung des Systems auf das übrige Deutschland und das enorme Anwachsen von Armee und Marine das bürgerliche Element in grossem Umfang in beide hineingeführt. Herr Bebel sagt, es gebe in Deutschland jetzt kaum eine Familie von irgendwelchem sozialem Rang, die nicht wenigstens ein Mitglied aufzuweisen habe, dessen gesamte Karriere untrennbar entweder mit der Armee oder mit der Marine verbunden sei. Diese ungeheure Ausweitung der materiellen Interessen an beiden Waffengattungen beeinflusst natürlich die Frage der Abrüstung in einem ungünstigen Sinn ... (Dazu kommt) die Tatsache, dass die meisten deutschen Offiziere gezwungen seien, über ihre Verhältnisse zu leben und dass grosse Unruhe und Unzufriedenheit unter ihnen herrschen; in einem Krieg sähen sie den besten und tatsächlich einzigen Weg aus den Schwierigkeiten, in denen sie sich befänden."

30. Dezember 1911: "Der Kaiser ist zweifellos gegen den Krieg, d.h. er kann sich niemals ganz entschliessen, die letzten Konsequenzen aus seinen überstürzten Handlungen zu ziehen. Deshalb herrscht grosse Unzufriedenheit gegen ihn in militärischen und anderen chauvinistischen Kreisen, die ganz offen darüber sprechen, den Kaiser absetzen zu wollen, falls es erneut zu ernsthaften Schwierigkeiten kommt ..."

In authentischen Briefen an Angst bestätigte Bebel, zu welchem *Selbstexplosivkörper* sich der preussisch-deutsche Militärstaat entwickelt hatte:

28. April 1912: "So dumm ist Deutschland noch nicht regiert worden; man reitet das Reich immer tiefer in den Sumpf. Und das Schlimmste ist, man sieht nicht, wohin man reitet."

3. August 1912: "Mit dem Reichstag kann die Regierung alles machen. Die bürgerlichen Parteien sind in Rüstungsfragen vollständig zusammengekittet und haben keinen eigenen Willen mehr. Dass wir der *Katastrophe* entgegentreiben, ist seit langem meine Überzeugung; aber es scheint, sie kommt rascher als ich ahnte."

Dass ich diese Broschüre der unbelasteten neuen deutschen Generation widme, geschieht im Gedenken an meine faszinierend weltaufgeschlossene Mutter Hedwig Gasser geb. Reiniger (geb. 1881 in Übigau/Elster, gest. 1941 in Winterthur). Sie entstammte dem Südostwinkel der Provinz Sachsen, dessen 1815 annektierten Bewohner sich noch bis gegen 1900 hin als "Musspreussen" fühlten; nach ihrer Übersiedlung in die Schweiz (1902) sehnte sie zeitlebens jenen Sinneswandel im deutschen Volkskörper herbei, wie er sich seit 1945 endlich durchsetzte. Darum fühle ich mich davon persönlich tief berührt.

Basel, September 1984

Adolf Gasser

"Preussen ist ein fürchterlicher Staat"

August Bebel zu Sir Henry Angst
im Oktober 1910 (siehe o. S. VIII)

Der neuherangewachsenen
jeder selbstzerstörerischen Machtpsychose entledigten
Volksmehrheit Deutschlands

Drei Studien
zum Ausbruch des Ersten Weltkrieges

Inhaltsverzeichnis

* dort jeweils mit näherer Inhaltsangabe für jede der drei Studien

[Seitenverweise in eckigen Klammern beziehen sich jeweils auf die beiden anderen Studien dieser Broschüre oder, wenn über S. 133 hinausreichend, auf den Sammelband des Autors: "Ausgewählte historische Schriften 1933–1983"; vgl. hierzu das Inserat, S. 136.]

Deutschlands Entschluss zum Präventivkrieg 1913/14*
(1968)**

Inhalt

---

* Zum Begriff des "Präventivkrieges" vgl. u. Anm. 22a.
** Der Text von 1968 wurde um einige Zitate gekürzt, die in den hier anschliessenden Studien von 1973 oder 1983 wiedergegeben sind.

Nach Ablauf von mehr als einem halben Jahrhundert ist das Problem des Kriegsausbruchs von 1914 nicht mehr unmittelbar durch politischen Zündstoff — nationale Ressentiments und Machtinteressen — belastet. Die andersgelagerte Problematik unserer Gegenwart hat die deutsche Geschichtsforschung von dem Vorurteil befreit, im Kampfe gegen den Versailler "Diktatfrieden" und seine angebliche "Kriegsschuldlüge" eine nationale Pflicht erfüllen zu müssen[1]. Kein britischer Staatsmann ist heute mehr daran interessiert, nach dem Beispiel Lloyd Georges zu Ende des Jahres 1920 in der Abwehr gegen die von Frankreich neuaufgerichtete festländische Hegemonie das eben besiegte Deutschland moralisch wiederaufzuwerten — mit der Behauptung, im Grunde seien alle Grossmächte 1914 wider Willen in den Krieg "hineingeschlittert"[2]. Und auch in Amerika ist jene isolationistische Hochwelle der 1920er Jahre längst verebbt, die dortige Historiker dazu verleitet hatte, einer empfänglichen Öffentlichkeit "nachzuweisen", man habe 1917 durchaus zu Unrecht in den Weltkrieg eingegriffen, und das erst noch auf der falschen, weil eher stärker schuldigen Seite[3].

Heute ist die wissenschaftliche Wahrheit, am objektiven Erkenntniswillen sine ira et studio orientiert, in vollem Durchbruch begriffen[4]. Das gilt gerade auch für Deutschland, wie die grundlegenden Neuerkenntnisse von Fritz Fischer[5] und Imanuel Geiss[6], in vielfach abgeschwächter Weise auch jene von Gerhard Ritter[7]

---

1 So ehedem abschliessend Alfred von Wegerer, Der Ausbruch des Weltkriegs, 2 Bände, 1939 — mit dem Ergebnis (II, S. 423): "Es war in den letzten Tagen der Krise fast allenthalben, am stärksten in Berlin, das Bestreben vorhanden, den Weltbrand zu vermeiden." Besonders symptomatisch etwa noch die Beteuerung von Hermann Oncken, Das Deutsche Reich und die Vorgeschichte des Weltkrieges, 2 Bände, 1933 (II, S. 828): "Das amtliche Kriegszielkonto der politischen Reichsleitung im Weltkrieg ist von einer realpolitischen Enthaltsamkeit ohnegleichen" — vgl. hierzu unten Anm. 5, 137, 198.

2 Dieses in Deutschland vielzitierte "Unschuldszeugnis", ausgestellt von einem völlig dem Tagesgeschehen verschriebenen Politiker, stand ganz und gar im Dienste des britischen Gleichgewichtsstrebens und wurde darum in anderen Ländern wenig beachtet.

3 Vor allem: Sidney Bradshaw Fay, The Origins of the World War, 2 Bände, 1928 (deutsche Ausgabe 1930).

4 Bahnbrechend: Luigi Albertini, Le origini della guerra del 1914, 3 Bände, 1942/43 (englische Ausgabe 1952/57).

5 Fritz Fischer, Griff nach der Weltmacht, Die Kriegszielpolitik des kaiserlichen Deutschland 1914/18, 1961 (im folgenden zitiert nach der 3. Aufl. 1964) — die erste grundlegende, nichtapologetische, rein wissenschaftliche Studie der deutschen Geschichtsforschung über den Ersten Weltkrieg. Die Kriegsursachen behandelt sie nur in den beiden Einleitungskapiteln (S. 15–108); wichtige Ergänzungen dazu gibt Fischer, in Abwehr von Angriffen, in der Historischen Zeitschrift, 199. Band, 1964, und in den Hamburger Studien zur neueren Geschichte, I. Band, 1965.

6 Imanuel Geiss, Julikrise und Kriegsausbruch 1914, Eine Dokumentensammlung, 2 Bände, 1963/64. Unsere nachfolgenden Fussnoten verweisen nach Möglichkeit auf die Nummern dieses trefflichen, übersichtlichen und allgemein leicht zugänglichen Sammelwerkes. Zu beachten sind die von Geiss eingefügten Tageskommentare mitsamt der Einleitung (I, S. 10–54); letztere enthält eine kritische Würdigung der Kriegsschulddiskussion seit 1919, darunter auch den Hinweis (S. 33) auf die in Berlin erfolgte Vernichtung wichtigster Akten aus der Zeit der Julikrise. — Ferner Geiss, Juli 1914, dtv-Dokumente, Nr. 293, sowie sein Beitrag in: Kriegsausbruch 1914 (u. Anm. 8).

7 Gerhard Ritter, Staatskunst und Kriegshandwerk, Das Problem des Militarismus in Deutschland, 3 Bände, 1954/64. Trotz vieler Abschwächungsversuche belastender Akten enthält die

bezeugen. Dieser jetzt endlich in Gang gekommenen, rein sachlichen Abklärung sollen auch die folgenden Gedankengänge dienen.

Auf eine Auseinandersetzung mit abweichenden Ansichten der Vergangenheit und Gegenwart samt der alsdann unvermeidlichen Polemik sei an dieser Stelle möglichst verzichtet. Uns liegt hier nur daran, in der Überfülle der neuerschlossenen Akten und Einsichten[8] einige besonders wichtige Grundlinien etwas schärfer herauszuarbeiten und etwas zentraler zu beleuchten, als dies bisher geschah. So hochwichtig im Rahmen der damaligen Zeitereignisse auch das kleinste Faktum ist und bleibt[9], so unbedingt bleibt der Historiker der Aufgabe verpflichtet, seinen Blick vor allem auf die Hauptfaktoren des Geschehens zu konzentrieren, auf die wesentlichsten und wahrhaft entscheidenden Triebkräfte und Entschlüsse[9a] — nicht um sich in eigene Wertungen zu verbeissen, sondern um sie zur Diskussion zu stellen.

I. Die Kassierung des Grossen-Ostaufmarsch-Planes

Im April 1913 beschloss der deutsche Generalstab, den bisher alljährlich den neuen Gegebenheiten angepassten "Grossen-Ostaufmarsch-Plan" nicht weiter zu bearbeiten und jeden kommenden Krieg gemäss dem Schlieffenplan mit gesammelter Stosskraft gegen den Westen zu beginnen[10]. Was bedeutete dieser Entschluss?

---

fesselnd geschriebene grossangelegte Studie eine Überfülle trefflichster Einsichten, so u.a.: "Der grosse Krieg von 1914 ist nicht, wie das deutsche Volk damals glaubte, durch einen Überfall seiner Gegner auf die friedliche Mitte Europas entstanden" (III, S. 15).

8 Vgl. neuerdings auch die Aufsatzsammlung: Kriegsausbruch 1914 (Deutsche Buchausgabe des "Journal of Contemporary History", 1967), mit Beiträgen von Historikern zahlreicher Länder.

9 George W.F. Hallgarten, Imperialismus vor 1914, 2 Bände, 1951 (fertiggestellt schon 1933), schildert besonders detailliert die wirtschaftlichen und finanziellen Verknüpfungen im Gesamtablauf der Vorkriegspolitik. Obgleich das mit etwas gar viel Freude am Kombinieren und Hintergründigen geschieht. so zeigt der Verfasser doch zugleich treffliches Verständnis für die geographischen, politischen, militärischen, ja auch völkerpsychologischen Machtfaktoren.

9a Stefan T. Possony, Zur Bewältigung der Kriegsschuldfrage, Völkerrecht und Strategie bei der Auslösung zweier Weltkriege, 1968. – Dieses neueste Buch des gerne mit Indizien arbeitenden amerikanischen Forschers bietet manche fruchtbare Gesichtspunkte, auch wenn sein letzter grosser Abschnitt über "Die hehre Kunst der Provokation" die Grenzen dessen, was sich über Ursache und Wirkung wissenschaftlich erkennen lässt, allzu verwegen überschreitet. Wie beim Buche Wallachs (u. Anm. 10a), liessen sich Possonys wichtigste Hinweise kurz vor Redaktionsschluss ohne jede Änderung des Haupttextes noch in unseren Anmerkungsapparat einarbeiten.

10 Der Weltkrieg 1914–1918, bearbeitet im Reichsarchiv, I. Band, 1925, S. 17 f.; vgl. Ritter, II, S. 251, Fischer, S. 44.

Natürlich lag das Schwergewicht der deutschen Aufmarschvorbereitungen für einen künftigen Krieg schon seit einem Jahrzehnt ganz auf dem Schlieffenplan[10a]. Dessen heillose Schwächen und abenteuerliche Risiken, vor denen noch das nationalistische Deutschland der 1920er Jahre geflissentlich die Augen verschloss, sind heute allgemein bekannt[11]. Gerechterweise wird man indessen zugeben müssen, dass er doch ein bedingtes Daseinsrecht besass — solange er nämlich ein blosser Alternativplan, ein Plan neben anderen Plänen blieb.

Gerade auch ein friedfertiges Deutschland, welches das bestehende Mächtegleichgewicht in Europa nicht zu ändern gedachte, musste der Gefahr eines Zweifrontenkrieges sorgenvoll entgegenblicken. Die Möglichkeit, dass Russland einmal gewaltsam angreife, im Dienste seiner Expansionsabsichten im Balkan (wie 1877), und dabei von Frankreich von Anfang an unterstützt werde, war doch wohl im Auge zu behalten[12]. Ein daraus entbrennender Zweifrontenkampf schien besonders gefährlich zu werden, falls ein französischer Stosskeil über Belgien aufs Ruhrgebiet hinzielen sollte[13]. War es da nicht eine Pflicht, sich gegen solche Aktionen vorzusehen, zumal wenn ein genialer Gegenplan erst noch Aussicht bot, den westlichen Angreifer im Gegenstoss total niederzuwerfen, bevor die russische Hauptmacht aufmarschiert war? Sind Generalstäbe nicht eben dazu da, um sich auch für den schlimmsten Fall rechtzeitig zu wappnen?

Immerhin wusste man in der deutschen Staatsleitung sehr wohl, dass es sich bei der Entente Frankreich-Russland (gleich wie beim Dreibund Deutschland-Österreich-Italien) um ein blosses Defensivbündnis handle[14], einzig dazu geschaffen,

---

10a Oberst Jehuda L. Wallach, Das Dogma der Vernichtungsschlacht, Die Lehren von Clausewitz und Schlieffen und ihre Wirkungen in zwei Weltkriegen, 1967. — Diese grundlegende, von einem israelischen Generalstäbler verfasste Studie ging mir erst zu, als der vorliegende Text bereits gesetzt wurde. Doch liessen sich Wallachs Erkenntnisse noch in die Fussnoten einbauen, während am durchlaufenden Haupttext selber kein Wort zu ändern war.

11 Gerhard Ritter, Der Schlieffenplan, Kritik eines Mythos, 1956 — mit dem Ergebnis: "Von den späteren Ereignissen her gesehen, erscheint der Schlieffenplan geradezu als der Anfang vom Unglück Deutschlands und Europas ... Auch die Haltung der französischen Nation wäre eine andere gewesen, wenn sie um des russischen Bündnisses willen oder zur Eroberung der Reichslande eine mörderische Offensive hätte beginnen müssen, statt den Boden Frankreichs vor dem Eindringen der Deutschen zu schützen" (S. 93). Dazu Ritters obgenanntes Hauptwerk, II, S. 239 ff., 254 f.; ebenso Wallach, S. 64 ff., 88 ff., 114. — Vgl. vor allem auch u. Anm. 24, 183. [Dazu anbei u. S. 97, 101 f.]

12 Gerade 1913/14 war die russische Politik auf Wahrung des Mächtegleichgewichts im Balkan, nicht auf seinen Umsturz ausgerichtet. Gemäss Berichten der deutschen Amtsstellen in Petersburg und Moskau gehörten dort nur "Randfiguren" zu den momentanen Kriegstreibern (Geiss I, S. 41 f.). Ähnlich Wegerer, I, S. 26 ff., II, S. 413 f.; ebenso Ritter, II, S. 98 ff., 112 ff. Auch stellte ja die ganze deutsche Politik in der Julikrise 1914 auf die Tatsache ab, dass Russland militärisch "noch nicht fertig", also zur Zeit nicht kriegsbereit sei. Vgl. u. Anm. 25, 40; ebenso Bestuschews Beitrag o. Anm. 8.

13 Schlieffen, der in rein militärisch-strategischen Wertmassstäben dachte, setzte die Bereitschaft, Belgiens Neutralität zu verletzen, im Bedarfsfall auch von seiten Frankreichs als selbstverständlich voraus (Ritter, Schlieffenplan, S. 40 ff., 44 ff., 57 ff., ferner Wallach, S. 62 f., 142).

14 U. Anm. 126–129.

jede gewaltsame Veränderung des bestehenden Mächtegleichgewichts, also jedes militärische Hegemonialstreben, durch den Einsatz gemeinsamer Gegengewalt zu verhindern[15]. Von der Dritten Republik war seit der Dreyfus-Affäre, seitdem das zivile Element das militärische unterworfen hatte, ein Angriffsabenteuer weniger denn je zu befürchten; hatte sie doch sogar unterlassen, Napoleons Schlachtensiege offiziell zu feiern, als sie sich von 1900–1909 zum hundertsten Male jährten[16].

Eben weil man sich in Berlin über diese fundamentalen Tatsachen der Gegenwartspolitik bis 1912 genau im klaren war, bearbeitete man neben dem Schlieffenplan auch den Grossen-Ostaufmarsch-Plan so lange Jahre weiter — durchaus wirklichkeitsnah und pflichtgetreu. Er galt für den Fall, dass das Zarenreich durch Einmarsch in die Balkanhalbinsel das Mächtegleichgewicht gewaltsam störe und Frankreich infolgedessen neutral bleibe. Für ein Deutschland, das die moralischen Faktoren noch zu würdigen wusste und darauf hielt, seine Friedfertigkeit vor der Welt zu beweisen, war alsdann ein Aufmarsch mit der Hauptmacht gegen Osten ein zwingendes Erfordernis[17].

In diesem Zusammenhang gesehen, kann man kaum anders, als die im April 1913 vom Generalstab beschlossene Kassierung des Grossen-Ostaufmarsch-Planes als einen Schritt von umwälzender Tragweite zu bezeichnen. Der Schlieffenplan erhielt dadurch eine wesentlich andere Zielsetzung als bisher, ja geradezu eine neuartige Bedeutung. Fortab war er vor allem Ausdruck eines unbedingten Offensiv- und Siegeswillens, ja eines Angriffswillens um jeden Preis.

---

15 Ritter verweist hier seinerseits (II, S. 106, 251, dazu sein Schlieffenplan, S. 31, 35) auf die geheime russisch-französische Militärkonvention von 1892. Gewiss sah sie vor, dass beide Länder "auf die erste Kunde" von einer Mobilmachung Deutschlands "sofort und gemeinsam ihre gesamten Streitkräfte mobilmachen" und dass diese "mit Nachdruck und aller Schnelligkeit" die Deutschen zu einem Zweifrontenkrieg zwingen sollten (Art. 2 und 3). Voraussetzung dafür war aber natürlich ein "Angriff der Streitkräfte des Dreibunds" auf eines der beiden Länder (Präambel und Art. 1). Anlässlich der Mobilmachung vom 1. August 1914 warf denn auch Frankreich seine Streitkräfte noch keineswegs "so nahe wie möglich an die Grenze" (Art. 2), sondern hielt sie 10 Kilometer davon entfernt. Darf man da mit Ritter folgern, der Ostaufmarsch habe seit 1892 seinen Sinn verloren und sei gleichsam nur aus Spielerei bis 1913 weiterbearbeitet worden? Bestand sein Sinn nicht gerade darin, auch der Politik ein Mitentscheidungsrecht zu belassen? Vgl. u. Anm. 30, ebenso Possony, S. 191 Anm. 12.

16 Von der absolut friedlichen Gesinnung Frankreichs zeugen etwa die Berichte des deutschen Botschafters in Paris von 1912/14. Vgl. Geiss, I, S. 41; K.D. Erdmann, in: Gebhardts Handbuch der deutschen Geschichte, 4. Band (1914–1945), 1959, S. 10; ebenso die Berichte aus der Julikrise (Geiss, Nrn. 443, 572, 737, 757 und viele andere). Auch Ritter weist darauf hin wieviel "Militärverdrossenheit" es in der jüngsten Generation und welch "fanatischen Pazifismus" es in der Volksschullehrerschaft gab (II, S. 29) und wie der "Primat der politischen Führung" gesichert war (II, S. 32 ff.). – Ähnlich auch Hallgarten, II, S. 316 ff., 366 f.

17 Noch Kaiser Wilhelm I. hielt "das Praevenire unter Staaten für sittlich verantwortungslos; es zerstöre alle Sympathien der öffentlichen Meinung der Welt" (Ritter, I, S. 386 Anm. 57). Ebenso u. Anm. 26.

In der Tat: Blieb für den kommenden Krieg der Schlieffenplan als einziger Operationsplan übrig[17a], so konnte das nichts anderes bedeuten, als dass die deutsche Heeresleitung jede defensive Grundeinstellung preisgegeben hatte. Statt den gefährlichen Zweifrontenkrieg wie bisher soweit wie möglich zu vermeiden, war sie jetzt umgekehrt entschlossen, ihn mit allen seinen Risiken bewusst auszulösen, ja ihn im Konfliktfall unter allen Umständen zu führen[18]. Damit war in Berlin eine Entscheidung gefallen, die den weiteren Gang der Entwicklung zwangsläufig und unwiderruflich festlegte[18a].

Lässt sich diese Kehrtwendung vielleicht doch aus defensiver Grundhaltung erklären? Irgendwie spielte sicher die Sorge mit, von Frankreich später doch noch im Rücken angefallen zu werden, wenn man sich einmal in der Abwehr eines russischen Gewaltstreichs in den östlichen Gegner verbissen habe. Könnte es in einem solchen Ostkrieg das französische Volk je zulassen, dass seine im Zarenreich investierten Riesenkapitalien als Siegesbeute in deutsche Hand fielen[19]? Würde es sich alsdann nicht durch die Macht der Tatsachen gezwungen fühlen, auch einem östlichen Angreifer beizuspringen, über seine defensiven Bundespflichten hinaus? War es da nicht auch für ein friedliches Deutschland ein Gebot der Vorsicht, ja der nationalen Pflicht, im konkreten Konfliktfall den rascher zu erledigenden Westgegner unter allen Umständen sofort auszuschalten?

Entschuldigungsgründe dieser Art liessen sich geltend machen, stünde ihnen nicht ein durchschlagendes Gegenargument im Wege. Die Kassierung des Grossen-Ostaufmarsch-Planes erfolgte nämlich ausgerechnet im Zeitpunkt, da ihn Deutschland – defensive Grundeinstellung vorausgesetzt – für die unmittelbare Zukunft nötiger hatte denn je!

Die grosse Sorge der deutschen Heeresleitung waren die zahlreichen neuen Eisenbahnlinien strategischer Art, die Russland bis unmittelbar zur deutschen Ostgrenze zu bauen beschlossen hatte. Ihre Fertigstellung war auf das Frühjahr 1916

17a Die Neuplanung von Grossaufmärschen war eine Sache von Monaten, in minutiöser Ausfeilung von Jahren. Nur Eisenbahntransporte liessen sich jederzeit rasch umdisponieren (H. von Staabs, Aufmarsch nach zwei Fronten, 1925). Possony, S. 177, erklärt hiezu: "Es gab nur einen einzigen Plan, solange es darauf ankam, die Ereignisse zu forcieren. Hätte man nicht diese Absicht gehabt, dann hätten sicherlich viele Alternativpläne zur Verfügung gestanden." Das ist an sich richtig; praktisch aber müssen solche Pläne, wenn sie sofort bei Kriegsausbruch verwendbar sein sollen, Jahr für Jahr sorgfältig neu aufgearbeitet werden. Und eben das war beim Ostaufmarsch seit April 1913 nicht mehr der Fall!

18 Der jüngere Moltke im November 1914: "Dieser Krieg, den wir jetzt führen, war eine Notwendigkeit, die in der Weltentwicklung begründet ist" (Helmuth von Moltke, Erinnerungen, Briefe, Dokumente 1877–1916, hrsg. von seiner Witwe 1922, S. 13. – Vgl. u. Anm. 148–151, neuerdings auch Wallach, S. 118.

18a Dazu u. Anm. 30, 70a. [Ferner anbei u. S. 99 f.]

19 Dies Moltkes ausdrückliche Argumentation im November 1914 (Erinnerungen, S. 12), sodann u. Anm. 128.

geplant, zusammen mit einer Verstärkung der russischen Armee um 40%[20]. Waren die Linien einmal in Betrieb, so wurde damit der Schlieffenplan automatisch unbrauchbar und hinfällig. Denn wenn dereinst starke Armeen des Riesenreiches nur binnen weniger Tage nach Beginn der Mobilmachung an Deutschlands Ostgrenze aufmarschierten, so liess sich diese unmöglich mehr wochenlang von grossen Streitkräften entblösst halten; sonst stand der Feind im Osten mit Sicherheit bereits in Berlin, bevor man im Westen Paris erreichen konnte[21].

War es da nicht die oberste Pflicht des deutschen Generalstabs, sich auf diese Zukunftsgefahren gründlich vorzubereiten und den Ostaufmarsch-Plan den neuen Gegebenheiten anzupassen, ihn zu revidieren, zu verbessern und im Hinblick auf dieses Ziel alle Studien auf ihn zu konzentrieren? Statt dessen warf man ihn im April 1913 in den Papierkorb und behielt nur einen einzigen Operationsplan bei, und zwar ausgerechnet einen, der schon nach drei Jahren unanwendbar werden musste — so dass man ab 1916 ohne jeden sorgsam vorbereiteten Plan(!) dagestanden hätte[22].

Worauf lief diese Kehrtwendung hinaus? Man kann die Dinge drehen und wenden, wie man will, sie lassen nur eine einzige schlüssige Folgerung zu: Die deutsche Heeresleitung legte sich im Frühjahr 1913 grundsätzlich darauf fest, im Laufe der allernächsten Zeit, 1914 oder spätestens 1915, unbedingt loszuschlagen, also einen Präventivkrieg vom Zaune zu reissen — mit anderen Worten: einen Angriffskrieg[22a]!

Widerlegen lässt sich dieser Tatbestand wohl kaum mehr. Um so leichter lässt er sich erklären.

Wie zur Genüge bekannt, war der deutsche Generalstab seit 1912/13 zur Überzeugung gelangt, dass die Zeit gegen das Reich — richtiger: gegen den Schlieffenplan — arbeitete[23]. In diesem Plan aber glaubte man das einzige einigermassen

---

20 Ritter, II, S. 109 f., 309, 380 Anm. 5; ferner u. Anm. 25, 36, 128.

21 Ausgerechnet mit der Langsamkeit der russischen Mobilmachung rechtfertigte man ja in Deutschland den Schlieffenplan und das sofortige Losschlagen gegen Westen. Es war dies die Grundkonzeption der ganzen deutschen Kriegführung. Und gerade sie hing von 1916 an in der Luft.

22 Der deutsche Generalstab ohne ausgefeilten Operationsplan! Unwillkürlich denkt man hier an das in der Vorkriegszeit umlaufende Scherzwort, es gebe in Europa fünf vollkommene Institutionen: das britische Parlament, die französische Akademie, die römische Kurie, das russische Ballett und den deutschen Generalstab.

22a Zwischen einem Präventiv- und einem Angriffskrieg gibt es naturgemäss nicht in allen Fällen eine eindeutig klare Grenze. Doch wird man, wie Possony, S. 52, mit Recht betont, darauf abstellen müssen, ob eine feindliche Aggression wirklich kurzfristig und nachweisbar bevorsteht: innerhalb von Tagen oder höchstens Wochen. Handelt es sich lediglich um Vermutungen, und zwar im Rahmen von Monaten oder gar Jahren, so sind sogenannte "Präventivkriege" in Wirklichkeit nichts anderes als (vor sich selbst und vor der Welt) verschleierte Angriffskriege! Wir verstehen den Begriff hier durchwegs in diesem weitergefassten Sinne des Wortes.

23 "Moltke scheint im Sommer 1914 mehrfach seine uns schon bekannte Ansicht wiederholt zu haben, bis 1916 oder 1917 würde sich durch Vollendung des grossen russischen Rüstungsprogramms die Lage der Mittelmächte militärisch noch wesentlich verschlimmern" (Ritter, II, S. 311, 381 Anm. 11). Vgl. besonders u. Anm. 25.

zuverlässige Rezept in der Hand zu haben, wie auch ein Zweifrontenkrieg möglichst rasch siegreich zu bestehen sei. Wurde es da nicht zur gebieterischen Pflicht, den grossen Entscheidungskampf zu wagen, bevor alle Aussichten auf einen raschen Sieg für immer dahinschwanden? Wie konnte man das Versäumnis einer solchen Sternstunde, mochte sie noch so risikobeladen sein, vor der eigenen Nation, deren Vergangenheit und Zukunft verantworten? Liess es sich auch nur vor dem eigenen Gewissen tragen, den Termin zur Anwendung des relativ aussichtsreichsten Siegesrezeptes verfallen und es als wertlos gewordenes Papier — und Anklageschrift gegen eine zu zaghaft gewordene Generation — im Archiv für Kriegsgeschichte vergilben zu lassen[24]?

So mussten Militärs notgedrungen denken, für die es eine Selbstverständlichkeit war, dass eine grosse Kriegsentscheidung zwischen den Mächten Europas unentrinnbar bevorstehe und dass sie, wenn man sie jetzt vermeide, später unter ungünstigeren, wenn nicht gar verzweifelten Bedingungen durchgestanden werden müsse[25]. Konnte da Bismarcks Warnung, jeder Präventivkrieg sei "gewissermassen Selbstmord aus Besorgnis vor dem Tode", noch ernsthaft ins Gewicht fallen[26]?

Inwiefern trug Kaiser Wilhelm II. für jene Herausforderung an das Schicksal, wie sie im April 1913 erfolgte, die direkte Verantwortung? Es ist durchaus möglich, dass er vom Generalstab darüber (wie über den Lütticher Handstreich) gar nicht genau unterrichtet wurde, und wenn es doch geschah, so hat er sich in seiner ober-

24 Bekanntlich wurde dieser Vorwurf nach 1919 dennoch erhoben, weil Moltke den "wahren" Schlieffenplan verwässert und schubladisiert habe. Mit Nachdruck wendet sich Ritter, an sich freilich kein Militärfachmann, gegen eine solche Mythisierung: "Der grosse Schlieffenplan war überhaupt kein sicheres Siegesrezept. Er war ein kühnes, ja überkühnes Wagnis, dessen Gelingen von vielen Glücksfällen abhing" (Schlieffenplan, S. 68, auch 48 Anm. 1). Noch schärfer urteilt jetzt der fachkundige Oberst Wallach (o. Anm. 10a), der jene landläufig gewordenen Vorwürfe gegen den Feldherrn Moltke als tendenziös nachweist, so S. 130 ff., 133 ff., 144 ff., 151 ff., 156 ff., 165 ff., 172 ff. Vor allem auch u. Anm. 183! [Dazu anbei u. S. 101 ff.]
25 Moltke am 12. Mai 1914: "dass jedes Zuwarten eine Verminderung unserer Chancen bedeutet", und am 1. Juni 1914: "Wir sind bereit und je eher, desto besser für uns" (Fischer, S. 57, 59, dazu S. 36 ff.). Über die gleichen Auffassungen zur Zeit der Julikrise vgl. Geiss, Nrn. 6, 12, 15, 32c, 36 ("der Bau strategischer Bahnen"), 75, 124, 486 ("dass man den Moment für eine grosse Abrechnung als sehr günstig betrachte"), 704, 918. [Besonders wichtig anbei u. S. 77 Anm. 199, ferner S. 84–89.]
26 Reichtagsrede vom 9. Februar 1876 (Otto von Bismarck, Die gesammelten Werke, II. Band, 1929, S. 431). Bei aller moralischen Unbedenklichkeit im einzelnen wusste der umsichtige Staatsmann doch genau, wo die Grenzen lagen, deren Überschreitung die Umwelt nicht ertragen hätte, und lehnte es daher immer grundsätzlich ab, "einen Krieg, der uns früher oder später wahrscheinlich bevorstand, anticipando herbeizuführen, bevor der Gegner zur besseren Rüstung gelange", weil "auch siegreiche Kriege nur dann, wenn sie aufgezwungen sind, verantwortet werden können, und dass man der Vorsehung nicht so in die Karten sehen kann, um der geschichtlichen Entwicklung nach eigener Berechnung vorzugreifen" (Werke, 15. Band, 1932, S. 311, auch 364, 366, 398). – Ähnlich Kaiser Wilhelm I. (o. Anm. 17). [Siehe ferner anbei u. S. 82, 129.]

flächlichen Art darum kaum näher gekümmert[27]. Um so lebhafter empfand er es dann im kritischen Augenblick des 1. August 1914, als man plötzlich auf eine Verbürgung der französischen Neutralität durch England hoffte, als Kardinalfehler, einen im Osten ausgebrochenen Konflikt mit einem Überfall nach Westen zu beantworten, und so erging für einige kurze Stunden seine bekannte Forderung an Moltke, einen neuen Ostaufmarsch zu improvisieren, was den darob fassungslosen Feldherrn an den Rand eines ersten Nervenzusammenbruchs brachte[28].

Die direkte Verantwortung für den fatalen Entschluss, den Präventivkrieg 1914/15 auszulösen, haftet unstreitig auf Helmuth von Moltke selber, dem Neffen des genialen Siegers von 1866/71 und Nachfolger Schlieffens im Amte des Generalstabschefs (1906–1914). Ihm, einem gebildeten und anständigen Edelmann, lag sicher jeder Übermut fern. Aber spontane Entschlusskraft war ihm nicht eigen. Als eher weiche Natur erlag er zu leicht dem Einfluss seiner willensstärkeren Mitarbeiter[29]. Und insofern war es der Generalstab als Ganzes, als Kollektivum, der im April 1913 den Schicksalsknoten für Deutschland und Europa schürzte – fast wie ein Verschwörerklub[30].

Dass der deutsche Generalstab eine so selbstherrliche Stellung erringen konnte, daran allerdings trägt Kaiser Wilhelm II. eine Hauptschuld. Das alte Wort, dass Preussen nicht ein Staat mit einer Armee, sondern eine Armee mit einem Staate sei – nie hatte es stärkere Geltung als im verpreussten deutschen Kaiserreich der

---

27 Dass man im Konfliktfall zuerst gegen Westen loszuschlagen gedenke, war seit 1905 dem Kaiser wie den Reichskanzlern bekannt und wurde im April 1913(!) auch den Parteiführern im Reichstag eröffnet (Fischer, S. 44 f.). In die gleiche Linie gehören die Einschüchterungsversuche gegenüber den belgischen Monarchen, so noch im November 1913 gegenüber König Albert (Barbara W. Tuchman, August 1914, 1964, S. 37, 133, 135 ff., 541, 550). Aber wusste der Kaiser, dass seit 1913 überhaupt kein Ostaufmarschplan mehr existierte?

28 Moltke (o. Anm. 18), S. 19 ff.: "Es ist unmöglich, die Stimmung zu schildern, in der ich zuhause ankam; ich war wie gebrochen und vergoss Tränen der Verzweiflung." – Vgl. Geiss, Nr. 1000a–e; Ritter, II, S. 325 f., Fischer, S. 102, Wallach, S. 148 ff.; Possony, S. 176 f.

29 Zeitweise äusserte er sich pessimistisch über den kommenden Krieg (Ritter, II, S. 146 f., 197, 271). Aber statt ihn zu vermeiden, beugte er sich der "Schicksalsnotwendigkeit" (o. Anm. 18, auch u. Anm. 172). Ein Beispiel, wie er von einem Tag zum andern umfallen konnte, bei Hallgarten, II, S. 266 f. – Vgl. James W. Gerard, Moltke, The Man who made the War, Current History, 1926. Eine Aufwertung seiner Feldherrnqualitäten bei Wallach (o. Anm. 24). Siehe auch Possony, S. 127 ff. [Dazu anbei u. S. 90 f.]

30 Hat Moltke, der kein klarer Denker war, überhaupt bemerkt, was seine Hintermänner mit der Kassierung des Ostaufmarsches als "blosser Zeitverschwendung" dem Deutschen Reiche einbrockten? Graf Georg von Waldersee jedenfalls setzt ein klares Ziel voraus, wenn er in seiner Schrift, Von Kriegführung, Politik, Persönlichkeiten und ihrer Wechselwirkung aufeinander, Deutscher Offiziersbund, 1927, rechtfertigend meint (S. 445), Moltke habe in einer Zeit, "da so vieles schwankte", sich dazu entschlossen, "für den Kriegsfall der Reichsleitung eine Stütze für den Willen in die Hand zu geben in Gestalt eines zunächst einmal unabänderlichen Aufmarsches". Man kann's auch so sagen. Hiess das aber etwas anderes als der Politik bewusst den eigenen Willen aufdiktieren? Vgl. auch u. Anm. 151. [Ergänzend anbei u. S. 123, 125.]

Vorkriegsjahre, unter einem Herrscher, der in Staat und Heer die Zügel schleifen liess und aller irgendwie ernsthaften und anstrengenden Arbeit, selbst jeder Denkarbeit, auszuweichen wusste[31].

In die gleiche Richtung wirkten aber auch übermächtige Kräfte überpersönlicher Art. Seit den berauschenden Erfolgen von 1866/71 war es zum Wunschbild der deutschen Nation geworden, in ihre Staats- und Heeresführung blindes Vertrauen setzen zu dürfen[32]. Seit Bismarcks Abgang war ihr Glaube an die Staatsweisheit der Regierung zunehmend dahingeschwunden, und als aus dem Wettlauf um neue Kolonien schliesslich 1912 nur ein paar Kongosümpfe für sie abfielen, da war es mit ihrer Geduld zu Ende[33]. Je mehr ihr Vertrauen zur Staatskunst zerfiel, desto heilloser überwucherte in dem so obrigkeitsgläubigen Volkskörper zwangsläufig das Vertrauen zum Kriegshandwerk – zum Generalstab, der das heilige Siegeserbe von Königgrätz und Sedan verwaltete[34]. Wie hätte eine so vergötterte Heeresleitung sich da der "Pflicht" entziehen können, angesichts des "Versagens" der Politik in guten Treuen selber die Geschicke der Nation zu schmieden?

So kam es, wie es wohl kommen musste. Schon im Mai des Jahres 1914 forderte Moltke von Kaiser und Kanzler fast ultimativ die Einstellung sämtlicher wehrfähiger Deutscher zum Waffendienst[35]. Eine Woche vor Sarajevo zeigte sich der Monarch wegen der russischen Rüstungen und Bahnbauten "tief beunruhigt" und "nervöser als sonst"[36]; das Gefühl, draufgängerische, unter dem Einfluss der Alldeutschen stehende Offiziere wünschten seine Ersetzung durch den "forscheren" Kronprinzen, muss ihn äusserst bedrückt haben[37]. Den massgebenden Kreisen in der Armee muss da das Attentat vom 28. Juni wie ein Gottesgeschenk erschienen sein[38]. Jetzt hatten sie den Kaiser dort, wo sie wollten – mit seiner, wie Krupp

---

31 In den Tagebüchern des Admirals Georg Alexander von Müller, Regierte der Kaiser?, 1959, werden die weltfremde Pflichtauffassung und die Nichtigkeit der Wertmassstäbe des Monarchen überdeutlich sichtbar. Ebenso Ritter, II, S. 153, 155.

32 Ritter, II, S. 117 ff. (über die "Militarisierung" des deutschen Bürgertums), 122 ff., 156 ff.

33 Wilhelm II. am 5. März 1912: "Meine und des deutschen Volkes Geduld ist zu Ende" (Ritter, II, S. 233, auch 235). – Vgl. u. Anm. 145–151.

34 Ritter, II, S. 157 ff., 165 ff., 168 ff.; auch u. Anm. 148, 151, 158. Besonders drastisch Heinrich Kanner, Kaiserliche Katastrophenpolitik, Wien 1922. [Zitiert anbei u. S. 96.]

35 Quellen erwähnt von Egmont Zechlin, in: Der Monat, Januar 1966, S. 19 Anm. 11–15. – Vgl. Fischer, S. 57 f.

36 Aufzeichnungen des Bankiers Max M. Warburg (vgl. wiederum Zechlin, S. 19 f. Anm. 16). Warburgs Gegenargument, Deutschland werde mit jedem Friedensjahr stärker und Abwarten könne ihm nur Gewinn bringen, wurde unabhängig von ihm später auch von Marschall Foch hervorgehoben (Mémoires, I. Band, 1931, S. 3 ff.).

37 Der Kronprinz selber sandte im November 1913 eine alldeutsche Denkschrift, die auf einen Staatsstreich hindrängte, dem Reichskanzler zur Begutachtung zu; Kaiser und Kanzler reagierten sehr besorgt (Hartmut Pogge-von Strandmann, Hamburger Studien zur neueren Geschichte, II, S. 18 ff., 26 ff.). Vgl. auch Fischer, Historische Zeitschrift, 199. Band, S. 336 f.

38 Als der österreichische Generalstabschef am 16. März 1914 zum Präventivkrieg drängte, antwortete ihm der deutsche Botschafter in Wien: "Zwei Grosse sind dabei hindernd: Ihr Erzherzog Franz Ferdinand und mein Kaiser." Jetzt war das eine Hindernis verschwunden und das andere zum Umfallen reif. Vgl. auch u. Anm. 93, 98; dazu Kanner (o. Anm. 34), S. 373 ff. Ganz besonders treffend Fischer, S. 58.

berichtete, "fast komisch" wirkenden "wiederholten Betonung, in diesem Falle werde ihm kein Mensch wieder Unschlüssigkeit vorwerfen können"[39].

Musste der Reichskanzler Bethmann Hollweg sich da nicht schon deswegen in die Front der Aktivisten einreihen, um seinen kaiserlichen Herrn vor Ungemach zu bewahren[40]? Tatsächlich war es Berlin, welches den "immer ängstlichen und entschlusslosen Stellen in Wien"[41] dergestalt einheizte, dass sie das Ultimatum an Serbien unannehmbar abfassten[42] und dessen konziliante Beantwortung mit sofortiger Mobilmachung, Kriegserklärung und Bombardierung Belgrads erwiderten[43]. Und als schliesslich der Reichskanzler aus taktischen Gründen, mit Rücksicht auf die Sozialdemokraten und England, in Wien zu Verhandlungen mit Russland riet[44], da fiel ihm der Generalstab mit der Mahnung an Österreich zur sofortigen Generalmobilmachung prompt in den Rücken[45], so dass der Wiener Aussenminister Berchtold am 31. Juli den nur allzu berechtigten Ausruf tat: "Das ist gelungen: Wer regiert — Moltke oder Bethmann?"[46]

39 Fischer, S. 65.
40 Pogge (o. Anm. 37), S. 31, fasst die Entwicklung, die sich November 1913 anbahnte, folgendermassen zusammen: "Die Staatsstreichdrohung der Alldeutschen und der Verlauf der Zabernkrise liessen Bethmann näher an die konservativen und nationalen Elemente rücken." Ähnlich Hallgarten, II, S. 342 f., 384. – Über des Kanzlers Sorgen wegen Eigenmächtigkeiten des Kronprinzen zur Zeit der Julikrise 1914 vgl. Geiss, Nr. 159. Als Gesamtdarstellung jetzt allerneuestens: Fritz Stern, Bethmann Hollweg und der Krieg, Die Grenzen der Verantwortung (Recht und Staat in Geschichte und Gegenwart, Heft 351/52), 1968.
41 Geiss, Nr. 138. – Weitere Belege für die in Berlin in bezug auf Österreichs Festigkeit bestehenden Zweifel und Ängste und das in Wien und Budapest anfänglich in der Tat obwaltende Zaudern: Geiss, Nrn. 5, 8, 26, 50, 63, 66, 92, 222.
42 Geiss, Nr. 50. Weitere Akten: Geiss, Nrn. 39 (Votum Stürgkh), 44, 46, 72, 75, 82, 84, 136, 138, 144 (I. Votum Stürgkh), 157 (I), 167. – Vgl. zum Ganzen Fischer, S. 60 ff., ebenso in den Hamburger Studien, I, S. 51 ff. (Die Julikrise: Technik der Kriegsauslösung). [Ferner anbei u. S. 64, 113 f.]
43 Geiss, Nr. 327: Der Botschafter in Berlin meldet am 25. Juli 1914 geheim nach Wien, "dass man hier allgemein als sicher voraussetzt, dass auf eventuell abweisende Antwort Serbiens sofort unsere Kriegserklärung, verbunden mit kriegerischen Operationen, erfolgen werde" – während man in Wien mit beidem bis zum 12. August zuzuwarten wünschte! – Weitere Zeugnisse: Geiss, Nrn. 137, 158, 273, 398, 419, 475, 482, 597, 648, 704, 833, sowie die Kommentare dort, II, S. 79 Anm. 164 f., 236 f. Zusammenfassend Fischer, S. 72 ff., 83 f.
44 Es entglitt Bethmann dabei der aufschlussreiche Seufzer, er tue es auf die Gefahr hin, "des Flaumachens beschuldigt zu werden" (Geiss, Nr. 660).
45 Geiss, Nrn. 858, 869. Dazu Fischer, S. 100 f., sowie (verharmlosend) Ritter, II, S. 318 ff.
46 Geiss, Nr. 858. – Über die Vorherrschaft des Militärs in Deutschland 1913/14 heute auch Wallach, S. 289 ff. [Ebenso anbei u. S. 67–72, 92–103.]

II. Kriegseröffnung durch Überfall

Seit April 1913 diktierte der deutsche Generalstab in ständig wachsendem Masse der politischen Reichsleitung seine eigene Politik auf. Aber noch mehr: Vom Augenblick der Generalmobilmachung an beraubte er sie jeglicher Verhandlungsfreiheit mit gegnerischen wie befreundeten Mächten. Das lag ursprünglich keineswegs im Sinne des Schlieffenplans, sondern war die Folge einer erst nachträglich an ihm vorgenommenen, besonders fatalen Modifikation.

An sich stand nirgends fest, dass Generalmobilmachung bereits mit Kriegsausbruch identisch sei. Sie liess sich durchaus als ein vorwiegend politisches Druckmittel auffassen, um den Gegenspielern klarzumachen, dass man notfalls zum Äussersten entschlossen sei, also um sie mit einem letzten Trumpf zu einem Kompromiss zu bewegen[47]. So verstand es der Zar, als er am 31. Juli 1914 dem deutschen Kaiser versprach, seine aufgebotenen Truppen würden keine herausfordernden Handlungen unternehmen, solange die Verhandlungen mit Österreich wegen Serbiens weiterdauerten[48]: "Es liegt kein Grund vor, an der Ehrlichkeit dieser Versicherungen zu zweifeln"[49].

Selbstverständlich war die fast gleichzeitig beschlossene deutsche Generalmobilmachung[50] als solche ein nunmehr unvermeidlicher Verteidigungsakt und ebenso berechtigtes politisches Druckmittel. Doch um den eigenen Aufmarsch durchzuführen und zum eigentlichen Angriff anzutreten, musste man auch in Deutschland mit einem Zeitraum von mindestens 8–10 Tagen rechnen[51]. In diesen fast anderthalb Wochen bestand, wie man in den anderen Staaten annehmen durfte, keinerlei Grund, bereits schon mit Kriegserklärungen um sich zu schlagen; normalerweise hätte man auch jetzt, ohne irgendwie in Nachteil zu kommen, die Verhandlungen zwecks Erhaltung des Friedens mit Freund und Feind weiterführen können. War nunmehr, da alle Welt erkennen musste, was in Wirklichkeit auf dem Spiele stand, eine Einigung auf gleichzeitige Demobilisierung aller Mächte – sofern keine den Krieg wünschte – tatsächlich so völlig undenkbar[52]?

Österreich jedenfalls hat die Dinge nachweislich ganz und gar so aufgefasst[53] und nur infolge der neuen Zwangslage an Russland fast eine Woche später (5. August)

---

47 Geiss, Nrn. 648, 664, 734, 758, 782, 810, 836. – Vgl. u. Anm. 119.
48 Geiss, Nr. 887, vgl. ferner Nrn. 902, 974, 987, 1091.
49 So wörtlich Ritter. II, S. 330 f.
50 Geiss, II, S. 340 f., 431 f.; vor allem aber u. Anm. 121.
51 Ritter, II, S. 331 f.: "So lange (8–10 Tage) liess sich die förmliche Kriegserklärung an Frankreich und Belgien ohne militärischen Schaden hinausschieben" – logischerweise auch die an Russland!
52 Natürlich hätte alsdann auch Österreich an seiner serbischen Südfront demobil machen müssen. – Zum Grundsätzlichen jetzt auch Possony, S. 179.
53 Geiss, Nrn. 758/59, 840, 852, 873, 1037–39.

den Krieg erklärt[54]. Da seiner Meinung nach die Deutschen die Funktion übernommen hatten, die Russen lediglich in Schach zu halten, so sah es sich jetzt zu seiner Bestürzung in einen völlig anderen Kampf verwickelt als jenen gegen das kleine Serbien, in den man sich auf stärksten deutschen Druck hin eingelassen hatte[55]. Statt dessen ging es für die Donaumonarchie plötzlich um Sein oder Nichtsein. Musste sie sich nicht als missbrauchtes Werkzeug vorkommen[56]?

Im Rahmen des ursprünglichen Schlieffenplans hätte die politische Reichsleitung in den 8–10 Tagen, die man zum eigenen Aufmarsch benötigte, immerhin einen gewissen freien Spielraum bewahrt, um selbständige Entschlüsse zu fassen und die diplomatische Aktion weiterzuführen, sei es, um den Frieden vielleicht doch noch zu retten oder um wenigstens Zeit zu gewinnen, damit aggressive Gegner sich vielleicht selbst demaskierten. Die unter Moltke vorgenommenen Modifikationen schnitten diese Möglichkeiten allesamt von vornherein ab.

Gewiss bedeuteten diese Modifikationen, politisch bewertet, eine teilweise Verbesserung des Schlieffenplans. Gemäss dessen ursprünglicher Form sollten die deutschen Armeen, um das französische Heer von Norden her in einem Sensenschnitt zu vernichten, nicht nur durch Belgien, sondern auch durch den Maastrichter Zipfel der Niederlande marschieren[57]. Sollten die Franzosen in einem Vorstoss zur Ruhr die völkerrechtlich geschützte belgische Neutralität als erste verletzen, so würde die Welt einem eindeutig angegriffenen Deutschland die Verletzung der blossen De-facto-Neutralität Hollands wohl kaum sehr übelnehmen können – so dürfte man zur Zeit Schlieffens gefolgert haben[58].

Moltke, politisch um einiges versierter als sein Vorgänger, besass ein besseres Bild über die Stellung Hollands in der Völkerwelt. Wurde dieser Kleinstaat in den Krieg hineingerissen, so war sofort seine Herrschaft über das blühende indonesische Kolonialreich in Frage gestellt, und weltpolitische Erschütterungen bis nach Amerika und Japan waren nicht zu vermeiden. Daraus konnten für Deutschland unabsehbare Komplikationen erwachsen. Weniger verständlich ist Moltkes Begründung, Deutschland müsse sich im Kriegsfall den Hafen von Rotterdam für die Überseezufuhren

54 Geiss, Nrn. 869: Conrad an Moltke, 31. Juli ("Für uns steht noch heute nicht fest, ob Russland nur droht"), 886: Bethmann gleichen Tages nach Wien ("Wir erwarten von Österreich sofortige tätige Teilnahme am Krieg gegen Russland"), 896, 913, 976, 1019, 1065, 1124, 1143, 1162.
55 Sogar der Generalstabschef Conrad von Hötzendorf, an sich ein Kriegstreiber, doch möglichst nur gegen einen einzigen Feind, meinte am 2. August, man habe in Wien geglaubt, dass Deutschland "zwar seiner Bundespflicht nachkommen würde, aber einen grossen Krieg lieber vermeiden wollte"; jetzt sei für Österreich "eine ganz neue Lage" geschaffen (Ritter, II, S. 326). Damit spielte Conrad natürlich auf die deutsche Kriegserklärung an Russland an, die das Bündnis Berlin-Wien plötzlich in einen Offensivpakt verfälscht hatte.
56 Vom September 1914–1918 zeigten österreichische Staatsmänner wiederholt ihren Unwillen darüber, von Deutschland in der Julikrise hintergangen und in einen Weltkrieg gestürzt worden zu sein (Fischer, S. 104 f., auch 36 f.). [Vgl. anbei u. S. 114.]
57 Moltke (o. Anm. 18), S. 17, 429 f.; Ritter, Schlieffenplan, S. 42, 58, 78, 82, 188; Wallach, S. 138 ff. [Auch anbei u. S. 99.]
58 Vgl. o. Anm. 13.

freihalten[59]. Hier wollte er, der doch den Eintritt Englands in den Krieg für unvermeidlich hielt, als typisch bornierter Landstratege die Wirkung einer Fernblockade zur See offenbar einfach nicht zur Kenntnis nehmen[60].

Damit wurde das vertraglich neutralisierte Belgien (samt Luxemburg) zum alleinigen Objekt des gewaltigen Aufmarsch- und Umfassungsplans der deutschen Westarmeen bestimmt[61].

Schlieffen hatte seine Aufgaben immer nur im Lichte der Strategie gesehen und sich um moralische und völkerrechtliche Imponderabilien grundsätzlich nicht gekümmert – das überliess er der Politik, die im Notfall ja immerhin noch zwischen verschiedenen Aufmarschplänen wählen oder doch bei der Wahl mitbestimmen konnte[62]. Moltke, der 1913 den Ostaufmarsch-Plan kassierte und damit einen politischen Entscheid ersten Ranges fällte, spürte die Verantwortung stärker. Der Einfall in Belgien war ihm peinlich, zumal England die Festsetzung der Deutschen an der Kanalküste nie hinnehmen könne[63]. Trotzdem beugte er sich auch hier ganz dem Willen seiner Mitarbeiter im Generalstab.

Just in der belgischen Frage wird offenkundig, wie fatal die Wende vom April 1913 war. Bisher war ein gewaltsamer Einfall in den völkerrechtlich geschützten Kleinstaat doch nur so etwas wie eine unverbindliche Variante gewesen, wobei man sogar hoffen durfte, die Franzosen würden das Odium einer Neutralitätsverletzung vielleicht als erste auf sich nehmen. Jetzt aber entschied sich der Generalstab und legte die Staatsführung unwiderruflich darauf fest, dieses Odium auf jeden Fall der eigenen Nation aufzuladen – in der Überzeugung, nach gewonnenem Endsieg würde sich niemand mehr um diesen Völkerrechtsbruch kümmern[64].

---

59 Moltke, S. 430; Ritter, II, S. 190, und sein Schlieffenplan, S. 71 (Anm. 50), 179 f.
60 Vgl. u. Anm. 152–156.
61 Im Gegensatz zu früheren Verleumdungen, Belgien habe seine Neutralität nicht redlich befolgt und nicht genügend geschützt (z.B. u. Anm. 76), erklärt Ritter rundheraus: "Die belgische Politik ist seit 1906 völlig konsequent geblieben in ihrem Willen, von keiner der Grossmächte abhängig zu werden und ihre Freiheit mit äusserster Kraft selbst zu verteidigen. Getragen von einer starken Welle nationalistischer Strömungen setzte sie ihren Stolz und ihre Ehre darein ... Belgien hat in den letzten Friedensjahren so stark aufgerüstet, dass es mit seinen drei Armeekorps eine immerhin recht beachtliche Macht darstellte" (Schlieffenplan, S. 92).
62 Schlieffens Untertanenrespekt vor dem Kaiser (vgl. hierzu auch Wallach, S. 128) war so gross, dass er wohl 1905/06 zum Präventivkrieg gegen Frankreich riet, aber nie eigenmächtige Schritte in dieser Richtung erwog (Ritter, Schlieffenplan, S. 105 f., 138).
63 Aus Moltkes Denkschrift anfangs 1913 (Ritter, Schlieffenplan, S. 71 Anm. 50): "Es ist nicht angenehm, den Feldzug mit der Gebietsverletzung eines neutralen Nachbarlandes zu beginnen ... Es ist eine Lebensfrage für England, zu verhindern, dass die Deutschen sich an der Kanalküste festsetzen. England fürchtet eine deutsche Hegemonie und will das Gleichgewicht in Europa aufrechterhalten." – Vgl. u. Anm. 152.
64 Wie bedenklich die Kräfte der Moral und des Gewissens seit 1890 zerfallen waren, zeigt Ritters Feststellung (Schlieffenplan, S. 84 f.), wonach Bismarck es seinerzeit ablehnte, einen Einfall in Belgien zu erwägen und damit das Völkerrecht zu verletzen, "selbst wenn die öffentliche Meinung Englands bereit wäre, sich wohlwollend damit abzufinden". Vgl. auch o. Anm. 13. [Im Gegensatz dazu Groeners Zynismus von 1926: anbei u. S. 126.]

Darum, was eine solche krasse Völkerrechtsverletzung für psychologische und weltpolitische Auswirkungen haben müsse, zumal erst noch dann, falls der Krieg länger andauere oder gar verlorengehe, kümmerten sich die deutschen Militärs überhaupt nicht, ebensowenig wie um die Frage, ob es klug sei, den Kriegsgegnern einen Rechtsvorwand in die Hand zu spielen, um es ihrerseits mit dem Völkerrecht nicht so genau zu nehmen, vorab auf dem für Deutschland so lebensgefährlichen Gebiet der Blockademassnahmen[65]. Die Ausrede "Not kennt kein Gebot" ist ihrem Wesen nach immer ein höchst zweischneidiges Schwert[66]. Die politische Reichsleitung hat dies nicht ganz übersehen. Staatssekretär Jagow suchte noch anfangs 1913 Moltke zu einer Abänderung des Operationsplans zu bewegen[67]; als dies misslang, fügten sich Reichskanzler und Auswärtiges Amt ins Unabänderliche.

Inzwischen war zugleich jene fatale Modifikation des Schlieffenplans erfolgt, welche schon im Anfangsstadium jeder Mobilmachung die Diplomatie vollends ausser Kurs setzte. Es war das der vom willensstarken Obersten Erich Ludendorff, Chef der Aufmarschabteilung im Generalstab von 1908–1912, ausgearbeitete Handstreich auf Lüttich – ein Überfall auf Belgien mit Kräften des stehenden Heeres, also schon im Anfangsstadium der mindestens 8–10tägigen Aufmarschperiode[68].

Bekanntlich reicht der niederländische Maastrichter Zipfel weit nach Süden, und so war die deutsch-belgische Grenze als Aufmarschraum viel zu schmal bemessen, um dort für die geplante gewaltige Umfassungsoperation so breite Heeressäulen hindurchzuschleusen. Hiefür bildete die belgische Festung Lüttich ein böses Operationshindernis; eben darum hatte sie Schlieffen auf dem Wege über holländisches Gebiet umgehen wollen. Jetzt, da Holland verschont bleiben sollte, drohte Lüttich als Sperriegel den Erfolg des gesamten Schlieffenplans und das Einhalten der vorgesehenen Marschtabelle zu verunmöglichen. Die Festung musste daher in deutsche Hand fallen, noch bevor die belgische Armee aufmarschiert war, um sie

---

65 Der in Deutschland seit Ende des 19. Jahrhunderts grassierende "Kopenhagen-Komplex", die Erinnerung an den völkerrechtswidrigen Überfall der Briten auf die dänische Flotte 1807, sah darüber hinweg, dass dies inmitten eines Weltkriegs geschah, als sie im Kampfe gegen Napoleons Militärhegemonie für die Freiheit ganz Europas, auch Deutschlands, fochten und eine Auslieferung jener neutralen Kriegsschiffe an die Hegemonialmacht in Gefahrennähe rückte. Den Dänen schienen 1807 durch Napoleon die Hände ähnlich gebunden wie den Franzosen durch Hitler zur Zeit des englischen Überfalls auf den Kriegshafen Oran (Mers-el-Kebir) am 3. Juli 1940. Vgl. hierüber Jonathan Steinberg, in: Kriegsausbruch 1914 (o. Anm. 8). [Die nötigen Präzisionen anbei u. S. 192 ff.]

66 Das Wort des amerikanischen Admirals Decatur von 1814 "Right or wrong, my country" ist von der öffentlichen Meinung der angelsächsischen Länder grundsätzlich immer missbilligt worden.

67 Ritter, II, S. 271.

68 Über Ludendorffs Rolle in Armee und Politik um 1912 vgl. Ritter, II, S. 273 ff., Fischer, S. 43 f., auch o. Anm. 21.

mit ausreichenden Kräften zu besetzen und zu armieren, d.h. in Verteidigungsstand zu bringen[69].

Bezeichnenderweise wurde diese von Ludendorff erarbeitete Handstreich-Variante auf den 1. April 1913 endgültig vom Generalstab übernommen[70] – genau im gleichen Zeitpunkt, da der Ostaufmarsch-Plan über Bord geworfen wurde. Beide Beschlüsse gehören untrennbar zusammen. Damit erscheint der Überfall auf Lüttich als nichts anderes denn als folgerichtiges Ergebnis des damals gefassten Kardinalentschlusses, so oder so spätestens 1914/15 zum Präventivkrieg zu schreiten und alle moralischen Bedenken a priori fallenzulassen[70a].

Darüber hinaus waren über eine Aktion von so schwerwiegendem politischen Gewicht, wie es der Überfall auf Lüttich werden musste, überhaupt nur wenige Spitzen der Heeresleitung informiert. Man kann nicht einmal von einem Staatsgeheimnis sprechen: Weder Kaiser noch Reichskanzler wussten etwas davon – ein durchschlagender Beweis, wer in den Schicksalsjahren 1913/14 das Reich in Wirklichkeit beherrschte[71].

Als schliesslich Ende Juli 1914 die von Berlin planmässig inszenierte und künstlich verschärfte internationale Krise in militärische Mobilmachungen ausmündete, da nahm der Generalstab der Reichsleitung auch noch den Rest von politischer Mitbestimmung aus der Hand. Urplötzlich sah sie sich zur sofortigen Eröffnung der Feindseligkeiten gezwungen, doch ja nicht direkt wegen der russischen Generalmobilmachung – derentwegen hätte man damit noch 8–10 Tage lang bis zum Abschluss des eigenen Aufmarsches zuwarten können[72] –, sondern wegen der unausweichlich nachfolgenden Mobilmachung des neutralen Belgiens[73].

Trefflich wurde die daraus entstandene paradoxe Lage von Gerhard Ritter gekennzeichnet:

"Der Plan des Lütticher Handstreichs steigerte die Eile der Kriegsvorbereitungen gewissermassen vom Tages- zum Stundentempo. Wir mussten dem Gegner – in diesem Falle einem Neutralen! – sozusagen mit der Kriegseröffnung ins Gesicht springen, ehe er auch nur Zeit gefunden hatte, sich in Abwehrstellung zu begeben ... Die Tatsache, dass der verantwortliche

---

69   Moltke 1911: "Alles kommt auf genaueste Vorbereitung und Überraschung an. Das Unternehmen ist nur ausführbar, wenn der Angriff gemacht wird, bevor die Zwischenräume ausgebaut sind. Es muss daher sofort nach der Kriegserklärung mit immobilen Truppen ausgeführt werden" (Ritter, Schlieffenplan, S. 180). Man beachte: "sofort nach der Kriegserklärung". – Dazu die Belege von o. Anm. 57.

70   Ritter, II, S. 332.

70a   Auch Possony erkennt S. 177: "Die Durchführung des modifizierten Schlieffenplanes ist kaum mit der Vorstellung einer deutschen Strategie der Friedenswahrung in Einklang zu bringen." [Siehe auch anbei S. 59 ff., 99, 123.]

71   Moltke rühmte sich im Sommer 1915 (o. Anm. 18), S. 432: "Ich habe mit diesem Unternehmen alles auf eine Karte gesetzt und dank der Tapferkeit unserer Truppen das Spiel gewonnen." Ging dabei nicht unendlich Wichtigeres verloren? Auch o. Anm. 30.

72   O. Anm. 51.

73   Vgl. Geiss, Nrn. 439 (das von Moltke entworfene und schon am 26. Juli dem Auswärtigen Amt übergebene Ultimatum an Belgien zwecks Ertrotzung des Durchmarschrechtes) und 686.

Leiter der deutschen Politik sich genötigt gesehen (oder doch geglaubt) hat, einen solchen Kriegsplan ohne erkennbaren Widerstand als 'militärische Notwendigkeit' hinzunehmen, stellt ein Extrem von hilfloser Abhängigkeit der Politik von der Kriegführung dar"[74].

Sicher war die überstürzte russische Generalmobilmachung vom 31. Juli ebenfalls ein schwerer politischer Fehler, am meisten deshalb, weil sie der Berliner Unschuldspropaganda überaus zustatten kam[75]. Das deutsche Volk jedenfalls schenkte der neuen These, Mobilmachung und Kriegsüberfall seien identisch, nur allzu willigen Glauben, gerade auch in den labilen Übergangsjahren von 1919–1933[76]. Doch wie hätte man in Petersburg die Lütticher Komplikation, die alle weiteren Verhandlungen verunmöglichte, in Rechnung stellen können, da ja in Berlin sogar Kaiser und Kanzler erst spät am 31. Juli davon erfuhren[77]?

Nach der von Moltke erzwungenen sofortigen Kriegserklärung an Russland (1. August) erkannten die Militärs in Berlin auf einmal, in welch moralische Klemme man gerate, wenn man auch an Frankreich unprovoziert den Krieg erkläre, und glaubten auch ohne eine solche Formalität Lüttich überfallen zu können[78]. Hätten sie darauf beharrt — sie taten es bekanntlich nicht —, also Belgien ohne Kriegszustand im Westen angegriffen, so hätten sie Deutschlands moralisches Ansehen zweifellos nur noch stärker geschädigt und dann, analog wie am 3. September 1939, die Kriegserklärungen Frankreichs und Englands gemeinsam entgegennehmen müssen. So oder so nahm das von ihnen selbstherrlich entfesselte Unheil seinen unaufhaltsamen Lauf.

III. Der Anschlag auf das europäische Gleichgewicht

Seit 1871 bestand zwischen den sechs Grossmächten Europas ein recht stabiles Gleichgewichtssystem — als Unterpfand ihres Friedens. Zunächst zeigten sich an seiner Erhaltung vorab die Mittelmächte interessiert, als sie unter Leitung Bis-

---

74 Ritter, II, S. 332 f.; dazu Wallach, S. 57 ff., 296 ff.
75 Fischer, S. 101 f., ebenso Geiss, II, S. 340 f., 431 f. mit den Belegen u. Anm. 121.
76 Der ganze Feldzug gegen die "Kriegsschuldlüge" seit 1919 wurde hauptsächlich mit diesem Argument geführt. In dieser nationalistischen Befangenheit blieb sogar der geniale Soziologe Max Weber stecken (Gesammelte politische Schriften, 2. Aufl., 1958), so als er sich im Januar 1919 überaus heftig "Zum Thema der Kriegsschuld" äusserte (S. 479 f.) und dabei sogar Belgien von neuem einseitiger Begünstigung der Westmächte zieh (S. 481 f.) — und als er anlässlich der Versailler Verhandlungen die sogenannte "Professoren-Denkschrift" vom 27. Mai 1919 mitverfasste mit der Folgerung: "Eroberungspläne lagen den Gedanken der leitenden deutschen Staatsmänner weltenfern. Anders war das in Russland ... Gerade in dem Augenblick, da der Friede gesichert schien, traf Russland die Massnahmen, die ihn unmöglich machten" (S. 559 f.). — Vgl. hiergegen o. Anm. 7, 12, 40, 61, u. 114, 119, 124, 125, 167, 198; ebenso jetzt Possony, S. 174 ff.
77 Ritter, II, S. 332.
78 Geiss, Nrn. 1000e, 1019, 1070; Ritter, II, S. 334, 336 ff.

marcks und seines "saturierten" Grosspreussens den Dreibund schufen[79], später zumal die Randmächte, als sie sich von 1892–1907 zur Triple-Entente vereinigten – als Antwort auf den Dreibund-Zusammenschluss[80]. Ob dieses Gleichgewichtssystem um 1914 mit den tatsächlichen oder vermeintlichen Lebensbedürfnissen aller sechs Grossmächte noch vereinbar war, darüber liess sich streiten[81]; so gut wie sicher war indessen, dass es nur durch Gewalt verändert werden konnte: nur vermittelst eines grossen europäischen Krieges.

Das hatte sich, nebenbei bemerkt, schon zu einer Zeit erwiesen, als noch keine solchen defensiven Zusammenschlüsse bestanden. Als in der "Krieg-in-Sicht-Krise" von 1875 die deutschen Militärs eine Präventivaktion gegen das wiedererstarkende Frankreich erwogen und Bismarck entsprechende Pressestimmen in Umlauf setzte[82], da wurden Britannien wie Russland trotz ihrer guten Beziehungen zum neuen Deutschen Reich sofort in Berlin vorstellig, sie könnten eine derartige Machtverschiebung in Europa niemals passiv hinnehmen[83]. Hier meldeten sich bereits gemeinsame Lebensinteressen der drei Randmächte an, die stärker waren als ihre ideologischen Gegensätze und kolonialen Rivalitäten, und die 1914 einem unvergleichlich mächtiger und expansionslüstern gewordenen Deutschland gegenüber nur um so gebieterischer wirkten.

Während in den direkten Grenzbereichen der Grossmächte der Gleichgewichtszustand kaum ernstlich gefährdet schien – trotz Elsass-Lothringen[84], Triest und Trient –, war dagegen die Balkanhalbinsel eine Zone äusserster politischer Labilität und damit ein Krisenherd erster Ordnung geblieben. Jedes Hinübergleiten jenes Spannungsherdes in die Machtsphäre einer einzigen Grossmacht musste zwangsläufig das europäische Gleichgewicht wie den europäischen Frieden zerstören. Denn hier ging es immer auch zugleich um zentrale Brennpunkte und Schlüsselstellungen im europäischen Kräftefeld: um die türkischen Meerengen (Bosporus und Dardanellen), um die ägäischen Häfen und damit um die Vorherrschaft im Mittelmeer. "Balkan" bedeutete in erster Linie immer Konstantinopel[85].

---

79 Fritz Fellner, Der Dreibund, 1960, kommt geradezu zum Schluss (S. 6): "Die gesamte Geschichte des Dreibundes ist bestimmt von den Versuchen der Bündnispartner, ausserhalb dieses Bündnissystems Schutz und Unterstützung zu finden" – und (S. 60, auch 75): "Mangel an Aufrichtigkeit kennzeichnet das Verhältnis der Dreibundmächte zueinander seit dem ersten Tag des Bestehens der Allianz." Vgl. dazu o. Anm. 54–56. Siehe auch Plehn (u. Anm. 147), S. 18 ff.; Ritter, I, S. 291 ff., II, S. 297.

80 Vgl. u. Anm. 127–129.

81 Fischer, S. 15 ff.; Hallgarten, II, S. 402 ff. – "Erwerbsgenossenschaften" waren beide Zusammenschlüsse in gar keinem Sinne (vgl. etwa Fellner, S. 66).

82 Vgl. etwa Werner Richter, Bismarck, 1962, S. 348 ff. – Die Hintergründe der Krise liegen, wie auch Richter betont, zum Teil noch im Dunkeln. Wollte Bismarck etwa von ihm vorausgeahnte Reaktionen in Europa auslösen, um die Generale besser zurückbinden zu können?

83 Dazu auch der Hinweis bei Ritter, I, S. 289 f.

84 Vgl. u. Anm. 134, auch o. Anm. 11. Über Triest und Trient vgl. Fellner, S. 70, 75.

85 Egmont Zechlin, Die türkischen Meerengen – ein Brennpunkt der Weltgeschichte, in: Ströme und Meere in Geschichte und Gegenwart, 1964, S. 496 ff.; ebenso Ernst Jäckh (u. Anm. 156), S. 209 ff. – Die Labilität und tiefe Korruptheit der Balkanstaaten und

Seit 1770 belauerten in diesem Wetterwinkel Russland und Österreich einander aufs argwöhnischste, zu oft bereit, günstige Gelegenheiten auszunützen oder zu schaffen, um den eigenen Einfluss einseitig zu stärken. Als Österreich-Ungarn 1908 Bosnien annektierte, da hatte sich das Zarenreich auf Anraten seiner westlichen Freunde damit abfinden müssen, da es sich schliesslich nur um einen Randzonen-Übergriff handelte[86]. Auf der eigentlichen Halbinsel bestand immerhin eine erträgliche Gewichtsverteilung. Während Serbien sich seit 1906 einseitig an die Russen, die Türkei an die Deutschen anlehnte, standen Rumänien, Bulgarien und Griechenland durch ihre Königshäuser den Mittelmächten und durch religiöse Bande wie den Gegensatz zur Türkei zugleich auch dem Zarenreich nahe[87].

Dieses ausgeglichene Kräfteverhältnis wurde 1912 arg gefährdet, als es der russischen Diplomatie gelang, die dortigen christlichen Völker zum Balkanbund zu vereinen, und als unter dessen Schlägen die europäische Türkei zusammenbrach. Da zwangen England und Frankreich, ihrer Verantwortung für Europa voll bewusst, das mit ihnen befreundete, aber zu eigenmächtig aufgetretene Zarenreich an den Konferenztisch; die Beschlüsse der Londoner Botschafterkonferenz, die das russophile Serbien von der Adria verdrängten, sprengten den Balkanbund in die Luft und stellten das gestörte Gleichgewicht zwischen den beiden weltpolitischen Mächtegruppen wieder her — im Dienste des Grossmächtefriedens[88].

Im genau gleichen Sinne wäre es die moralische Pflicht des Deutschen Reiches gewesen, nach dem Mord von Sarajevo seinen österreichischen Bundesgenossen von eigenmächtigen Schritten abzuhalten[89]. Statt dessen tat es genau das Gegenteil und hetzte ihn mit der Drohung, dass es sonst das Interesse am Bündnis verlieren könnte[90], in eine militärische Angriffsaktion hinein.

War die Motivierung, die Donaumonarchie sei durch die Ermordung des Thronfolgers in ihrer Existenz bedroht, wirklich begründet? Natürlich haben serbische Nationalisten und russische Sympathisanten solche Hoffnungen gehegt[91]; serbische

---

ihrer Politiker in den Vorkriegsjahren schildert Hallgarten (II, S. 268 ff.) besonders anschaulich. [Ferner anbei u. S. 113.]

86 Hallgarten, II, S. 86 ff.; Ritter, II, S. 109; Fellner, S. 68 ff.

87 Rumänien, das seit 1878 keine direkte Grenze mehr mit der Türkei besass, hatte sich schon 1883 dem Dreibund angeschlossen.

88 Hallgarten, II, S. 285 ff.

89 Auch in Österreich-Ungarn gab es Befürworter eines Präventivkriegs, vor allem den übernervösen Generalstabschef Conrad von Hötzendorf, der bald gegen Serbien, bald gegen Italien losschlagen wollte. Doch war sein Einfluss auf Hof und Regierung begrenzt: Geiss, Nrn. 2, 5, 7, 8, 20, 26, 39, 91.

90 Vor allem Geiss, Nrn. 50, 106; dazu weitere Belege o. Anm. 42. — Übrigens fand ausgerechnet Hans Delbrück (Preussische Jahrbücher, 26. Juli 1914, S. 379), Österreich müsse als "einzig annehmbare Lösung der Krisis ... die serbische Armee auflösen"(!).

91 In ganz Russland bestand bekanntlich lebhafte Abneigung gegen die Donaumonarchie, in der Deutsche und Ungarn fast ebensoviele Slawen politisch darniederhielten: Geiss, Nrn. 357, auch 113; dazu o. Anm. 12. Aber solange keine russische Armee in die Balkanhalbinsel einrückte, galt im Grunde doch das, was Plehn (u. Anm. 147) 1913 drastisch so formulierte (S. 68): "Der Gedanke, dass Serbien und Montenegro Österreich gefährlich werden könnten, ruft ein Lächeln um die Lippen."

Geheimbünde hatten den bosniakischen Studenten die Waffen für das Attentat geliefert. Die Regierung Pasitsch dagegen hatte damit nichts zu tun und war darüber ehrlich bestürzt[92]. Da sie genau wusste, wie schwierig es für das kleine Königreich sei, das ihm 1913 zugefallene Mazedonien zu verdauen, so wünschte sie für die kommenden Jahre keine zusätzlichen Komplikationen und hatte sich eben darum die tödliche Feindschaft jener Extremisten zugezogen[93].

Sicher rief die Mordtat von Sarajevo nach Sühne. Nur war gerade darin alle Welt einig[94]. Auch die serbische Regierung hätte nur zu gerne mitgeholfen, ihre bedenkenlosen Todfeinde im eigenen Land unschädlich zu machen. Auf sich allein gestellt, fühlte sie sich hierzu zu schwach, da ein Teil der Jugend und vor allem des Offizierskorps mit jenen Desperados sympathisierte. Aber mit ganz Europa als Auftraggeber und Rückendeckung hätte sie es wohl wagen dürfen – und wurde daran ausgerechnet durch die österreichische Aggression gehindert. So konnte sie jene Geheimbündler erst 1917 im griechischen Exil liquidieren[95].

Aber Serbien war, mit der Einigung Italiens von 1859/60 verglichen, auch sonst noch weit davon entfernt, ernsthaft ein "südslawisches Piemont" zu werden. Um die Existenz Österreich-Ungarns wirklich zu gefährden, hätte das Südslawentum innerhalb der Reichsgrenzen mit einiger Geschlossenheit zu Serbien hinstreben müssen. Davon war noch keine Rede. Sogar in Bosnien konnte sich die Donau- monarchie auf eine gegen Serbien misstrauische Volksmehrheit (je 30% Katholiken und Mohammedaner) stützen[96]. Und was gar das katholische Kroatentum an- belangt, so wünschte es sich zwar von der Herrschaft Ungarns zu befreien, aber nicht unbedingt vom Habsburgerreich, für welches sich seine Soldaten noch 1915/

---

92 Geiss, Nrn. 4, 37, 65, 80, 126, 163, 216, 221, 246, 293, 295, 309, 336; vgl. auch Wegerer (o. Anm. 1), I, S. 93 ff.

93 Der Vorwurf, die serbische Regierung sei mitverantwortlich, weil sie die Verschwörer auf eigenem Boden nicht besser überwacht habe (Geiss, Nrn. 13, 218), ist ähnlich fragwürdig wie die italienischen Vorwürfe gegen die heutige Wiener Regierung wegen der Südtiroler Attentate. Da traf die österreichischen Behörden, die dem Thronfolger statt der von ihm zum Schutze angeforderten 30–40 Geheimpolizisten nur 3 mitgegeben und auf dem ex- plosiven Boden Sarajevos die elementarsten Vorsichtsmassregeln versäumt hatten (Geiss, Nrn. 39 = Votum Tisza, 113), die weit grössere Verantwortung, ohne dass man in An- betracht der allgemeinen Unbeliebtheit des Ermordeten gerade an eine gewollte Schlamperei zu denken braucht. Vgl. auch Possony, S. 253 ff.

94 Geiss, Nrn. 161, 169, 170, 220, 229, 239, 468 (= England) – 25, 160, 415, 495, 499, 567 (= Russland) – 18, 264 (= Frankreich) – 488 (= Italien) – o. Anm. 92 (= Serbien selbst).

95 Vladimir Dedijer, The Road to Serajevo, 1966; dazu Possony, S. 207 ff., 218 ff. – Vgl. auch Hallgarten, II, S. 270 Anm. 3.

96 Sogar unter den 40% Serben in Bosnien gab es zwei rivalisierende Gruppen, von denen die eine das Aufgehen der Provinz in einem Gross-Serbien, die andere – aus ihr stammten die Attentäter – zwecks erfolgreicherer Umwerbung der andersgläubigen Mitbürger ein selbständiges Bosnien in einer jugoslawischen Föderation anstrebten. Im Königreich selbst dachten die meisten Nationalisten noch einseitig gross-serbisch – ähnlich wie 1943/44 die Tschetniks des Generals Mihailowitsch.

17 an der italienischen Front mit Bravour schlugen[97]. Um das Vielvölkerreich zu zerstören, bedurfte es schon der langjährigen zermürbenden Nöte des Ersten Weltkrieges[98].

Wenn die deutsche Reichsleitung seit dem 5. Juli 1914 das verbündete Österreich mit allen Druckmitteln zum Krieg gegen Serbien trieb, so war sie sich der Risiken dieses provokativen Vorgehens genau bewusst. Der Reichskanzler Bethmann Hollweg selber ist hiefür Kronzeuge. Noch anfangs 1913 hatte er Wien von kriegerischen Aktionen gegen das in den Balkankriegen erstarkende Serbien abgemahnt und erklärt, in einem solchen Falle sei es für Russland "beinahe unmöglich", beiseite zu stehen; falls der Aussenminister Sasonow als "Vertreter einer friedlichen Richtung" passiv bleibe, so würde er "von dem Sturm der öffentlichen Meinung einfach fortgeweht werden"[99]. Jetzt aber, angesichts des ultimativen Drängens des eigenen Generalstabs zum Präventivkrieg, forderte der Reichskanzler das Schicksal bewusst heraus[100].

Warum musste die österreichische Kriegserklärung an Serbien vom 28. Juli auf Russland, und zwar auf dessen ganze öffentliche Meinung — die damals noch winzige Gruppe der Bolschewisten ausgenommen — so provokativ wirken? Warum war die von Wien und Berlin angestrebte "Lokalisierung" eines österreichisch-serbischen Krieges, wie sich voraussehen liess[101], praktisch kaum zu erreichen?

Die Antwort ergibt sich aus der Geographie. Aus ihr erhellt eindeutig, dass es bei der Kriegseröffnung Österreichs vom 28. Juli nur nebenbei um Serbien ging, in Wirklichkeit jedoch um die ganze Balkanhalbinsel und vor allem um Konstantinopel, und damit — nach einem Worte Napoleons — um "den Schlüssel der Welt".

---

97 Die zweifellos im Wachsen begriffenen Neigungen der Kroaten für eine doch recht nebelhafte jugoslawische Lösung riefen nach einer föderativen Neuordnung des Reiches, der vorab die Ungarn widerstrebten. Gerade die im kroatischen Volk stark verwurzelte Bauernpartei war damals der Monarchie (ähnlich wie drei Viertel der Tschechen) immer noch günstig gesinnt; vgl. Possony, S. 214.

98 Gerade aus dieser Einsicht hatte der ermordete Thronfolger jedem Kriegsabenteuer widerstrebt (o. Anm. 38) und sich dadurch — neben der Abneigung des Hofes wegen seiner unstandesgemässen Ehe und jener der Ungarn und Deutschen wegen seiner *trialistischen* Reformpläne — auch noch die Abneigung der Kriegstreiber zugezogen. Im übrigen konnte 1913/14 niemand wissen, ob der Thronfolger die Monarchie dereinst "erretten" oder wegen der Rebellionsbereitschaft der Ungarn vollends verderben oder zwischen den deutsch-ungarischen Führungsansprüchen und tschechisch-südslawischen Reformwünschen zuletzt doch auch nur "fortwursteln" werde. Wenn Possony (S. 214 ff., 218 ff., 228 ff., 231 ff., 237 ff., 243 ff., 259 ff.) zu erschliessen glaubte, allerhöchste Stellen in Petersburg und Belgrad hätten mittels des Attentates Wien und Berlin provokativ in einen Weltkrieg hineinzwingen wollen, so schreibt er ihnen die dämonische Gabe zu, die Logik der Zukunft zu ergründen. Über die Grenzen seiner eigenen Logik beim unendlich leichteren Ergründen der Vergangenheit vgl. u. Anm. 125a. [Siehe dazu vorab anbei u. S. 226 f.]

99 Geiss, dtv-Dokumente, Nr. 293, S. 20; ergänzend u. Anm. 123.

100 Vgl. o. Anm. 40—46.

101 Geiss, Nrn. 43, 51, 190, 312 (Vermerk von Crowe). Vgl. auch Kanner (o. Anm. 34), S. 347 ff., über "Die unmögliche Lokalisierung".

Seit 1878 hatte man wiederholt mit neuen militärischen Eroberungsaktionen des Zarenreiches im Balkan gerechnet. Mit unendlicher Mühe hatten die Grossmächte, die des Westens mit voran, das Gleichgewichtssystem auf der Halbinsel aufrechterhalten — als eine Hauptvoraussetzung für die Wahrung des europäischen Gleichgewichts. Nun war es anstelle Russlands plötzlich Österreich, das sich anschickte, militärisch ins Herz des Balkans vorzudringen und damit jahrzehntelange Anstrengungen der hohen Diplomatie[102] zu missachten. Worum es jetzt tatsächlich ging, hat Wilhelm II. in einer Randnotiz zu einem Aktenstück vom 24. Juli 1914 rund und deutlich festgehalten:

"Österreich muss auf dem Balkan präponderant werden den anderen kleineren gegenüber auf Kosten Russlands; sonst gibts keine Ruhe"[103].

Geographisch nahm das damalige Serbien, im Rahmen des europäischen Mächtegleichgewichts betrachtet, auf dem Balkan eine unverkennbare Schlüsselposition ein. Indem es sich an Russland anlehnte, war es der einzige und letzte Sperriegel, der einer direkten militärischen Landverbindung zwischen dem Zweibund Deutschland-Österreich und der diesem eng zugewandten Türkei im Wege stand. Fiel Serbien in österreichische Hand, so musste der Einfluss Russlands auf der Balkanhalbinsel zwangsläufig total zusammenbrechen.

Dabei war Österreich bei einem Sieg keineswegs auf eine "Annexion" Serbiens angewiesen. Das Einsetzen einer Satellitenregierung sicherte seine "Präponderanz" ausreichend — und Bereitwillige für eine Kooperation mit der Hegemonialmacht hätten sich ähnlich gefunden wie von 1881—1903 oder von 1941—1944[104]. Was Bulgarien anbelangt, so liess es sich mit dem Köder von Serbisch-Mazedonien für alles kaufen; im Herbst 1915 wie im Frühjahr 1941 wurde dies deutlich genug bewiesen[105]. Und auch Rumänien hätte nach so erfolgreicher Machtausweitung des Zentralmächtesystems im Balkan seine Expansionsbestrebungen von neuem stärker

---

102 Fischer, Historische Zeitschrift, 199. Band, S. 293 ff.; Hallgarten, II, S. 283. Dazu Geiss, Nrn. 9, 22, 27, 38. — Übrigens hatte Kaiser Wilhelm schon seit Ende 1913 auf den Druck der Militärs hin eine serbienfeindliche Haltung eingenommen und Conrad wie Berchtold auch im Angriffsfall die deutsche Unterstützung versprochen (Fischer, S. 51 ff.). Das war mehr als ein halbes Jahr vor Sarajevo! — Siehe jetzt auch Possony, S. 180 f., 252 f.

103 Geiss, Nr. 277.

104 Stürgkh im Wiener Ministerrat vom 7. Juli: "dass es sich auch empfehlen dürfte, die Dynastie Karageorgewitsch zu entfernen und einem europäischen Fürsten die Krone zu geben sowie ein gewisses Abhängigkeitsverhältnis des verkleinerten Königreiches zur Monarchie in militärischer Hinsicht herbeizuführen" (Geiss, Nrn. 39, analog 144, ergänzend 378, 668, 740). Worum es in Wirklichkeit ging, war ein zwangsweiser Anschluss Serbiens an den Dreibund — wie 1941 an den Dreimächtepakt Hitlers.

105 Im Zuge der gleichen Aktion war nach deutscher Meinung vom 6. Juli 1914 auch für "den Anschluss Bulgariens an den Dreibund" zu sorgen (Geiss, Nr. 27) — natürlich zwecks durchgehender Militärverbindung Berlin-Konstantinopel. Auch die "Verkleinerung Serbiens" (Geiss, Nrn. 39, 144, 145, ergänzend 31, 34, 51, 138, 233) sollte vorab zugunsten Bulgariens, nebenbei auch Albaniens erfolgen.

gegen das russische Bessarabien gerichtet als gegen das ungarische Sieben-
bürgen[106].

Der Türkei selber schien Deutschland vollends sicher zu sein[107]. Ihre jung-
türkischen Regenten hatten nach den Balkankriegen den verlorenen Besitz in
Europa abgeschrieben und entwickelten dafür, Enver Pascha voran, uferlose Expansionspläne im Orient: Richtung Ägypten, Aden, Kuwait, Russisch-Kaukasien,
Persien, ja sogar bis nach Russisch-Turkestan[108]. Das alles konnten sie nur mit
deutscher Hilfe erreichen: Berlins Wunsch war ihnen daher weitgehend Befehl.
Bekanntlich stand schon seit Ende 1913 in Konstantinopel eine deutsche Militärmission, und die zeitweise Übertragung eines türkischen Armeekommandos an
ihren Leiter, General Liman von Sanders, führte schon im Winter 1913/14 bis hart
an einen Krieg mit Russland[109]. Und als der grosse Krieg in Europa ausbrach, da
verpflichtete sich die Türkei sofort am 2. August(!) in einem Geheimvertrag zum
Mitkämpfen auf deutscher Seite[110] und kam dieser Zusage, indem Enver Pascha
und die deutsche Militärmission recht gewaltsam zusammenspielten, im Oktober
auch nach.

Jede Hegemonie der Mittelmächte auf dem Balkan hiess buchstäblich die ganze
weltpolitische und weltstrategische Machtverteilung im Nahen Orient auf den Kopf
stellen[111]. Deutsche Truppen in beliebiger Stärke liessen sich alsdann jederzeit,
nach (dem leicht zu manipulierenden) Wunsch der türkischen Regierung, per
Eisenbahnzug in wenigen Tagen nach Konstantinopel verfrachten und mussten dort
auf jeden Fall unvergleichlich rascher ankommen als jede britisch-russische Gegen-
expedition[112]. Schon in Friedenszeiten war alsdann der ganze südrussische Welthandel zum Mittelmeer hin von deutscher Gnade abhängig[113], und der Möglich-

---

106 Um das schwankende Rumänien im Dreibund festzuhalten, musste Wien sicher nach dem
      Mord von Sarajevo energisch gegen Serbien auftreten. Aber mit der konzilianten serbischen
      Antwort auf das Ultimatum war dieser Zweck erreicht. Dazu Geiss, Nrn. 9, 30, 39.
107 Deutschlands Finanzeinfluss auf die Türkei war zwar 1913/14 wegen Kapitalmangels
      geschwächt, und es strömten dort französische Gelder ein (Fischer, S. 53 ff., ausführ-
      licher Historische Zeitschrift, 199. Band, S. 308 ff.; ebenso Hallgarten, II, S. 135 ff.,
      368 ff.). Doch waren Regenten und Volk der Türkei, bevor Atatürk die Laisierung er-
      zwang, ganz der islamischen Ideenwelt verhaftet und – wie heute noch das Arabertum –
      realistisch-rationalen Erwägungen schwer zugänglich.
108 Carl Mühlmann, Das deutsch-türkische Waffenbündnis im Weltkrieg, 1940, S. 9 ff., 19 ff.,
      24 ff., 27 ff., 69 ff., 87, 249 ff., 272 f.; vgl. auch Fischer, S. 407 ff., 739 ff.
109 Fischer, S. 53 f.; Hallgarten, II, S. 345 ff. [Anbei u. S. 63.]
110 Geiss, Nrn. 574, 586, 768, 891, 903, 994, 1078.
111 In ausgezeichneter Formulierung: "Die (Berliner) Beschlüsse vom 5. und 6. Juli 1914
      bedeuteten den Versuch einer gewaltsamen aussenpolitischen Revolution auf der ganzen
      Linie von Berlin nach Bagdad, mochte die Welt darüber in Trümmer gehen oder nicht"
      (Hallgarten, II, S. 388).
112 Das war die Quintessenz jeden Anschlusses Serbiens und Bulgariens ans Mittelmächte-
      system (o. Anm. 104/105).
113 Hallgarten, II, S. 352 ff., 360 ff., mit dem Hinweis, dass damit der gewaltig aufstrebende
      Getreide- und Industrieexport der Ukraine unter die Kontrolle eines übermächtigen
      Militärrivalen gelangt wäre.

keiten zur Reibung und Schikane hätte es unzählige gegeben. Und im Kriegsfall gar hätte das Zarenreich — Hafen und Bahn von Murmansk entstanden ja erst seit 1915 — jede eisfreie Seeverbindung zu den Westmächten eingebüsst. Ging es hier wirklich nicht um die elementarsten russischen Lebensinteressen[114]?

Nahmen die Entente-Staaten diese Entwicklung passiv hin, so bezeugten sie damit ihre weltpolitische Dekadenz und Abdankung sowie die Sinnlosigkeit ihres bisherigen Zusammenschlusses. Darauf verwies Bethmann Hollweg, als er am 8. Juli 1914 seinem Vertrauten Kurt Riezler erklärte: "Kommt der Krieg nicht, will der Zar nicht oder rät das bestürzte Frankreich zum Frieden, so haben wir doch noch Aussicht, die Entente über dieser Aktion auseinanderzumanövrieren"[115]. Seine "Aktion" in Richtung Konstantinopel zielte also eindeutig auf eine "Befreiung aus der Einkreisung um jeden Preis" — auch den eines grossen Krieges!

Ganz sicher wären dem Reichskanzler ein Nachgeben der Entente im serbischen Konflikt und ihr nachheriges Auseinanderfallen noch lieber gewesen als der Waffengang, und insofern wollte er nicht "den Krieg um jeden Preis"[116]. Mit dem Falle Serbiens hätte Deutschland, nun über die Kernlande des Balkans und Nahen Orients gebietend, zwischen den kneifenden Randmächten Europas die beherrschende Schlüsselstellung errungen und einen Machtaufstieg zu schwindelnder Höhe erreicht: den "ersten Platz der Welt", um eine Formulierung des Grafen Brockdorff-Rantzau von 1915 zu gebrauchen[117]. Eine solche Entwicklung hätte wohl auch den deutschen Generalstab fürs erste befriedigt und ihn vielleicht sogar veranlasst, seine Pressur zum Präventivkrieg zu mässigen oder gar den Schlieffenplan zu revidieren. So kämpfte Bethmann Hollweg in seiner Art doch irgendwie für den "Frieden", in dem engen Bereich eines erpresserischen Vabanquespiels, den ihm die Generale noch belassen hatten[118].

---

114 Fast 50 Jahre lang verschloss die deutsche Geschichtsforschung vor diesen elementaren Tatsachen geflissentlich die Augen (vgl. o. Anm. 76). Ja noch 1964 erklärte Ritter (III, S. 18): "Ohne erkennbare Notwendigkeit hat sich Russland der Balkanslawen als Beschützer angenommen." Immerhin haben früher auch Schweizer Historiker ähnlich geurteilt, so z.B. Werner Näf, Die Epochen der Neueren Geschichte, 2 Bände, 1946, II, S. 380. Siehe ferner u. Anm. 125a. [Sodann anbei u. S. 113.]

115 Mitgeteilt von Karl Dietrich Erdmann, in: Geschichte in Wissenschaft und Unterricht, 15. Band, S. 536. – Vgl. dazu Fischer, S. 107, auch in den Hamburger Studien, I, S. 53; Geiss, Hamburger Studien, II, S. 67 f.

116 Vgl. auch Geiss, Nrn. 112, 449, 459, 622, dazu sein Kommentar, II, S. 237.

117 Vgl. u. Anm. 178.

118 Tatsächlich handelte es sich unverkennbar um ein deutsches Erpressungsmanöver gegenüber der Entente. Bestand umgekehrt wirkliche Gefahr, dass Berlin bei einem Nachgeben seine Orientstellung "räumen" müsse (so Hallgarten, II, S. 383)? Blieb die Türkei nicht so oder so angesichts der russischen Zukunftsgefahr auf eine Anlehnung an Deutschland angewiesen? Sahen denn die Briten diese Anlehnung nicht ganz gern, solange das Gleichgewichtssystem im Balkan und in Vorderasien fortbestand? Und zog Bulgarien nicht gerade noch Mitte Juli 1914, also vor dem Wiener Kraftbeweis gegen Serbien, trotz stärkster russischer Gegenwirkungen eine deutsche Anleihe einer französischen vor (Hallgarten, II, S. 389)? Vgl. auch u. Anm. 135. [Ebenso anbei u. S. 112.]

Wenn aber jede Preisgabe Serbiens zwangsläufig zu einer Zerstörung des europäischen Gleichgewichts und zu einer Hegemonie Deutschlands führen musste, ja was konnten denn da die Russen anderes tun als wenigstens mobilisieren, damit Wien seine an der Balkanfront zusammengezogenen Truppen fühlbar vermindere[119]? Wenn sie alsdann statt einer blossen machtvollen Teilmobilmachung gerade die Gesamtmobilmachung anordneten, so geschah das nicht nur aus technischen Gründen, sondern weil der Verlauf der Krise immer eindeutiger enthüllte, mit welcher Verbissenheit die deutsche Politik, Presse und Öffentlichkeit Österreich zum Sprung nach vorwärts drängten[120]. Eine überstarke Warnung auch an die Berliner Adresse schien da dringend nötig zu sein. Und doch war sie überflüssig und darum ein Fehler; denn gerade damals hatte Moltke nach einigem Schwanken, unter dem eisernen Druck seiner militärischen Hintermänner, die politische Reichsleitung darauf festgelegt, bereits eine Teilmobilisation gegen Österreich zum casus belli zu erklären[121].

Vom Verhältnis Serbien-Österreich war in den diplomatischen Schriftstücken sowie in der Publizistik zur Zeit der Julikrise aufs sattsamste die Rede, von der Interdependenz Serbien-Balkan-Konstantinopel relativ selten[122]. Beide Gegenparteien hatten ein begreifliches Interesse daran, die mehr äusserliche Streitfrage zum Hauptobjekt ihrer Propaganda zu erheben. Das deutsche Volk liess sich am ehesten dann zu einem geschlossenen und aktiven Kriegswillen mitreissen – mit Einschluss der Sozialisten und unpolitisch Gesinnten –, wenn man es überzeugen konnte, dass sein einziger zuverlässiger Bundesgenosse durch Serbien und den dahinterstehenden russischen Panslawismus in seiner Existenz bedroht sei[123]. Und in Russland war die Zielsetzung ebenfalls in breiten Schichten viel populärer, einem überfallenen kleinen slawischen Brudervolk beispringen zu müssen, als den Deutschen den Weg nach Konstantinopel zu verlegen[124].

---

119 Sehr richtig formuliert Ritter (II, S. 316): "Die Tatsache, dass man in Petersburg ... so gewaltige Massen aufbot, zeigt deutlich, dass man Conrads Plan, einen raschen, mit gewaltiger Überlegenheit geführten Schlag gegen Serbien zu führen, durchschaut hatte und zu durchkreuzen wünschte."

120 Vgl. etwa Moltkes Bericht aus Berlin, welchen Jubel im dortigen Volk die Kunde von Österreichs Mobilmachung am 26. Juli ausgelöst hatte (o. Anm. 18), S. 381. Ferner Geiss, Nrn. 380, 410, 463, 486, 559, 606, 702, 715, 810, 918; ebenso o. Anm. 90.

121 Geiss, Nrn. 659, 662, 676, 699, 704, 710, 772/73, 797, 798(!), 803, 835(!), 841(!), 858, 888, 892/93, 985, dazu sein Kommentar, II, S. 335 ff. Ferner Possony, S. 172 f.

122 Immerhin: o. Anm. 104/105; dazu Geiss, Nrn. 101, 246, 357, 363/64, 388, 415, 495, 497, 556 (Vermerk Nicolson), 622, 645, 648, 698, 709, 735, 742 usw., Sachregister unter "Gleichgewicht der Kräfte", II, S. 837.

123 Noch am 10. Februar 1913 hatte Moltke (ähnlich wie damals Bethmann, vgl. o. Anm. 99) in Wien von einem Angriff gegen Serbien abgeraten, weil strittige Grenzfragen im Balkan zu wenig Interesse erregten und ein grosser Krieg "der opferwilligen Zustimmung und der Begeisterung des Volkes bedarf". Der Mord von Sarajevo bot da den wirksamsten aller Agitationsstoffe. Vgl. o. Anm. 21, auch 120.

124 Ein prägnantes Bild, worum es realpolitisch ging, bei Hallgarten (II, S. 391 f.): "Der russische Feudalmilitarismus, an sich weit mehr in Asien und besonders in Persien beschäftigt, ... begann nun wegen der Meerengen gegen die Mittelmächte vorzustossen; es war fast, als ob jemand seine Gartenarbeit im Stiche lässt, um unliebsamen Besuch vom

Problematischer mutet an, dass auch die Geschichtsforschung weithin, in Deutschland voran, ein halbes Jahrhundert lang sich weit mehr auf die lokalen statt auf die weltpolitischen Ursachen des Kriegsausbruchs konzentrierte[125]. Ist sie damit nicht die Gefangene der beidseitigen Propaganda vom Juli 1914 geblieben — oder eher die willige Gefangene? Fast möchte man sagen: Die "Lokalisierung" des österreichisch-serbischen Konflikts, die der deutschen Diplomatie damals nicht gelang und wohl auch gar nicht gelingen konnte, sie hat sich immerhin im Bereiche der "Wissenschaft" in erstaunlicher Einseitigkeit durchzusetzen und zu erhalten vermocht — fast ein halbes Jahrhundert lang[125a]. Ein recht nachdenklich stimmendes Faktum!

IV. Das verlorene Augenmass

"Die Stunde war da, die zeigen musste, ob Deutschland durch die Einkreisungspolitik wirklich mattgesetzt war ... Der Verlauf der bosnischen Krise wurde tatsächlich das Ende der Einkreisungspolitik Eduards VII. ... So erwies sich die kunstvolle Einkreisung und Isolierung Deutschlands während einiger Zeit das Schreckbild ängstlicher Gemüter, als ein diplomatisches Blendwerk, dem die reellen politischen Voraussetzungen fehlten."

So triumphierte Bülow, Bethmanns Vorgänger im Reichskanzleramt (1900—1909), im Rückblick auf seine erfolgreiche "Nibelungenpolitik" zur Zeit des bosnischen Konflikts von 1908[126].

Hauseingang zu entfernen." — Eben zeigt auch Bestuschew, in: Kriegsausbruch 1914 (o. Anm. 8), wie ärgerlich man in Petersburg gerade damals auf England und Frankreich wegen deren Wirtschafts- und Finanzpolitik in Persien und Kleinasien war.

125 Dabei hatte zur Zeit der Versailler Verhandlungen schon Clemenceaus Mantelnote vom 16. Juni 1919 — in der Gesamtanklage zu selbstgerecht, doch in diesem Zentralpunkt nicht unrichtig — erklärt, die Regierenden Deutschlands hätten "einen in Abhängigkeit gehaltenen Bundesgenossen dazu ermuntert, Serbien binnen 48 Stunden den Krieg zu erklären. Von diesem Kriege, dessen Spieleinsatz die Kontrolle über den Balkan war, wussten sie sehr wohl, er könne nicht lokalisiert werden und würde den allgemeinen Krieg entfesseln, für den Deutschland allein gerüstet und vorbereitet war" (Michaelis und Schraepler, Ursachen und Folgen, 3. Band, S. 363 ff.).

125a Ja, noch 1967 zeiht Possony (S. 215 f., auch 199 f.) Russland und Frankreich der Kriegstreiberei, weil sie im Pressekommuniqué vom 23. Juli 1914, nach Abschluss der Petersburger Besprechungen, die "Wahrung des europäischen Gleichgewichts" im Balkan und Orient über den "Frieden" stellten, und kritisiert: "Nur wurde dabei übersehen, dass die Bewahrung des europäischen Gleichgewichts die Erhaltung, nicht die Zerstörung Österreich-Ungarns erforderte." In bezug auf seinen Nebensatz hat der Kritiker absolut recht. Nur wurde gerade von ihm selbst etwas viel Schwerwiegenderes "übersehen": dass nämlich die Bewahrung des europäischen Gleichgewichts "auch die Erhaltung, nicht die Zerstörung Serbiens erforderte"! Wer war denn unvergleichbar stärker von "Zerstörung" bedroht: die grosse Monarchie infolge der Ermordung eines Mannes, dem in ihren eigenen Grenzen kaum jemand nachtrauerte, oder der Kleinstaat aufgrund der Wiener Ultimativdrohung und Kriegserklärung? Vgl. auch o. Anm. 91.

126 Bernhard von Bülow, Deutsche Politik, 1916, S. 60 f.

Die Triple-Entente ein "Blendwerk" – das war von seiten Bülows eine tendenziöse Untertreibung und auf das Jahr 1916 bezogen, in dem er jene Sätze schrieb, eine unfreiwillige Tragikomik. Doch ebensoweit war sie davon entfernt, eine "Verschwörung" gegen das Deutsche Reich zu sein[127]. Die Wahrheit liegt in der Mitte. Die Entente war ein rein defensiver Zusammenschluss mit dem Ziel der "Eindämmung" gewaltsamer deutscher Hegemonialgelüste[128]. Mit Recht nannte man sie neuerdings ein "schattenhaft-unverbindliches" Vertragssystem, das bloss für den Fall eines deutschen Angriffs wirkliches Leben gewinnen konnte: England selbst war ja durch keinerlei Bundespflichten gefesselt, und dem ideologisch "widernatürlichen" Allianzvertrag Frankreich-Russland blieb 1914 nicht zuletzt deshalb "jede Zerreissprobe erspart, da ihn Deutschland durch seine doppelte Kriegserklärung automatisch in Kraft setzte"[129].

Seit Beginn der Jahrhundertwende hatte die deutsche Politik alles, aber auch alles getan, um die miteinander rivalisierenden und oft fast verfeindeten grossen Randmächte Europas[130] gewaltsam zu vereinen. Mit seiner Flottenpolitik, die jede vertragliche Begrenzung der maritimen Rüstungen beharrlich verweigerte, bedrohte Deutschland die Lebensgrundlagen des hochindustrialisierten britischen Inselstaates, dessen Ernährungsbasis die weite Welt war[131]. Und mit seiner Orientpolitik samt dem Schutzherrschaftsanspruch über alle Mohammedaner unterwühlte es gleichzeitig die gesamte Kolonialherrschaft der drei Randmächte im Länder-

---

127 Hermann Kantorowicz, Der Geist der englischen Politik und das Gespenst der Einkreisung Deutschlands, 1929, zumal S. 337 ff.; auch Samuel Zurlinden, Der Weltkrieg, 2 Bände, 1917/18, II, S. 268 ff., 320 ff. – Natürlich waren damals und sind auch heute alle Mächte, selbst die kleinsten wie etwa die Schweiz, grundsätzlich "kriegswillig" im militärischer Angriff auf ihre Lebensinteressen erfolgt. Der Schutz der Lebensinteressen: das war ja gerade der Sinn der damaligen defensiven Zusammenschlüsse, des Dreibunds wie der Triple-Entente. Wer immer das bestehende Mächtegleichgewicht durch eine Militäraktion zu ändern suchte, der handelte als kriegsauslösender Störenfried.

128 Bei diesem Eindämmungsstreben ging es wirklich nicht um Fragen des "Prestiges", wie Ritter noch 1964 meinte (III, S. 18 f.), sondern um die nationale Freiheit der Grossmächte selber, die sich gegenüber einer Hegemonialmacht auf die Dauer niemals behaupten liess. Sogar die Kapitalanlagen Frankreichs in Russland und insbesondere auch in den dortigen strategischen Bahnbauten (Hallgarten, II, S. 253 ff. Anm. 2) dienten vorab der Erhaltung des Mächtegleichgewichts und damit der nationalen Freiheitsbehauptung. In Deutschland verstand man das nie – und wollte es nie verstehen. Treffliche Bemerkungen darüber finden sich im Beitrag des Deutschamerikaners Klaus Epstein, in: Kriegsausbruch 1914 (o. Anm. 8), S. 260 ff.

129 So Herbert Lüthy, in: Der Monat, August 1964, S. 30; dazu o. Anm. 11, 15/16. – Vgl. ferner die klaren Warnungen von Plehn im Jahre 1913 (u. Anm. 147), S. 49 ff.

130 Noch 1898, während der Faschodakrise, geriet England beinahe mit Frankreich in Krieg; noch 1902 schloss es mit Japan ein Bündnis, das sich gegen Russland richtete und im Falle von dessen militärischer Unterstützung durch eine Drittmacht gemeinsame Waffenhilfe vorsah.

131 Diese Bedrohung begann nicht erst 1906 mit dem Bau von Grosskampfschiffen: "Schon das zweite Flottengesetz von 1900 ... gab dem deutschen Flottenbau, wie mit Recht gesagt worden ist, einen politisch offensiven Sinn, indem es die absolute See-Hegemonie Englands, das ja nicht nur seine Nordseeküste zu verteidigen hatte, ernsthaft bedrohte" (Ritter, II, S. 181).

gürtel von Russisch-Turkestan und Britisch-Indien bis nach Französisch-Nord-afrika[132]. Konnte ein solches Maximum an unbesonnenen Provokationen auf etwas anderes hinauslaufen als auf eine lebensfeindliche Politik der planmässigen Selbstauskreisung?

Mochte die 1907 entstandene Triple-Entente noch so locker formiert sein, jede normale, vernünftige, realpolitische Überlegung hätte das Deutsche Reich dazu bestimmen müssen, angesichts des Zusammenschlusses solch riesiger Gegen-kräfte die bestehenden Spannungen möglichst zu entschärfen. Jeder Randmacht konnte man hierzu etwas höchst Einfaches und Wertvolles bieten: England ein das Wettrüsten beseitigendes Flottenabkommen im Verhältnis 2:1[133], Frankreich die Erhebung Elsass-Lothringens zu einem sich selbst regierenden Gliedstaat des Reichs (worüber die Elsässer glücklich gewesen wären)[134] und Russland eine begrenzte Rückkehr zur Bismarckpolitik zwecks Wahrung des Mächtegleichgewichts im Balkan und im Nahen Orient[135]. Keiner der drei Punkte war mit der Ehre oder den Lebens-interessen Deutschlands auch nur im mindesten unvereinbar.

Und doch war man in Berlin weder zum einen noch zum anderen Zugeständnis bereit, geschweige denn, was wohl das Ratsamste gewesen wäre, zu allen dreien. Das Widerstreben war nicht nur in der Staats- und Heeresleitung lebendig, sondern auch in breitesten Kreisen der Öffentlichkeit[136]. Wie erklärt sich diese lebens-

---

132 Immer noch galt der türkische Sultan grundsätzlich als Kalif, d.h. als religiös-politisches Oberhaupt der ganzen islamischen Welt; seine militärische Stärkung durch Deutschland samt dem Bau der Bagdadbahn mit deutschen Kapitalien schien seiner ausserhalb des Osmanischen Reiches verfallenen Autorität neuen Auftrieb zu geben. Vgl. Mühlmann (o. Anm. 108), S. 25 ff., 282 ff.

133 "Der Kaiser betrachtete grundsätzlich jede englische Anregung zur Beschränkung der Flottenbauten als unverschämte Anmassung, jede deutsche Konzession als Demütigung und Schlappheit" (Ritter, II, S. 203). – Die Mission Lord Haldanes von 1912 scheiterte, weil man in Berlin von England als Gegenleistung ein "echtes Neutralitätsabkommen" im Falle eines Festlandkrieges verlangte, also im Interesse des eigenen Hegemonialstrebens (o. Anm. 128) die Entente zu sprengen suchte – vgl. Ritter, II, S. 226 ff., Fischer, S. 34 f., Hallgarten, II, S. 331 ff.

134 "Die Ehre verbot den Franzosen, die Annexion als definitiv anzuerkennen, solange die Elsässer selbst dies zu tun zum erheblichen Teil abgeneigt waren, und solange die politische Lage des Elsass den Stempel des Provisoriums an sich trug" – so Max Weber in einer Denkschrift, 1915/16 (abgedruckt in den Gesammelten politischen Schriften, 1958, S. 128). Vgl. auch o. Anm. 11, 16.

135 Eine Totalrückkehr zur Politik Bismarcks von 1887, als er dem Zaren den Griff auf Kon-stantinopel als dem "Schlüssel" zu seinem Reiche freigab, war mitnichten nötig. England sah den deutschen Einfluss auf die Türkei ganz gern, solange er sich in den bestehenden Grenzen hielt und nicht zu Hegemonialzwecken im Balkan und Orient ausgeweitet wurde. Hätte Russland in Zukunft selber wiederum dorthin mit Waffengewalt ausgegriffen, so wären in der Weltpolitik ganz neue Bündniskonstellationen möglich geworden. Darauf verwies z.B. Plehn in seiner anonymen Mahnschrift von 1913 (u. Anm. 147), S. 68 ff. Aber geduldiges Abwarten entsprach nicht dem damaligen deutschen Wesen.

136 Man verbohrte sich weithin in die Idee (vgl. u. Anm. 157, 161), das britische "Krämer-volk" werde aus Angst vor der starken deutschen Marine – die "Risiko-Theorie" des Admirals Tirpitz – im offenen Konfliktfall lieber eine deutsche Hegemonie auf dem Fest-land hinnehmen, als jahrelang nachhaltig Krieg führen – und "verkannte vollständig das Wesen dieser stolzen Nation" (Ritter, II, S. 186). An Warnungen von seiten kritischer

feindliche Blindheit gegen die heraufziehenden unheimlichen globalen Gefahren? Es ist im Grunde nur ein einziger Schluss möglich: Man fühlte sich viel zu machtbewusst und allzu riesenstark, um überhaupt an irgendwelches Nachgeben zu denken[137] – so ehrenhaft ein solches durchaus gewesen wäre.

Ganz offensichtlich liess sich die deutsche Nation damals nur von einer Haupttriebkraft leiten: von der Entrüstung, bei der "Aufteilung der Welt", weil zu spät ins Rennen eingetreten, mit blossen Reststücken abgespeist worden zu sein[138]. Waren denn die glücklicheren Rivalen nicht dazu verpflichtet, dem so "tüchtigen" deutschen Volk wenigstens all das zu überlassen, was noch neu zu verteilen war, mochte es auch an strategischen Brennpunkten der Weltpolitik gelegen sein, die sich die andern gegenseitig bisher nicht gegönnt hatten[139]? Die schwere Sorge dieser andern, das so wenig kompromissfreudige Reich werde solche Stützpunkte zwangsläufig zur Aufrichtung seiner Welthegemonie missbrauchen, legte man allzu vereinfacht als "Neid" aus, ohne selbstkritisch zu bedenken, ob nicht alle Bitternis, gegenüber den andern zu kurz gekommen zu sein, etwa in eigenen Neidregungen wurzle[140].

Entscheidend wurde die Zweite Marokkokrise von 1911. Wären die Deutschen seit 1900 nicht zum Flottenwettrüsten übergegangen, so hätte England gewiss viel lieber sie in Marokko gesehen als seinen französischen Erbfeind[141]. Aber die zweitgrösste Seemacht der Welt und schärfste Rivalin ausgerechnet am Eingang zum Mittelmeer zu plazieren, das konnte man Grossbritannien wahrlich nicht zu-

---

Beobachter fehlte es zwar keineswegs; aber wie Kanner (o. Anm. 34) drastisch bemerkte (S. 24): "Den Unheilspropheten ging es im Reich noch viel schlechter als einstmals in Israel: Man las sie meist gar nicht." Vgl. dazu u. Anm. 148/49, 156–158.

137 Klaus Epstein (o. Anm. 8), S. 256, braucht für die Kriegszielpolitik des kaiserlichen Deutschlands den harten Ausdruck "kollektiver Grössenwahn". Lief der Mangel an jeder Geschmeidigkeit gegenüber den drei Randmächten nicht eigentlich schon seit 1907 auf die selbstzerstörerische Bereitschaft hinaus, den Kontinenten und Ozeanen, also der Geographie selbst, gegebenenfalls den Kampf anzusagen?

138 Ritter, Europa und die deutsche Frage, 1948, S. 151 ff.; Fischer, Historische Zeitschrift, 199. Band, S. 280 ff.

139 Vor allem Marokko und Konstantinopel.

140 Vgl. hierzu die harte, in Deutschland ziemlich unbekannt gebliebene Analyse des grossen italienischen Denkers Benedetto Croce in seiner Storia d'Europa nel secolo decimonono, 3. Aufl., 1932 (im folgenden zitiert nach der deutschen Ausgabe 1935, vorab S. 264 f., 269 ff., 316 ff.). So erklärt er von den damaligen deutschen Oberlehrern: "Voller Neid blickten sie auf die englische Hegemonie über grosse Teile der Erde und über die Meere, und voller Erbitterung erinnerten sie daran, wie England seine Widersacher auf dem Kontinente, der Reihe nach Spanien, Holland und Frankreich, zermalmt hatte. Aus all diesen Voraussetzungen zogen sie den Schluss, dass nunmehr Deutschland an der Reihe sein müsse, jenes Deutschland der Hohenzollern, das das ruhmreiche Werk der heroischen Kaiser des Mittelalters wieder aufgenommen habe ... Die Gerechtigkeit selber erfordere es, dass Deutschland eine neue Verteilung der Welt verlange" (S. 316 f.).

141 Am 18. Januar 1901 meldete der deutsche Botschafter aus London über den bekannten britischen Bündnisfühler, "zunächst sei Chamberlain dafür, dass ein geheimes Abkommen zwischen England und Deutschland in bezug auf Marokko zustandekäme" – natürlich im Zusammenhang mit einer Verständigung in der Flottenfrage.

muten[142]. Die Entente konnte in beiden Marokkokrisen die diplomatische Kraftprobe um so erfolgreicher bestehen, weil Deutschland in einem daraus erwachsen-
den Konflikt kaum mit Militärhilfe von seiten Österreichs rechnen durfte[143]. So
gewann es nur einige Sumpfgebiete im Kongobecken (Südost-Kamerun) – genau
zur gleichen Zeit, da Frankreich und Italien ihre Kolonialreiche in Nordafrika recht
ansehnlich erweiterten[144].

Diese handgreifliche "Ungerechtigkeit" war es offenkundig, die den deutschen
Nationalisten – und ihr Einfluss war überwältigend gross – immer verzehrender in
der Seele brannte und die Bereitschaft im höchsten Masse steigerte, notfalls ans
Schwert zu appellieren.

In seinem grossangelegten Werk "Imperialismus vor 1914" stellte Hallgarten
rückblickend fest:

"Die Stimmung in Deutschland wurde erbittert und gereizt ... Wenn sich die deutsche
Presse dauernd darüber unterhielt, ob Deutschland kriegslustig sei oder nicht, wenn hohe
Offiziere bei offizieller Gelegenheit den Krieg für 1914 ankündigten, dann war das ein
Zeichen, dass der Kessel Überdruck hatte"[145].

Hallgartens Erkenntnis deckt sich ganz und gar mit den Einsichten, wie sie
Benedetto Croce um 1930 in seiner "Geschichte Europas im 19. Jahrhundert"
niederlegte[146], sowie mit jenen, wie sie inmitten des Vorkriegsstadiums, 1913,
ein besonnener deutscher Publizist verkündete, als er die Nation warnte, ihre weltpolitischen Ziele gemeinhin "durch einen grossen europäischen Krieg" erreichen
zu wollen[147].

"Durch einen grossen europäischen Krieg"! Ihn unter der gegebenen weltpolitischen Konstellation zu wagen oder gar herauszufordern, konnte konkret gar nichts
anderes heissen, als dass man grundsätzlich von vornherein bereit war – wenn nicht
anders möglich –, auch gegen die Gesamtheit der Entente-Mächte zu kämpfen,

---

142 Hallgarten, II, S. 178 ff., 185 ff.
143 Fischer, S. 36 f. – Gerade weil der Schlieffenplan auf eine Rückendeckung im Osten an-
     gewiesen war, legten die Befürworter des Präventivkriegs so grosses Gewicht darauf, den
     Konflikt über eine Balkanfrage ausbrechen zu lassen und Österreich "auf Vordermann zu
     stellen". Vgl. hierzu vor allem Hillgruber (u. Anm. 157), S. 41.
144 Frankreich nahm 1911 Marokko, Italien Tripolitanien in Besitz.
145 Hallgarten, II, S. 385. – Ebenso Fischer, S. 31 ff., 42 ff., vor allem auch in der Histori-
     schen Zeitschrift, 199. Band, S. 329 ff. – Vgl. Ritter, o. Anm. 138, auch 33; ebenso
     Moltke, u. Anm. 152.
146 Croce (o. Anm. 140), S. 322. [Siehe dazu das einschlägige Zitat anbei u. S. 110.]
147 Anonym (= Hans Plehn), Deutsche Weltpolitik und kein Krieg!, 1913, S. 3. [Der Gesamt-
     wortlaut von Plehns Besorgnis ebenfalls anbei u. S. 110, dort auch Anm. 125.] – Sogar
     Wegerer (o. Anm. 1) flicht Plehns obigen Satz, obgleich er die Quelle nicht nennt, als
     symptomatisch für die deutsche Gesamtstimmung jener Jahre in seine Darstellung ein
     (I, S. 19).

in der Überzeugung, notfalls imstande zu sein, sie alle drei nacheinander aufs Knie zu zwingen[148].

Gegenüber den Kontinentalmächten Frankreich und Russland mochten solche Hoffnungen immerhin als begründet erscheinen. Doch wie stand es beim Eingreifen der seebeherrschenden Briten? Wie sollte und konnte man gegen sie einen Krieg mit einiger Sicherheit gewinnen oder doch kurzfristig genug zu einem befriedigenden Ende bringen[149]?

Das war doch die Kardinalfrage aller Fragen, wenn man, statt Entspannung und Kompromiss anzustreben, die "Freiheit zu weltpolitischer Betätigung" im Kampf durchsetzen wollte. Hierüber hätte sich doch jeder Politiker, jeder Militär, jeder Publizist in verantwortlicher Stellung einigermassen klare Vorstellungen machen und reale Schlüsse ziehen müssen, bevor man einen Präventivkrieg für ratsam halten durfte[150].

Wie stand es im Generalstab selber, der im April 1913 die Auslösung des Präventivkriegs im Laufe der nächsten beiden Jahre festlegte[151]? In den Denkschriften

148 Das geistige Deutschland hätte 1913/14, von rückwärts aus betrachtet, eigentlich dringend zu einer weltpolitischen Neuorientierung aufrufen müssen. Statt dessen liess sich ein guter Teil von ihm unter dem "Überdruck des Kessels" (o. Anm. 145) nur zu willig vom nationalen Machtrausch mitreissen. Als die Katastrophe da war, da sah man darin ein "unvermeidliches" und heroisches Schicksal und begab sich an die vorderste Propagandafront für "Das grössere Deutschland" – so hiess übrigens eine schon vor Kriegsausbruch von Ernst Jäckh herausgegebene Wochenschrift! Um etwa den bedeutenden Sozialpolitiker Friedrich Naumann herauszugreifen, so sagt der Neuherausgeber seiner Werke, Theodor Schieder, 1964 (Werke, IV, S. 381): "Der Krieg wurde von ihm als die bitterernste, im letzten aber unausweichliche Kraftprobe zwischen dem alten und dem jungen Imperialismus hingenommen." Das war im Grunde der gleiche Fatalismus wie jener Moltkes (o. Anm. 18). – Vgl. Fischer, S. 184 ff., über "Das Drängen der Nation". Dazu o. Anm. 34, 90, 120, u. Anm. 185.

149 Sogar Max Weber, jener "König im Reiche des Geistes", dazu ein Freund der noch bestehenden europäischen Kleinstaaten und schon 1915 Gegner einer Annexion Belgiens, sah Deutschlands Sendung seit 1871 im Machtstreben. 1916 erklärte er: "Wollten wir diesen Krieg nicht riskieren, nun, dann hätten wir die Reichsgründung ja unterlassen und als ein Volk von Kleinstaaten weiterexistieren können" (Gesammelte politische Schriften, 1958, S. 172). Dabei hätte doch das Reich gerade "diesen" Krieg, nämlich gegen drei Weltmächte zusammen, nie und nimmer "riskieren" dürfen. Übrigens knüpfte Weber mit dem zitierten Satz an einen Gedanken an, den er schon 1895 über die künftige deutsche "Weltmachtpolitik" geäussert hatte (S. 23, auch 140).

150 Ritter verweist (II, S. 141) auf einen Privatbrief des Generals von der Goltz, worin dieser die Ansicht vertritt, ein Krieg gegen England müsse von Deutschland "dank seiner überlegenen Volkszahl" gewonnen werden, sofern er "nur lang genug" dauere ... (1908). Über die Bereitschaft des im Ruhestand befindlichen Schlieffen zum Kampf gegen alle drei Entente-Mächte zusammen, vgl. Wallach, S. 203 ff.

151 Ganz offensichtlich geschah es unter dem Druck einer draufgängerischen Richtung im Offizierskorps, dass der mehr auf Verteidigung bedachte Grosse-Ostaufmarsch-Plan 1913 kassiert wurde. Sie folgte den Lehren des Generals Bernhardi, dessen Buch von 1911: Deutschland und der nächste Krieg, 9 Auflagen erlebte und um den Zentralgedanken kreiste, die Offensive sei der Verteidigung immer überlegen, und ein "rings von Feinden umgebener" Staat wie Deutschland müsse bei defensivem Verhalten zugrunde gehen. Ähnlich urteilte, neben Ludendorff, General Keim, seit 1912 der Organisator des deutschen "Wehrvereins". Vgl. dazu Hallgarten, II, S. 262 ff.; ebenso o. Anm. 21–25, 30, 34, 40; auch Possony, S. 128 f., 177.

Moltkes findet sich keine Äusserung darüber, obgleich er schon während der Marokkokrise 1911 bereit gewesen war, die Erfüllung der deutschen Forderungen "mit dem Schwert zu erzwingen" und andernfalls seine Demission erwog[152], und obgleich er anfangs 1913 das Eingreifen Englands in den Weltkrieg für unvermeidlich hielt, weil eine deutsche Festsetzung an der Kanalküste es "unfähig macht zur Behauptung seiner Weltstellung"[153]! Die Grundeinstellung war offenbar die: Gewinnen wir nur den Festlandkrieg, so wird sich alles andere schon finden!

Ganz im Einklang damit unterstrich Ludendorff als Chef der Aufmarschabteilung und Moltkes willensstärkster Mitarbeiter im Jahre 1910: "Alles kommt darauf an, dass wir die ersten Schlachten gewinnen"[154] — offenbar analog zu 1866/70, als man doch jeweils nur eine einzige grosse Macht — und zwar eine reine Kontinentalmacht — niederwerfen musste. Wie konnte man nur den Franzosen ein "Cannae" bereiten wollen und dabei übersehen, dass gerade der geniale Hannibal, weil die Gegner das Meer beherrschten, den Krieg als Ganzes trotz seines gloriosen Sieges von Cannae schliesslich verlor[154a]? War es nicht eine Ironie des Schicksals, dass ausgerechnet Ludendorff, der als Urheber des Lütticher Handstreichs den überstürzten Kriegsausbruch mitverschuldete, dazu berufen war, die letzten Schlachten des Weltkriegs zu schlagen und — zu verlieren?

Es scheint unglaublich, aber es ist so: Die deutsche Heeresleitung diktierte seit April 1913 der Staatsführung den Präventivkrieg auf, ohne die geringsten Vorstellungen zu besitzen, wie man England dazu bringen könne, sich als besiegt zu erklären und den Kampf abzubrechen. An der Küstenlinie des Festlandes fanden alle strategischen Konzeptionen des Generalstabs offenkundig ihr Ende[155]. Was nützte das klassischste "Cannae" im Westen, wenn die zermürbende britische Fernblockade (ähnlich wie nach 1940) weiterdauerte und die Nordsee auf "einen" Nordsee reduzierte[156]? War es im Grunde nicht ein leichtfertiger, ja sträflicher Optimismus, einen Amphibienkampf von einem blossen Landratten-Horizont aus

---

152 Moltke (o. Anm. 18), S. 362. — Um 1910 wünschte er in mehrmaligem Schwanken den Krieg gegen England bald zu vermeiden, bald wieder hinzunehmen, dies sogar mit dem Zusatz, es sei nur günstig, wenn man mit einem britischen Expeditionskorps "abrechnen" könne (Ritter, II, S. 197; ferner Wallach, S. 206 ff.).

153 Vgl. o. Anm. 63.

154 Ritter, II, S. 274; dazu o. Anm. 21, 68.

154a So jetzt auch Wallach, S. 68, 96, 110 ff., 180, 225 über den "Cannae-Wahn".

155 Die zerstörende Kraft der Unterseebootwaffe war bei Kriegsausbruch unbekannt; es war dies eine der Überraschungen des Krieges. — Im übrigen besass sogar die deutsche Admiralität keine klar durchdachten Operationspläne, wie man einer Fernblockade erfolgreich begegnen könne, und zeigte auf diesem Gebiete "eine erschreckende Hilflosigkeit" (so Ritter, II, S. 189). Dazu Wallach, S. 220 ff., Possony, S. 135, 194.

156 Ein Wortspiel von Ernst Jäckh in seinen zu selbstgefälligen und lückenhaften Aufzeichnungen: Der Goldene Pflug, 1954, S. 73. — Wie Ritter hervorhebt (II, S. 175), war das Vertrauen darauf, eine mächtige Marine könne den deutschen Überseehandel auch in Kriegszeiten erfolgreich schützen, bis 1914 "die fast allgemeine Überzeugung der Gebildeten jener Zeit, ... besonders der Nationalökonomen und Historiker, einschliesslich der berühmtesten Namen".

zu entfesseln, in der vagen Hoffnung, das Inselreich werde sich mit einem neuen System der Kontinental-Hegemonie schon irgendwie abfinden – obgleich doch die Weltgeschichte seit dem 16. Jahrhundert genau das Gegenteil bewies[157]?

So stürzte sich das kaiserliche Deutschland 1913/14 voll überschäumenden Kraftbewusstseins und Siegesdranges in einen Hegemonialkrieg hinein, ohne die mindesten konkreten Anhaltspunkte, wie man ihn zu erfolgreichem Abschluss bringen könne – d.h. ohne jeglichen Sinn für weltpolitische, weltstrategische, weltmaritime Proportionen, also unter Verlust jeglichen Augenmasses[158]. Die Siegesläufe von 1866/71, die man unter total andersartigen Voraussetzungen zu wiederholen sich verpflichtet fühlte, haben da geradezu verheerende Folgen hervorgebracht, am meisten wohl im Bereiche der Massenpsychologie[159].

Bethmann Hollweg, "trotz aller Grenzen und Schwächen noch immer die bedeutendste politische Figur des kaiserlichen Deutschlands im Kriege"[160], erfasste diese psychologischen Zusammenhänge im Laufe der Kriegsjahre sehr wohl und hat darunter gelitten[161]. Dies zeigen seine Worte von 1915/16:

"Bei der staunenswerten Entwicklung unseres Volkes in den letzten 20 Jahren erlagen weite Schichten der Versuchung, unsere gewiss gewaltigen Kräfte im Verhältnis zu den Kräften der übrigen Welt zu überschätzen ... Wir haben diesen Fehler aus der Friedenszeit übernommen"[162].

---

157 "England muss und wird uns kommen" – diese trügerische Selbsttröstung beherrschte fast wie eine Psychose die deutsche Politik zur Zeit der Vorkriegsjahre und des Kriegsbeginns. Vgl. neuerdings auch Andreas Hillgruber, Deutschlands Rolle in der Vorgeschichte der beiden Weltkriege. 1967, S. 13, 26, 29 f., 40 f.; dazu o. Anm. 136 und u. Anm. 161. Ebenso jetzt Wallach, S. 96 ff., vor allem 224 f.

158 Auch Ritter sieht das Verhängnis darin (II, S. 246), dass das wilhelminische Deutschland eine Machtstellung des Bismarckreiches ererbte, die es "nicht mehr selbst hat erkämpfen helfen", womit es in Gefahr geriet, "das sichere Augenmass für die Grenzen dieser Macht zu verlieren: Grenzen seiner militärischen Leistungsfähigkeit ebenso auf dem Lande wie zur See. Man darf hier wohl von einer übermächtigen Zeitströmung sprechen, der sich keine Einzelpersönlichkeit einfach entziehen konnte" – mit Ausnahme natürlich, wird man zum letzten Satz korrigierend hinzufügen müssen, starker Charaktere auf recht verschiedenen Ebenen wie etwa Stefan George, Friedrich Wilhelm Foerster und Rosa Luxemburg. Dazu o. Anm. 148/49, u. Anm. 165, 187, 195.

159 Ein Beispiel o. Anm. 120. Im Kriege selbst kam das alles naturgemäss zu übersteigerter Wirkung; vgl. darüber Fischer, Hamburger Studien, I, S. 37 ff., über: Die Kontinuität des Weltmachtstrebens. Ebenso o. Anm. 34. [Siehe auch anbei u. S. 126 f.]

160 Fischer, Historische Zeitschrift, 191. Band, 1961, S. 90, nennt den Kanzler ausdrücklich eine "menschlich sympathische und zweifellos geistig hochstehende Persönlichkeit".

161 Bei Kriegsausbruch freilich sah er hierin noch keineswegs klar und meinte zu Bülow, es werde nach einem Blitzkrieg von wenigen Monaten, einem "heftigen, aber kurzen Gewitter", zu einem Bündnis mit England kommen zwecks gemeinsamer Bekämpfung des Russentums. Dabei war ja die Zeit der "Kabinettskriege" schon mit 1792 zu Ende gegangen; seither gab es in Europa nur noch Völkerkriege, die immer bis zur eindeutigen Niederlage der einen Kriegspartei durchgefochten wurden.

162 Aussage vor dem Hauptausschuss des Reichstags im Oktober 1916; vgl. Fischer, S. 108.

Und noch schmerzlicher:

"Es wäre furchtbar, wenn nach dem Frieden diese Renommiererei, diese Überforschheit, diese Überhebung bei uns herrschend bleiben sollten – ein furchtbarer Gedanke"[163].

Sicher gab es im deutschen Volk damals auch breite Kreise, die sich von diesem kraftmeierischen Massenrausch nicht anstecken liessen. Aber meist unpolitisch gesinnt, hatten sie im Staatsleben wenig Gewicht. Pazifistische Strömungen jedenfalls waren kaum irgendwo so verachtet wie im Deutschen Reiche[164]. Und dessen geistige Führer verschrieben sich unter dem nationalistischen Massendruck von unten her nur allzu willig der Lehre, wonach Staaten und Völker ihren Daseinssinn vor allem im Machtzuwachs zu suchen hätten[165] – eine spezifisch preussische Ideologie, der manche Historiker und Publizisten auch heute noch anhängen,

"ohne sich bewusst zu werden, dass eben in dieser biologisierenden Fehlinterpretation der internationalen Beziehungen der Irrweg begründet lag, der Deutschland zweimal in einen Weltkrieg führte"[166].

V. Schuld oder Verhängnis?

Historiker scheuen mit guten Gründen davor zurück, das Wort "Kriegsschuld" zu gebrauchen, sobald sie nicht gerade politische Verbrechernaturen wie einen Hitler zu beurteilen haben. Normalerweise ist die Wechselwirkung zwischen kollektiven Kräften und persönlichen Entschlüssen zu komplex, auch im internationalen Zusammenleben, als dass man "Verschulden" eindeutig messen und abwägen könnte. Anderseits wäre es aber doch wohl auch allzu bequem, dem einmal gestellten vieldiskutierten Problem einfach auszuweichen. Darum sei im folgenden

---

163 Gespräch mit Theodor Wolff vom 5. Februar 1915. Vgl. hierzu Zechlin, Historische Zeitschrift, 199. Band, S. 444; ferner o. Anm. 137, u. Anm. 179, 191–195.

164 Hallgarten, II, S. 313 ff.; o. Anm. 32.

165 Dies lehrten nach dem Hingang von Droysen und Treitschke auch massvollere Historiker. Hans Delbrück, der tapfere Gegner der Alldeutschen, meinte 1896, nur Völker im Besitze grosser Erdräume könnten als grosse Nationen fortbestehen: "Haben wir das Deutsche Reich gegründet, damit es unter unsern Enkeln wieder verschwindet?" (Vgl. Fischer, Historische Zeitschrift, 199. Band, S. 281.) Ebenso betrachtete es Erich Marcks 1903 als unerlässlich, in die imperialistische Weltentwicklung einzugreifen, "wenn sie uns nicht völlig zermalmen, aus der Reihe der lebendigen Völker verstossen soll" (dazu Fischer, Hamburger Studien, I, S. 79). Ähnlich der grosse Soziologe Max Weber (o. Anm. 149). Wenn solche Äusserungen auch der Zeitentwicklung und dem Zeitgeist von damals entsprangen, so erachteten sie die Grossräumigkeit und Weltreichsbildung doch allzu einseitig als conditio sine qua non. Über Delbrück auch o. Anm. 90. [Vgl. anbei u. S. 119 ff.]

166 Fritz Fellner, in den Mitteilungen des Instituts für österreichische Geschichtsforschung, 72. Band, 1964, S. 513. [Zum biologisierenden preussischen "Wachstumsnihilismus" vgl. anbei u. S. 117–120.]

versucht, trotz aller berechtigten Bedenken dazu Stellung zu nehmen – mit allen Vorbehalten, wie sie zu einem Versuch gehören[167].

Unter den Grossmächten des Schicksalsjahres 1914 erscheint Deutschland als die einzige, die darauf ausging, das bestehende Gleichgewichtssystem gewaltsam zu zerbrechen und hierzu, wenn nicht anders möglich, einen Grosskrieg auszulösen. Gewiss gab es auch in den anderen Grossmächten bedenkenlose Nationalisten, die mit ihren Äusserungen in Wort und Schrift die internationalen Beziehungen vergifteten; aber sie standen jeweils in Opposition zu ihrer Landesregierung[168]. Stellt man überall bloss auf die Regierungspolitik ab, so trägt das deutsche Kaiserreich im Wesenskern die Alleinschuld am Ausbruch des Ersten Weltkriegs.

Ebenso scheint es grundsätzlich verfehlt, behaupten zu wollen, das Reich habe in den Vorkriegsjahren nur nach "Gleichberechtigung" gestrebt, nicht nach "Weltmachtstellung"[169]. Was bedeutete es denn, wenn ausgerechnet die Macht mit der meistgefürchteten Armee und der zweitgrössten Kriegsflotte des Erdballs sich trotzdem "nicht gleichberechtigt" fühlte? Hiess das in einer bereits aufgeteilten Welt nicht recht eindeutig, anderen etwas wegnehmen zu wollen? Konnte da "Gleichberechtigung" etwas anderes sein als ein Euphemismus, um den eigenen Ausdehnungsdrang vor sich selbst und vor der Aussenwelt besser zu rechtfertigen?

Gewiss ging das Deutsche Reich 1914 nicht mit einem klar abgesteckten Eroberungsprogramm in den Krieg. Wer in überschäumendem Kraftbewusstsein gegen eine vermeintliche Welt von Feinden losbricht, der pflegt seine Ansprüche ohnehin selten zu begrenzen, schon um sie je nach der Gunst des Kriegsglücks ausweiten zu können[170]. Vor sich selbst verschleierte man den Machtwillen gerne mit der aus der Chamberlainschen Verheissung[171] stammenden Lehre vom bevorstehenden Endkampf der Rassen[172] – einem fatalistischen Sendungsglauben, von dem sich sarkastisch sagen lässt:

---

167 Wie planmässig und zentral die deutsche Propaganda gegen die Versailler "Kriegsschuldlüge" vom Auswärtigen Amt in Berlin seit 1919 gesteuert und finanziert wurde, schildert Geiss, in: Kriegsausbruch 1914 (o. Anm. 8), S. 101 ff. Ergänzend Possony, S. 162 ff., 167 ff., 179 ff.

168 O. Anm. 12, 16, 93, u. Anm. 184.

169 So 1964 noch Ritter, III, S. 15 f., vgl. o. Anm. 128.

170 Die drei Hauptobjekte des deutschen Vormachtstrebens waren der Welt in den Vorkriegsjahren durchaus bekannt: Mitteleuropa (bis zum Schwarzen Meer), Kleinasien sowie ganz Zentralafrika; auf sie verwies u.a. auch Walther Rathenau im Sommer 1912 in Vorträgen vor Kaiser und Reichskanzler (Fischer, S. 35 f., ebenso in der Historischen Zeitschrift, 199. Band, S. 322 ff.).

171 Sogar im Tagebuch der Baronin Spitzemberg (publiziert 1960), einer ungewöhnlich klugen und kritischen Beobachterin des Berliner Hoflebens, findet sich über Chamberlains "Grundlagen des 20. Jahrhunderts" zum 25. November 1900 (S. 403) der Erguss, das Buch sei für die Leserin "eine wahre Offenbarung" geworden und man müsse trotz aller wissenschaftlichen Vorbehalte seinen Gedanken "zujubeln". Wie müssen da erst unkritischere Gemüter davon beeinflusst und "mutig" gemacht worden sein!

172 Der Kaiser wie Moltke lebten gänzlich in der Vorstellung vom unvermeidlichen Existenzkampf "zwischen Germanentum und Slawentum" (Fischer, S. 40 f., 52; vgl. nebenbei Geiss, Nr. 877). Ähnliche Äusserungen finden sich auch bei Bethmann und Jagow. Doch sind diese Antagonismen älter als Chamberlains Rassenideologie. Man denke etwa an die

"Für einen Endkampf der Germanen, Slawen und Gallier war selbst bei Machiavelli kein Kraut gewachsen"[173].

Ganz gewiss hätte Deutschland mit jedem Fallenlassen Serbiens durch die Entente 1914 in Europa und Vorderasien eine Machtstellung gewonnen, die ihm als einem Militärstaat in diesen Erdräumen die politische Hegemonie sichern musste[174], sofort gegenüber Frankreich und Russland und sehr rasch — angesichts seines überwältigenden Rüstungspotentials — auch gegenüber Britannien. Die gleiche Zielsetzung ergibt sich auch aus seiner seit April 1913 allein noch beibehaltenen Kriegskonzeption: "Erfolg des Schlieffenplans" und "Neuverteilung der Welt" waren, sofern ein rascher Friede folgte, in jederlei Hinsicht identische Begriffe[175].

Jedes "Auseinandermanövrieren" der Entente, wie Bethmann sich am 8. Juli 1914 ausdrückte[176], jeder kontinentale Totalsieg Richtung West oder Ost und damit das vermeintliche Ende des Zweifrontenkriegs gab den Deutschen, wie man in Berlin vorauszusetzen glaubte, die führende Zentralstellung zwischen den anderen Grossreichen und damit die entscheidenden Scharniere der Weltmacht in die Hand. Darum betrieb man, als der Schlieffenplan militärisch scheiterte, alsbald auch so hemmungslos die Revolutionierung Russlands[177]. Wie es einer der gewiegtesten deutschen Diplomaten, Graf Brockdorff-Rantzau, 1915 in aller Eindeutigkeit formulierte:

"Der Sieg und als Preis der erste Platz der Welt ist unser, wenn es gelingt, Russland rechtzeitig zu revolutionieren und dadurch die Koalition zu sprengen"[178].

*

Reichstagsrede Windthorsts vom 19. Februar 1878, im Balkan gehe es "um die grosse und für alle Zukunft bedeutungsvolle Frage, ob das germanische oder das slawische Element die Welt beherrschen soll" — oder an Theodor Mommsen, des genialen Althistorikers, wenig bekannten Brief "An die Deutschen in Österreich" vom 31. Oktober 1897 (Neue Freie Presse, Wien) mit den Sätzen: "Und nun sind die Apostel der Barbarisierung am Werke, die deutsche Arbeit eines halben Jahrtausends in dem Abgrunde ihrer Unkultur zu begraben ... Seid hart! Vernunft nimmt der Schädel der Tschechen nicht an, aber für Schläge ist auch er zugänglich."

173 So Herbert Lüthy, in: Der Monat, August 1964, S. 28.
174 Friedrich Naumann meinte zwar 1915 (Werke, 1964, IV, S. 663), ein unter deutscher Hegemonie geeintes "Mitteleuropa" sei immer noch "eine kleine Gruppe: kräftig aber mager". Diese Untertreibung war höchstens in bezug auf den Flächenraum richtig, niemals aber in bezug auf geopolitische Lage und Rüstungskapazität eines solchen vom Deutschtum organisierten Herrschaftsgebildes. Vgl. dazu o. Anm. 111–118.
175 Als Bethmann am 29. Juli 1914 den Briten für den Fall ihrer Neutralität die Unversehrtheit eines besiegten, praktisch aber natürlich von Deutschland abhängigen Frankreichs zusicherte, da schloss er bezeichnenderweise das französische Kolonialreich von dieser Zusicherung ausdrücklich aus! (Geiss, Nr. 745 mit dem Vermerk von Crowe.) Siehe auch Possony, S. 131 f.
176 O. Anm. 115.
177 Fischer, S. 138 ff., Possony, S. 141.
178 Fischer, S. 180; Ritter, III, S. 485. – Brockdorff-Rantzau (1869–1928) war von 1912–1918 Gesandter in Kopenhagen, 1919 Aussenminister der Weimarer Republik und seit Ende 1922 Botschafter in Moskau.

Das war's: der erste Platz der Welt[179]!

Wie untrennbar das wohlvorbereitete Losschlagen mit weitreichenden Eroberungsabsichten verknüpft war – das lag zwangsläufig in der Natur der Sache –, ist von Anfang an aktenmässig festzustellen. Schon in den Tagen vom 5.–11. August 1914 nahm man im Auswärtigen Amt zu Berlin zwecks "Befreiung und Sicherung der von Russland unterjochten Stämme" die "Bildung mehrerer Pufferstaaten" im Osten in Aussicht, bereits mit Einschluss der Ukraine – sie alle natürlich in militärischer Abhängigkeit vom Deutschen Reich[180]. Und wenige Wochen später folgte sodann das "September-Programm" des Reichskanzlers nach, mit dem Ziel, Frankreich nicht nur nach Massgabe militärischer Erfordernisse zu verkleinern, sondern es auch dauernd "in wirtschaftliche Abhängigkeit von Deutschland" zu bringen und ein ebenfalls verkleinertes Belgien "zu einem Vasallenstaat" herabzudrücken[181].

Mit solchen dem militärischen Offensivwillen einfach immanenten Hegemonialansprüchen und Eroberungszielen hat das kaiserliche Deutschland den Krieg von 1914 der Welt eindeutig "aufgedrungen" (imposé), so wie das der Versailler Friedensvertrag 1919 erklärte. Das ist ein geschichtliches Faktum und als solches sicher auch eine politische Schuld. Aber war es auch – was übrigens aus dem blossen Vertragstext keineswegs herauszulesen ist[182] – eine Schuld im moralischen Sinne? Da stellen sich für den objektiven Betrachter sofort Bedenken um Bedenken ein.

Zunächst ist festzustellen, dass der "Krieg" zu etwas ganz anderem wurde, als man allgemein erwartet hatte: zu einer noch nie erlebten Massenschlächterei. Am wenigsten entlastet dieser Umstand die so selbstherrlich operierende deutsche Generalität; denn gerade sie hätte aufgrund ihrer Fachkenntnisse die Entartung der modernen Kriegführung am ehesten voraussehen und vor ihr zurückschrecken müssen – zumal Deutschlands Existenz und Wohlstand 1914 nicht im geringsten gefährdet waren. Selbst der Schlieffenplan beruhte auf einer Fehlkalkulation, wie General Kluck im Rückblick auf die Leistungen der Franzosen in der Marneschlacht später zugab[183].

179 Naumann 1915 (Werke, IV, S. 664): "Uns lockt auf Grund unserer Kraft und Erlebnisse ein grösseres Ziel: selber Mittelpunkt zu werden." Gewiss wollte er daneben andere "Mittelpunkte" fortbestehen lassen: ein gegen Asien abgedrängtes Russland, ein praktisch dem Druck des gesamteuropäischen Rüstungspotentials ausgeliefertes England und ein auf die Neue Welt beschränktes Amerika. So sah es wohl auch Moltke, wenn er im November 1914 erklärte (o. Anm. 18), S. 14: "Eine günstige Weiterentwicklung der Menschheit ist nur durch Deutschland möglich."

180 Fischer, S. 128 ff., vor allem 156 ff. – Eine echte Befreiung jener Ostvölker wäre an sich ein gerechtes Kriegsziel gewesen. Wenn es aber nur um Vorherrschaft ging, so zogen sie offenbar die russische einer deutschen immer noch vor (Naumann, IV, S. 667; auch Karl Nötzel, Die Grundlagen des geistigen Russlands, 1916, 3. Aufl., 1922, S. 81 f.).

181 Fischer, S. 113 ff., vor allem 117 f.; abschwächend Ritter, III, S. 34 ff., 41 ff.

182 Als rein politische Feststellung war Art. 231 nicht unrichtig formuliert. Nur liess sich in der immer noch leidenschaftsgesättigten Atmosphäre von 1919 "politische" Schuld von "moralischer" noch nicht trennen. Vgl. dazu o. Anm. 125. Die neueste gute Übersicht bei Possony, S. 15 ff.

183 Klucks Interview mit einem schwedischen Journalisten (vgl. Barbara Tuchman, August 1914, 1964, S. 518, 578). [Zitiert anbei u. S. 101 f.] – Wie Ritter 1964 erklärte (Schriftenreihe der Bundeszentrale für politische Bildung, 64. Heft, S. 12 f.): "Es steckt im

Anders steht es wohl mit dem deutschen Volk als Ganzem. Die Generation von 1914 konnte noch kaum wissen, was ein moderner Krieg ist. Zu einem Grossteil voller Naivität allzu selbstbewusst und überforsch eingestellt, fiel es ihr schwer, den provokativen Pressechauvinismus zu ertragen, den es auch in den Entente-Ländern gab; wenn auch dort von relativ schmalen Schichten getragen, so überschüttete er doch den Kaiser und dessen Volk fortlaufend mit ätzendem Hohn[184]. Die Vorstellung, von einer Welt hasserfüllter Neider umstellt zu sein, fiel da nur auf zu fruchtbaren Boden. Und dieser Feindeswelt sollte man nachgeben? War es die Nation den eigenen Heldenvätern von 1866/70 nicht schuldig, den vermeintlich böswillig um sie gelegten Einkreisungsring, wenn nicht anders möglich, gewaltsam zu sprengen – im anererbten Vertrauen auf ihr militärisches Genie, ihre vergötterte Heeresleitung und einen kurzen Siegeslauf[185]?

Wenn anderseits die Entente-Völker 1914 eher auf Friedenswahrung eingestellt gewesen sind, lässt sich ihnen das als besonderes "moralisches" Verdienst anrechnen? Der objektive Beurteiler wird auch hier Vorsicht walten lassen. Ganz sicher erleichterte es ihnen der Besitz ihrer Riesenreiche, eine friedlichere Aussenpolitik zu führen; was an Gewaltinstinkten auch ihnen eigen war, und das war nicht wenig, vermochte sich im eigenen kolonialen oder halbkolonialen Machtbereich auszuleben[186]. Und der Friede sicherte da zugleich das Imperium.

Schlieffenplan ein gewisser Doktrinarismus, methodischer Starrsinn eines reinen Schreibtischstrategen ohne praktische Kriegserfahrung in leitenden Stellungen – man kann wohl auch sagen: ein Stück jener Selbstüberschätzung deutscher Kraft und deutschen Könnens, die ganz allgemein für die Epoche Wilhelms II. charakteristisch ist." Ritters scharfes Urteil über Schlieffen wird nunmehr in allen Teilen vom Militärfachmann Wallach (o. Anm. 10a) untermauert; dessen Buch bringt erstmals die Kluft zwischen Clausewitz und Schlieffen zu klarer Sicht: S. 40 ff., 44 ff., 55 ff., 68 ff., 77 ff., 85 ff., 94 ff., 103 ff., 110 ff., 116 ff., 171, zusammenfassend 175 ff., ergänzend 201 ff., 222 ff., über das Fortleben der "Schlieffen-Schule" in der ganzen Zwischenkriegszeit 305 ff. [Siehe anbei u. S. 123 f.]

184 Ausländische Karikaturen verzerrten den Kaiser wie den "deutschen Michel" mit Vorliebe zu einem Bramarbas, der wohl immer wieder mit Krieg drohe, aber viel zu feige sei, um jemals loszuschlagen. Im übrigen aber war, wie Geiss (I, S. 41) trefflich formuliert, die Bedeutung solch unterschwellig deutschfeindlicher Strömungen in den Entente-Ländern für den Kriegsausbruch 1914 "mehr psychologisch-subjektiver als real-objektiver Natur: Britischer Handelsneid, französischer Revanchismus und russischer Panslawismus sind in Deutschland fast stets überschätzt worden".

185 Fellner (o. Anm. 166), S. 514, bezeichnet es mit Recht als die wesentlichste Frage, "wie es denn möglich war, dass eine ganze Nation einer derart einseitigen Einschätzung ihrer Stellung und Aufgaben verfallen konnte" und wie die hervorragendsten Persönlichkeiten "durch politische Schlagworte so verblendet werden konnten", dass sie "die Weltpolitik als bedrohend" auffassten und den von der eigenen Regierung "selbstverschuldeten Kriegsausbruch als unverlierbaren Erinnerungswert höchster Art der deutschen Geschichte" erlebten. – Selbst ein Max Weber (o. Anm. 149), S. 172, sprach 1916 von der "Weihe eines deutschen Krieges". Vgl. ferner o. Anm. 148, auch 34.

186 Croce (o. Anm. 140) nennt jene von Sorel, Pareto usw. verkündeten sozialdarwinistischen Gewaltlehren, aus denen später der Faschismus aller Spielarten entstand, "Aktivismus". Bezeichnend ist immerhin, dass sie, wie zuerst Geiss feststellte (dtv-Dokumente, Nr. 293, S. 16 ff.), vor 1914 nur in Deutschland bereits "in die oberste Machtspitze vorgedrungen" waren. Bethmanns engster Vertrauter, Kurt Riezler, entwickelte nämlich 1912/14 Gedan-

So stand das Zeitalter vor 1914, wenn auch gewiss mit wichtigen unterschiedlichen Nuancen, doch allenthalben im Zeichen des Grossmächte-Nationalismus:

"Selten wohl lebte sich bisher die Machtidee in Europa so hemmungslos aus wie in der Epoche, die zwischen 1870 und 1880 anhebt ... Machtpolitik war jetzt nicht mehr bloss das Ziel der Regierenden, sondern auch der Regierten. Das imperialistische Streben ging von den Staaten der volkreichen Nationen aus, den Grossmächten. Sie begannen die Kleinstaaten nicht mehr für voll anzusehen, sie als Zwergstaaten zu verlachen und aus der hohen Politik auszuschalten"[187].

Diesen allgemein vorherrschenden "Geist der Zeit" – richtiger wohl Ungeist der Zeit – darf der Historiker nicht übersehen, der gerecht urteilen will[188]. Welch böse Spannungselemente er erzeugte, das haben wir Schweizer deutscher Sprache, wenn auch zum Glück abgeschwächt, gleichsam "am eigenen Leib" erfahren. Wir brauchen uns nur zu erinnern, wie stark vor und nach 1914 die Mehrheit unserer Vorfahren mit dem deutschnationalen Sendungsglauben sympathisierte, obgleich er doch unseren republikanischen Traditionen und kleinstaatlichen Lebensinteressen stracks zuwiderlief[189]. Wie hätte da das deutsche Volk, dem solche Traditionen und Ideale seit seiner Unterwerfung durch den preussischen Militarismus fremd geworden waren, sich dessen expansiver Ideologie entziehen können?

In diesem Zusammenhang sei an den Basler Historiker Hermann Bächtold erinnert, einen tief religiösen Denker von erregender Leidenschaft und glühenden Bewunderer des preussisch-deutschen Beamtensystems, der nachmals 1934, erst 52jährig, am Grauen vor der antichristlichen Dämonie des Hitlerreiches innerlich verbrannte. Und doch nahm gerade auch er die Lehre von dem zu kleinen "Lebensraum" Deutschlands vorweg und schloss 1914/15 einen Aufsatz über "Die geschichtlichen Grundlagen des Weltkriegs" mit den Worten:

---

ken, von denen einige später sogar in Hitlers "Mein Kampf" übergingen, so wenn er schreibt: "Der Idee nach will jedes Volk wachsen, sich ausdehnen, herrschen und unterwerfen, bis das All unter seiner Herrschaft ein Organisches geworden ist", oder wenn er fordert, das Reich müsse auf dem Kontinent so stark werden, "dass jeder möglichen Konstellation gegenüber die Chancen des Sieges auf seiner Seite sind".

187 Edgar Bonjour, Geschichte der schweizerischen Neutralität, 2. Aufl., 3 Bände, 1965/67, II, S. 507. – Auch hier äusserten sich hervorragende Köpfe gerade des deutschen Geistes besonders überheblich. So erklärte Naumann schon 1905 (Werke, V, S. 353): "Die Geschichte lehrt, dass der Gesamtfortschritt der Kultur gar nicht anders möglich ist als durch Zerbrechung der nationalen Freiheit kleinerer Völker", und 1915 spricht er von ihnen gar (IV, S. 665) als "unorganisiertem Nationalitätenstoff", fast wie Hitler vom "Kleinstaatengerümpel". Vgl. auch den Anhang dieses Beitrags. [Anbei u. S. 44–46, auch 125 f.]
188 Vgl. Ritters einsichtiges Urteil o. Anm. 158.
189 In den romanischen Sprachgebieten der Schweiz wurde man sich des freiheitsfeindlichen Kerns des deutschen Militärstaates rascher und klarer bewusst als im deutschsprachigen Landesteil. Das zeigten um 1912 die Auseinandersetzungen über den mit Deutschland abgeschlossenen Gotthardbahnvertrag (ein Hinweis bei David Lasserre, Schicksalsstunden des Föderalismus, 1963, S. 164 f.; vor allem auch Bonjour, II, S. 574).

"Wenn man die Weltgeschichte nach menschlichen Meinungen von Recht und Unrecht beurteilen und z.B. sagen will, dass für jedes Volk der Lebensraum der Lebenskraft entsprechen sollte, so ist die Triple-Entente die grösste diplomatisch-politische Organisation und der gegenwärtige Krieg die grösste militärische Aktion der Weltgeschichte gegen diese Forderung"[190].

So und ähnlich huldigte man vielfach sogar in der Schweiz dem Götzen der Zeit: dem Expansionsdrang der Grossmächte, ohne zu erkennen – was freilich uns Zurückblickenden viel leichterfällt –, dass und weshalb er gerade auf deutschem Boden zum Selbstzweck zu entarten drohte.

In Würdigung von alldem erscheint die deutsche Vermessenheit von 1914 doch wohl eher als eine Art Verhängnis: als eine Frucht der fortschreitenden Verpreussung des Reiches. Die expansive preussische Staatsidee bewahrte Mass und Ziel, solange sie ausschliesslich von einer weltkundigen Oberschicht getragen war; für die Masse taugte sie nicht. Jetzt, im anbrechenden Massenzeitalter, sank sie zwangsläufig ins Vulgäre, Bornierte, Brutale, Mass- und Ziellose hinab, wurde vereinfacht, vergröbert, entwürdigt – bis zum Aberwitz, dass die kriegerische Stosskraft gegen aussen den obersten politischen Lebenswert bilde und dass ihr alles Schwächere, Friedliche und darum "Dekadente" in der Welt zur Beute bestimmt sei[191].

Dieses neue, dämonische "Vulgärpreussentum" züchtete engstirnige Willensmenschen und Draufgänger vom Schlage eines Ludendorff; gerade auch in der Oberschicht setzten sich solche Ellenbogentypen und Haudegen, gestützt auf die wachsende Zahl ihrer blinden Gefolgsleute, zunehmend durch. Je mehr sie in Politik und Volk Bewunderer fanden und selbst das hohe Offizierskorps durchsetzten, desto massiver geriet die an sich gewissenhafte Führung des Reiches unter ihren Druck[192], und desto weniger Raum verblieb ihr für ein willensfreies Handeln – und "Verschulden". Vor soviel "Renommiererei, Überforschheit, Überhebung" (Bethmann 1915)[193] hätte wohl auch ein begnadeter Staatsmann kapitulieren oder dann eben abtreten müssen.

---

190 Hermann Bächtold, Gesammelte Schriften, 1939, S. 121.
191 Bedenklichste Vorbereitungsarbeit in dieser Richtung leistete zumal der Rechtsphilosoph Adolf Lasson. Sein seit 1868 bis über die Jahrhundertwende hinaus jeweils neuverlegtes Buch, Das Kulturideal und der Krieg (Deutsche Bücherei, 57. Band), war in Volks- und Militärkreisen weit verbreitet und gipfelte in einer Staats-, Grossmachts- und Kriegsvergottung ohnegleichen. Diese Früchte waren es, die 1913/14 ausreiften (vgl. o. Anm. 151); Näheres darüber hier im Anhang. [Anbei u. S. 44–46.]
192 Indirekt verweist darauf auch Ritter, Europa und die deutsche Frage, 1948, S. 141 ff., 148. – Dazu ein Satz aus seiner Schrift, Geschichte als Bildungsmacht, 1946, S. 39: "Ein übertriebener Kultus der militärischen Macht als solcher, ein fast heidnisch zu nennendes Schwelgen in machiavellistischen Gedankengängen (die man im nationalliberalen Lager, nach bismarckischem Sprachgebrauch, gern realpolitisch nannte) war doch sehr weitverbreitet." Ergänzend o. Anm. 21–40, 90, 120, 136–158.
193 O. Anm. 163. – Eben diesem Ungeist huldigte sogar ein Forscher vom Range Werner Sombarts, des grossen Nationalökonomen (Händler und Helden, 1915, S. 143): "So wie des Deutschen Vogel, der Aar, hoch über allem Getier dieser Erde schwebt, so soll der Deutsche sich erhaben fühlen über alles Gevölk, das ihn umgibt und das er unter sich in grenzenloser Tiefe erblickt."

War darum die Katastrophe von 1914 nicht doch viel eher eine Art von Schicksalsfügung? Wenn man hier schon von "moralischer" Schuld sprechen will, reicht sie dann nicht bis 1866 zurück? Unstreitig wurden mit dem Sieg von Bismarcks Blut- und Eisenpolitik, wie Jacob Burckhardt vorauserkannte[194], die Weichen für Deutschlands Zukunft falsch gestellt und die politische Erziehung der Massen zur Selbstverantwortung, Kompromissfreudigkeit, "Freundschaft in der Freiheit" jäh unterbunden; es blieb ihnen nur das Surrogat der "Frontkameradschaft". Ob es seit 1871 nur noch eine "Einbahnstrasse" gab, die unentrinnbar ins Unglück führen musste, entzieht sich der historischen Erkenntnis; doch sieht man nicht recht, wie ein so einseitig militaristisch-bürokratisch strukturierter Nationalstaat die Gefahren des modernen Vermassungsprozesses heil hätte überstehen können[195].

Eindeutig schuldhaft gestaltete sich die Nachkriegsgeschichte, und zwar nicht nur von seiten der alliierten Siegermächte[196]. Statt nach dem grausigen Weltkriegsgemetzel seinen bestimmenden Schuldanteil mutig und ehrlich zu ergründen, verharrte das geistige Deutschland aus Empörung über Versailles — psychologisch verständlich, aber moralisch und politisch grundfalsch — in den Überfalls- und Unschuldslügen von 1914, zerstörte also im "Interesse" der Nation geradewegs deren Gewissen[197]; damit arbeitete es zwangsläufig jenen unter- und abgründigen, vulgär-

---

194 Schon 1866 gewahrte Burckhardt im preussischen Sieg über Österreich "die grosse deutsche Revolution" und äusserte im Herbst 1871 beim Anblick des deutschen Kronprinzen, sich nur in der Generation irrend, mitleidsvoll: "Er wirds ausessen!" (Werner Kaegi, Jacob Burckhardt, bisher 4 Bände, 1946/67, IV, S. 343.) Anderes von Burckhardts düsteren Voraussagen sei hier, weil heute ziemlich allgemein bekannt, nicht wiederholt.
195 Epstein (o. Anm. 8, 128, 137), S. 276, erklärt von Bismarck: "Da er für die Fortdauer der politischen Unmündigkeit des deutschen Volkes sorgte, die wankende Stellung der militaristischen Junker stützte und das Parlament Deutschlands entmannte, ist Bismarck für die Kräfte, die dem Militarismus zum Siege verhalfen, weitgehend mitverantwortlich." Ich selbst vertrat die gleiche Ansicht mehrfach in der Basler "National-Zeitung", so am 22. April 1947 (Bismarck statt Hitler?), 30. Januar 1966 (Die Kriegsschuld von 1914), 3. Juli 1966 (Die Schicksalswende von Königgrätz). – Tatsächlich setzte mit 1866 eine tiefgreifende "Veränderung der deutschen Menschheit" ein (so Kaegi, IV, S. 339) – mit jenen von Bethmann 1915/16 so schmerzlich empfundenen Auswirkungen (o. Anm. 162/ 63). [Siehe vor allem anbei S. 130 f.]
196 Der schlimmste Fehler der Sieger war es, den Frieden noch in der hassgesättigten Atmosphäre von 1919 abzuschliessen. Offenkundig fürchteten sie die rasch wiederaufbrechenden Interessengegensätze im eigenen Lager und die Rückkehr zum alten Grossmachtsegoismus und dessen Sonderzielen: Sicherheit (Frankreich), Gleichgewicht (England), Isolation (Amerika). Die von Deutschland einverlangten Reparationen waren ebenso unsinnig hoch wie jene 40 Milliarden Goldfrancs, die Rathenau im September 1914 von Frankreich oder die je 30 Milliarden Dollars, die der Kaiser im Mai 1917 von England und(!) Amerika eintreiben wollten; vgl. dazu Fischer, S. 133, 463.
197 Schon ein halbes Jahr vor Versailles, am 12. Dezember 1918, warf Berlin dem bayerischen Ministerpräsidenten Eisner Schädigung der deutschen "Interessen" vor, weil er Dokumente über die deutsche Kriegsschuld publiziert hatte (vgl. neuestens Allan Mitchell, Revolution in Bayern 1918/19, 1967, S. 114 ff., 118 f., 143). Ferner o. Anm. 76, 167.

preussischen Mächten der Gewaltvergötzung in die Hände[198] und verdammte sich selber zum Inferno von 1933–1945.

VI. Kurzanalyse der "Kriegsschuld" 1914 und 1939

Um ein Aneinander-Vorbeisprechen möglichst zu vermeiden, scheint es nötig, die Schuldfrage für beide Weltkriege nach drei verschiedenen Seiten hin zu analysieren: rechtlich, moralisch, politisch[198a].

Einen Schuldbegriff in rechtlichem (kriminellem) Sinn des Wortes gab es 1914 in bezug auf eine Kriegsentfesselung noch nicht, lediglich private Ansätze dazu. Das änderte sich mit dem grausigen Blutbad von 1914–1918. Im Völkerbunds- und Kelloggpakt wurde der Wandel des Weltgewissens sichtbar. Darum beging Hitler, auch wenn die Androhung wirksamer Strafsanktionen noch fehlte, mit der Auslösung eines neuen Weltbrandes einen rechtswidrigen, verbrecherischen Akt. Die Kriegsschuld im rechtlichen Sinne lastet 1939 allein auf ihm und seinen Helfern wie Mitarbeitern.

Schwieriger ist der Begriff der moralischen Schuld zu messen. 1914 war sie insofern auf beide Lager verteilt, als alle damaligen Weltreiche durch Gewalt entstanden waren. Noch 1911 eroberten Frankreich Marokko und Italien Libyen unter Verletzung bestehender Verträge. Das deutsche Machtstreben war nicht weniger berechtigt als das der erfolgreicheren Rivalen, dafür, weil die Welt bereits aufgeteilt war, gefährlicher, abenteuerlicher, verheerender; darüber hinaus bedrohte es vor allem auch die benachbarten, verwandten Kulturvölker Europas. Seine besondere moralische Hemmungslosigkeit erklärt sich aus der seit der Bismarckzeit aufgekommenen Neigung,

"Politik und Ethik beinahe als Gegensätze, jedenfalls als gänzlich getrennte Sphären zu betrachten: Wo die Politik anfängt, so begann man zu glauben, da endet die Zuständigkeit der Moral"[199].

Hitler übersteigerte diesen Massenmachiavellismus zum Paroxysmus. Indem er sich zuerst auf das Selbstbestimmungsrecht der Völker berief und es am 15. März 1939 mit Füssen trat, machte er sich unglaubwürdig und vertragsunfähig. Damit lastet auf ihm so gut wie die ganze moralische Kriegsschuld; ein Rest fällt wegen des Paktes vom 22. August und der dort vereinbarten Aufteilung Polens auf Stalin.

---

198 "Hitlers Aufstieg wäre wohl schwer möglich gewesen, wenn die deutschen Historiker die Kriegsziele der deutschen Politiker im Ersten Weltkrieg mit jener Offenheit aufgezeigt hätten, welche Fritz Fischers Werk auszeichnet, und wenn die deutschen Politiker sich von dieser Machtpolitik distanziert hätten"; so Fellner (o. Anm. 166), S. 514.

198a Begriffscheidungen in ähnlicher Richtung, nur viel einlässlicher und zum Teil mit anderem Ergebnis, jetzt auch bei Possony, S. 41, 55 f., 59 ff., 68 ff., 104 ff., 125, 130 ff., 138 ff., 144 ff., 174 ff., 183 ff.

199 Ritter, Europa und die deutsche Frage, 1948, S. 107; auch o. Anm. 192.

Wieder anders steht es mit der politischen Schuld, diesen Begriff im Sinne von "Hybris", von leichtfertiger Einschätzung der Machtlage aufgefasst:

"Vor dem Urteil der Geschichte kann auch politische Blindheit zur Schuld werden"[200].

Solche Verblendung im Sinne vermessenen Glaubens, es notfalls mit der ganzen Welt militärisch aufnehmen zu können, gab es beidemal nur in Deutschland: 1914 im ganzen Volkskörper, der auf eine "wagemutige" Politik hindrängte, 1939 im herrschenden Verbrecherklüngel. — Doch wenn Hitler nur die Politik von 1914 "fortsetzte" und deren Erbe war, so vermehrt das nur seine politische Schuld. Fehler sind dazu da, um aus ihnen zu lernen. Statt dessen zog er aus den Fehlern von 1914 keine oder vielmehr total falsche, ja hirnverbrannte Lehren.

Im politischen Sinne, und nur hier, besteht für 1914 wie 1939 gemeinsam eine klare Alleinschuld Deutschlands, das beidemal aus nationaler Selbstüberheblichkeit den Weltkrieg planmässig entfesselt hat. Was die Reichsleitung beidemal betrieb, war zwar wohl nicht eine Kriegsauslösung um jeden Preis, um so eindeutiger aber eine provokative Erpresserpolitik. 1914 hätte sie das totale Nachgeben Serbiens, 1939 Polens (samt dem Versagen der russischen bzw. westlichen Hilfe) dem Gross-mächtekrieg wahrscheinlich vorgezogen — im Sinne eines "friedlichen" Prestige-erfolges und der daraus resultierenden grundlegenden Machtumwälzung und deut-schen Hegemonialstellung in Europa. Um so eindeutiger war sie beidemal erz-bereit, beim Scheitern ihres Erpressungsmanövers den Weltbrand in Kauf zu neh-men, der Welt also den eigenen offensiven Willen so oder so aufzuzwingen.

Ergebnis: Entscheidend bleibt, dass 1914 die Schuldfrage rechtlich noch ziem-lich irrelevant war und moralisch, wenn auch mit überwiegendem Schuldanteil Deutschlands, nicht völlig einseitig festliegt. Darum besteht zwischen der deutschen Kriegsschuld von damals und jener von 1939 trotz schwerwiegender politischer Analogie doch ein abgrundtiefer Unterschied. Trotz mannigfacher gemeinsamer Züge und Überschneidungen im einzelnen handelte es sich in der Grundsubstanz um gegensätzliche Arten von Verblendung: 1914 aus Kraftmeiertum, 1939 aus Teufelei.

---

200 Ritter, II, S. 343.

Anhang

Die Drachensaat von Königgrätz

Auszüge aus Adolf Lassons Schrift: Das Kulturideal und der Krieg

Vorbemerkungen: Adolf Lasson (1832–1917), Oberlehrer in Berlin, seit 1877 Dozent an der dortigen Universität, später ordentlicher Honorarprofessor, Geheimrat und Vorsitzender der Philosophischen Gesellschaft, fusste als Rechtsphilosoph auf der Staatsideologie Hegels. Seine obgenannte Schrift (vgl. o. Anm. 191, auch Ritter, I, S. 268 f., 381 f.) bezweckte bei ihrem Erscheinen 1868 vor allem eine Rechtfertigung von Bismarcks Einigungskriegen und Annexionen – wobei gerade die Annexionen von 1866 im Hinblick auf die Bildung des Norddeutschen Bundes und die Übertragung aller Wehrhoheit auf den König von Preussen vom militärischen Gesichtspunkt aus vollkommen überflüssig waren.

Einen totalitären Staat konnte sich sogar Lasson damals – inmitten des liberalen Zeitalters – noch nicht vorstellen. So erklärt er z.B.: "Der Staat darf von keiner Person verlangen, dass sie um seinetwillen ihr Gewissen, ihre Ehre oder sonst ihre höhere Pflicht preisgebe" – und meint vom Staatsmann: "Für die Sicherung des Vaterlandes darf er doch nicht Mittel gebrauchen, die schlechthin verwerflich sind" (S. 57).

Sonst aber ist in der Gedankenwelt Lassons bedenklich vieles vorgebildet, was das Weltbild eines Ludendorffs und eines Hitlers geformt hat. Die durchgehende Linie ist augenscheinlich. [Siehe anbei u. S. 92 f., 104.]

Die hier angegebenen Seitenzahlen beziehen sich auf die Erstausgabe, die vor genau 100 Jahren erschien.

Wir leben in einem vorzugsweise kriegerischen Zeitalter ... Das eiserne Zeitalter verlangt ein eisernes Geschlecht. Die Natur der Dinge ist mächtiger als alle guten Meinungen und Absichten, und bittere Notwendigkeit erzwingt, was zuerst niemand wünscht und schliesslich alle wollen (S. 3).

Ein Staat ist nur da, wo die unbedingte Möglichkeit des Widerstandes und das Bewusstsein der Fähigkeit zum Widerstande ist. Ein sogenannter Kleinstaat ist gar kein Staat, sondern eine geduldete Gemeinschaft, die nur in lächerlicher Weise affektiert ein Staat zu sein ... Zwischen Staaten gibt es nur eine Form des Rechts: das Recht des Stärkeren, und ... so ist es durchaus der Vernunft entsprechend, dass zwischen Staaten Kriege geführt werden (S. 7).

Der Krieg aller gegen alle dauert bis auf den heutigen Tag fort: Er ist das Wesen der bürgerlichen Gesellschaft. Sie führt ihre Vernichtungskriege gegen Einzelne wie gegen ganze Massen und Klassen mit aller Stille und Geräuschlosigkeit und mit der echten Begierde des Raubtiers. Aber sie fügt sich gern in die Schranken, in welche sie der übermächtige Zwang des Gesetzes bannt ... Man häuft den Besitz besser und sicherer unter dem Schutz des Gesetzes (S. 10).

Der Staat ist die erste Basis für alle Formen der Sittlichkeit ... Ohne ihn ist der Mensch nicht Mensch. Gerade in unseren Tagen ist es doppelt nötig zu betonen, ... dass die Individuen als Naturwesen schlechterdings für den Staat da sind. Ihm erzeugen wir Kinder, ihm produzieren wir Güter ... Er bleibt, wenn wir vergehen; er repräsentiert die Gattung, an der wir nur wie flüchtige Blasen erscheinen, die eben so gut auch nicht sein könnten; vermittelst seiner haben wir erst eine Beziehung zur wahren Menschlichkeit vom Boden unserer sinnlichvernünftigen Einzelheit aus (S. 13).

Im Frieden ... entsteht leicht die Täuschung, als ob der Staat für die Individuen da sei zu ihrem Gedeihen und Behagen und als ob er ein Recht nur auf ihren Überschuss habe. Der Krieg durchbricht alle solche Schranken. Der Staat im Kriege verlangt für seine Zwecke alles Hab und Gut seiner Bürger; aber er verlangt noch mehr: Er verlangt die Preisgebung ihrer gesamten Existenz ... Der Staat im Frieden ist kein wahrer Staat; seine volle Bedeutung offenbart er erst im Kriege (S. 16/17).

Der Friede mag ein emsiges, ein geduldiges, ein liebenswürdiges Geschlecht erzeugen; aber die Kraft verkümmert, der Nerv erschlafft, die Seelengrösse schwindet ... Der Krieg hingegen ruft den schlummernden Dämon im Menschen wieder wach; da erfüllen sich grosse Geschicke, da erlabt sich der Blick an kühnem Tun, da waltet die rohere und die gebildetere Kraft im Dienste der höchsten Zwecke ... webt die List des klugen Verstandes ihre feinen Netze ... da hebt sich die Brust, der Blick wird weit, da enthüllt sich auch dem blöden Auge der lebendige Geist der Weisheit ... (S. 17/18).

Kein erhabeneres Bild kann die Menschheit überhaupt in ihrer irdischen Erscheinungsform gewähren als den Feldherrn an der Spitze des Heeres, nun den Plan überlegend, nun ihn ausführend im Toben des Kampfes. Des Geistes Blick nach allen Seiten hin gerichtet, die Willenskraft straff auf die hohe Aufgabe gespannt, in hoher Seelenruhe die furchtbare Verantwortlichkeit tragend und die erhabene Pflicht erfüllend: So beherrscht der Feldherr, der es im wahren Sinne ist, das weite Feld ... die Person gewordene Intelligenz und Willensenergie zugleich (S. 23).

Der Krieg ist zwischen Staaten der natürliche Zustand. Zwischen Staaten gibt es keine Freundschaft, nur Gemeinsamkeit der Interessen, die auch wieder zum Widerstreit der Interessen werden kann. Denn der Staat als vernünftiges Naturwesen ist ein absolut egoistisches Wesen und zu solchem Egoismus wie alles, was blosses Naturwesen ist, überall vollkommen berechtigt (S. 26).

Der Staat ist nicht die Gesellschaft und ist auch nicht um der Gesellschaft willen ... Sobald die bürgerliche Gesellschaft fett wird und die Existenz des Ganzen durch ihre geilen Triebe bedroht, muss der Staat mit der Macht und Autorität der vernünftigen Ordnung sich gegen sie wenden. Die Menschen sind nicht da, um sich ihres Lebens zu freuen, Güter zu produzieren und zu geniessen, zu freien und Kinder zu zeugen und es sich jeder in seinen vier Pfählen wohl sein zu lassen. Es ist nicht nötig, dass die Menschen glücklich seien, sondern dass sie ihre Pflicht tun. Jede entgegengesetzte Meinung ist gemein oder streift ans Gemeine (S. 27).

Jedes Volk schreibt sich die höchste Kulturstufe und die grösste geschichtliche Mission zu ... Und diese Kulturformen nun schliessen sich feindselig gegeneinander ab. Jede bedroht die andere; denn jede gibt sich für die allein wahre und vollkommene und will ihren Einfluss ausdehnen ... Der Einfluss des Auswärtigen verdirbt die heimische Sitte, die heimische Kunst; was im Auslande ein Zeichen von Gesundheit und Blüte ist, wirkt für die Heimat wie ein verpestendes Gift (S. 29).

Der kleine Staat, der sich im Gegensatz zum Nationalstaat zu behaupten sucht, zieht die Lakaiengesinnung gross; er zehrt wie ein Gift am Körper der Nation, indem er der Staatsgesinnung entwöhnt und durch sein blosses Dasein die schlimmste Korruption erzeugt, das gemeine egoistische Behagen, das anarchische Sträuben gegen den Gehorsam und die Zucht des wahrhaften Staates grosszieht. Einen solchen Afterpatriotismus im Afterstaate nennt man Partikularismus (S. 36).

Jede Nation ist berechtigt, jede andere zu hassen ... Diesen Hass zu zügeln oder zu entfesseln ist abwechselnd die Aufgabe der Staatsleitung je nach den vorherrschenden niederen oder höheren Interessen des staatlichen Egoismus oder der allgemein menschlichen Kulturbewegung ... Denn immer tritt der Punkt ein, wo die fremde Kultur die eigene nicht fördert, sondern hemmt, und da gilt es, unter allen Bedingungen für die eigene Kultur einzustehen und die fremde zu bekämpfen, geht es nicht anders, vermittelst der durch den Staat organisierten physischen Gewalt (S. 42).

Man sollte sich doch sehr hüten, wenn vom Kriege die Rede ist, von "roher Gewalt" zu sprechen ... Hier ist nirgends bloss physische Kraft; sondern auch das, was als solche erscheint, ist Resultat der Erziehung und Bildung, Wirkung der sorgfältigsten Pflege rein sittlicher Güter ... Darum ist der Ausgang des Krieges immer gerecht, ein wahres Gottesurteil ... Das Schwache unterliegt dem Starken, das heisst auf staatlichem Gebiete nichts anderes als: Das Unrecht unterliegt dem Recht oder das minder Berechtigte dem höher Berechtigten ...[201] Erweist sich der Staat im Kriege schwach, so wird er mit Recht ausgetilgt (S. 50).

---

201 Selbst ein so hochverdienter liberaler Gelehrter wie Otto von Gierke, der Erforscher des Deutschen Genossenschaftsrechts, wurzelte nur zu deutlich in der Ideenwelt des Hegelianers Lasson, wenn er 1917 das "Recht der Eroberung" bejahte [anbei u. S. 93]. Ganz ähnlich schon 1915 in Gruchots Beiträgen zur Erläuterung des Deutschen Rechts, 59. Jg., S. 14 f.

Der Kleine, wenn er den Starken lange durch dreisten Übermut gereizt hat, schreit und wimmert über gebrochenes Recht, wenn der Starke sich mit seinen Riesengliedmassen erhebt und durch gebührende Züchtigung dem Schwachen tatsächlich demonstriert, dass er nur von fremder Gnade sein Dasein friste. Der Kleine tröstet sich gern, das Vertragene müsse unverbrüchlich sein, weil es ihm seine kümmerliche Existenz fristet. Aber dazu ist eben der Krieg da, zu beweisen, dass ehedem in verkehrtem Sinne vertragen worden ist ... Ein Vertrag ... ist eben dadurch null und nichtig, dass der Staat stark genug ist, ihn zu zerreissen (S. 51).

Indem man die Angemessenheit der Begründung neuen Rechts durch kriegerische Gewalt bestreitet, behauptet man ein sogenanntes Selbstbestimmungsrecht einzelner Volksteile und sieht nicht, dass dieser Begriff schlechtweg widersinnig ist ... Abgesehen vom Staate ist das Volk eine Horde, ein beliebiger Menschenhaufe ... Dies Selbstbestimmungsrecht ist der frivolste Betrug, den je ein welscher Kopf ersonnen hat. Möge nie der Tag kommen, wo auf deutschem Boden der Welsche so viel Einfluss hätte, dass eine so unsittliche Komödie aufgeführt würde (S. 52)!

Man glaubt etwas Rechtes zu sagen, wenn man Kriegsgeschichte und Kulturgeschichte in einen Gegensatz stellt ... Als ob irgendwo das Kulturleben eines Volkes bestimmter und deutlicher sich darstellte als im Kriege! ... Kriegerischer Ruhm und kriegerische Tat ist das unerschöpfliche Thema der Dichtung ... Mit dem Kriege verschwände auch jene poetische Seite des Lebens, jene sinnenfällig gewordene Tüchtigkeit; es fehlte der Reiz des Abenteuers und der Buntheit, und die phantasie- und poesielos gewordene Welt würde schliesslich ihre Jahrbücher nur noch mit den Tabellen füllen über verbrauchte Kohlen und versponnenes Baumwollgarn (S. 54/55).

Allerdings, das Urteil darüber, wann der Krieg eine Notwendigkeit wird und ob er es im gegebenen Moment ist, ist ein sehr subjektives, und kein einzelner Mensch soll sich zum Richter über die Person aufwerfen, die den Entschluss gefasst oder nicht gefasst hat, auch wenn er nach seiner Einsicht in die Sache den Entschluss selber tadeln muss. Denn die Verantwortlichkeit ist eine ungeheure ... Die späte Geschichtsschreibung erst beurteilt aus der Kenntnis des grossen Zusammenhanges der Dinge und der späteren Erfolge heraus, ob der gefasste Entschluss subjektiv gerechtfertigt war oder nicht (S. 63/64).

Seitdem es ein anerkannter Grundsatz im Bewusstsein der europäischen Völker ist, dass es in Europa verschiedene gleichberechtigte Staaten geben soll, ... hat sich die Lehre vom europäischen Gleichgewichte ausgebildet, wonach derjenige Staat, der in die Selbständigkeit eines andern eingreift, nicht mit der Kraft des letzteren allein, sondern durch die Gesamtheit aller übrigen zurückzuweisen sei ... Die Furcht vor solcher Konföderation mag wohl den Egoismus in gewissen Schranken zu halten; zu beseitigen vermag sie ihn nicht ... Denn jenes Machtverhältnis schwankt unablässig durch die Unterschiede in der Tätigkeit und in der Befähigung der Völker, ... ihre Macht auszudehnen. Die Staaten sind nicht dazu da, wie Mumien konserviert zu werden; der Stillstand der Staatenbildung wäre der Tod aller Entwicklung (S. 67).

Der deutsche Hegemonialkrieg von 1914
(1973)*

Inhalt

* Anbei der Text von 1973 mit geringfügigen Erweiterungen.

"Sedan hat bis in unsere Tage das Geschichtsbild des deutschen Volkes auf verhängnisvolle Weise geprägt. Damals
wurde der Mythos vom unbesiegbaren deutschen Soldaten
geboren."

Karl-Heinz Janssen, zum 2. September 1970[1]

"Wir haben ja in unserer inneren und äusseren Politik in der
Lüge gelebt. Ein schreierischer, überforscher, renommistischer,
schwatzhafter Geist war in unser Volk gebracht worden."

Reichskanzler Theobald von Bethmann Hollweg
am 5. Februar 1915[2]

"Warum hat Deutschland den Krieg begrüsst und sich zu ihm
bekannt, als er hereinbrach? Weil es den Bringer seines dritten
Reiches in ihm erkannte ..., die Synthese von Macht und
Geist."

Thomas Mann im April 1915[3]

Seit 1920 hatte sich die Geschichtsforschung über den Kriegsausbruch von
1914[4] in beklemmendem Ausmass zur Magd der Politik erniedrigen lassen.

Massgebende Faktoren im damaligen Weltgeschehen waren daran interessiert,
die vorsätzliche Kriegsauslösung durch das Deutsche Reich zu leugnen: die deutsche
Revisionspolitik zur Abschüttelung der Reparationen, die britische Gleichgewichts-
politik zur Unterhöhlung von Frankreichs Festlandhegemonie, die amerikanische
Isolierungspolitik zur Verurteilung von Wilsons Kriegsintervention, die russische
Revolutionspolitik zur Blossstellung des Zarenreiches im besonderen und des
"Weltkapitalismus" im allgemeinen.

Bewusst oder unbewusst leistete die Historiographie da wie dort nationalen Zielsetzungen Schützenhilfe: Die "vaterländische Pflicht" galt ihr mehr als die wissenschaftliche Redlichkeit. Das damalige Versagen der sogenannten "Zeitgeschichte",
ihr williges Abgleiten in tendenziöses Zweckdenken[5], dürfte noch lange als Schul-
beispiel für die ihr innewohnenden Gefahren dienen.

Unter den zeitgenössischen Historikern der beiden Nachkriegsjahrzehnte wett-
eiferten zumal die deutschen darin, im Dienste des "Nationalinteresses" so gut wie
jede objektive Urteilswilligkeit über Bord zu werfen[6]. Das gilt selbst für so hoch-

---

1 In: "Die Zeit", 4. September 1970.
2 Gespräch mit Theodor Wolff am 5. Februar 1915, in: HZ 199 (1964), S. 444.
3 In: "Svenska Dagbladet", April 1915; deutscher Originaltext in: Thomas Mann, Friedrich
  und die grosse Koalition, Berlin 1916, Anhang, S. 126 f.
4 Heutiges Fundamentalwerk: Imanuel Geiss, Julikrise und Kriegsausbruch 1914, Eine Dokumentensammlung, 2 Bände, Hannover 1963/64.
5 Mitsamt der heutigen deutschen Tendenz, die "Zeitgeschichte" erst mit dem Jahr 1917, also
  mit der Wirkung statt mit der Ursache, beginnen zu lassen.
6 George W.F. Hallgarten, Das Schicksal des Imperialismus im 20. Jahrhundert, Drei Ab-
  handlungen über Kriegsursachen, Frankfurt a.M. 1969 – mit einem kritischen Rückblick
  auf die deutsche Zeitgeschichtsschreibung seit 1914, S. 57–131.

verdiente Forscher wie Brandenburg[7] oder Oncken[8]. Beflissentlich liess sich die ganze historische Zunft ans Leitseil des Auswärtigen Amtes spannen, das, wie Geiss aufdeckte[9], die politische Kampagne gegen die sogenannte "Versailler Kriegs-schuldlüge" systematisch steuerte und finanzierte. Ebenso gelang es dem Aus-wärtigen Amt, das 1927 fertiggestellte Gutachten des Völkerrechtlers Kantorowicz zu unterdrücken, so dass es der Forschung überhaupt erst 1967(!) zugänglich wurde[10].

Es war der noch selbsterlebte "Strahlenglanz" des Wilhelminischen Reiches, der es den deutschen Historikern sogar nach 1945 erschwerte, sich von ihrem apolo-getischen Blickfeld zu lösen. Das gilt auch für Gerhard Ritter, obgleich er an seinem Lebensabend "viel tiefere Schatten" wahrzunehmen begann, als er sie früher zu sehen vermochte[11].

Einen entscheidend neuen Ansatz brachte Fritz Fischer. Ihm sollte es gelingen, wie man gesagt hat, gemäss einem Mommsen-Wort "den Schlag zu führen, der tausend Verbindungen schlägt"[12], zunächst mit seiner 1961 erschienenen Unter-suchung über die uferlose Kriegszielpolitik des kaiserlichen Deutschland[13] und sodann 1969 mit einem ebenso bedeutsamen Werk über die deutsche Vorkriegs-politik[14]. Unter Verzicht auf Beschuldigungen wie Beschönigungen zeigte er im Sinne Rankes, "wie es eigentlich gewesen" — in strenger Beschränkung auf akten-mässige Feststellungen und zwingende Gedankenschlüsse. Trotzdem sah er sich seit 1961 einer Flut von Anfeindungen ausgesetzt[15]; nur zu deren Abwehr griff er in kleineren Schriften notgedrungen auch zu pron(on)cierteren Wertungen.

Mit seinen streng deskriptiv gehaltenen grossen Stoffsammlungen hat Fischer die Forschung nicht an ein ohnehin unerreichbares Ende geführt, sondern — unendlich

---

7 Erich Brandenburg, Von Bismarck zum Weltkrieg, 3. Aufl., Berlin 1939, Neudruck(!) 1967.

8 Hermann Oncken, Das Deutsche Reich und die Vorgeschichte des Weltkrieges, 2 Bände, Leipzig 1933 — "das schwächste Buch dieses berühmten Historikers, einseitig und chauvi-nistisch": Hallgarten, Schicksal des Imperialismus, S. 49.

9 Kriegsausbruch 1914, Deutsche Buchausgabe des "Journal of Contemporary History", München 1967, Zehn Aufsätze, darunter: Geiss, Die Kriegsschuldfrage, Das Ende eines Tabus, S. 101–126. Vgl. auch Hallgarten, S. 78 ff.

10 Hermann Kantorowicz, Gutachten zur Kriegsschuldfrage 1914, aus dem Nachlass hrsg. von Imanuel Geiss, mit einem Vorwort von Gustav W. Heinemann, Frankfurt a.M. 1967.

11 Gerhard Ritter, Staatskunst und Kriegshandwerk, Zum Problem des Militarismus in Deutsch-land, 4 Bände, München 1954–1968, II, S. 8. – Über Ritter als Historiker: siehe Hallgarten, Schicksal des Imperialismus, S. 91 ff., 105 ff., ebenso Fritz Fischer im "Spiegel", 13. Mai 1968, S. 158–162.

12 So der Deutschamerikaner Fritz Stern vor der Versammlung deutscher Historiker zu Berlin, Oktober 1964.

13 Fritz Fischer, Griff nach der Weltmacht, Die Kriegszielpolitik des kaiserlichen Deutschland 1914/18, 3. Aufl., Düsseldorf 1964.

14 Ders., Krieg der Illusionen, Die deutsche Politik von 1911–1914, Düsseldorf 1969.

15 Bibliographie zur Fischer-Kontroverse, in: Hallgarten, Schicksal des Imperialismus, S. 131–135. – Einige wichtige Rezensionen, in: Ernst W. Graf Lynar (Hrsg.), Deutsche Kriegsziele 1914–1918, Ullstein-Taschenbücher Nr. 616, 1964. – Vgl. jetzt vor allem: I. Geiss, Die Fischer-Kontroverse, in: ders., Studien über Geschichte und Geschichtswissenschaft, Ed. Suhrkamp, Frankfurt a.M. 1972, S. 108–192.

wichtiger – an einen soliden Anfang: Erst jetzt ist eine echte Gesamtschau der deutschen Vorkriegs- und Kriegspolitik überhaupt möglich geworden. Soviel die Geschichtsschreibung auf dem Gebiete der Einzelanalyse noch zu tun hat, so verfügt sie endlich über eine zur objektiven Urteilsbildung genügend breite Basis von Fakten und Einsichten. Erst auf so festem Boden hat es wirklichen Sinn, tiefer in die Details einzudringen, psychologisch zu differenzieren und zu interpretieren, die mannigfachen Triebkräfte richtig zu werten: nach ihrem Stärkegrad, ihren Abhängigkeiten und Wechselwirkungen.

In diesem Sinn will auch die folgende Gesamtschau – in Form eines Text- und Fussnotenkonzentrats auf extrem-knappem Raum – verstanden sein: als Diskussionsbeitrag, um dem Kern der Wahrheit womöglich näher zu kommen.

I. Der Entschluss zur Kriegsentfesselung: Dezember 1912

Wie ich vor wenigen Jahren aufgrund eines Indizienbeweises erschloss[16], hatte sich der deutsche Generalstab spätestens im Frühjahr 1913 dahin entschieden, den grossen europäischen Krieg bis 1914/15 so oder so auszulösen: gemeinsam gegen Frankreich und Russland und, sofern es nicht anders gehe, auch gegen England. Vom 1. April 1913 an wurde nämlich – aufschlussreich genug – der Grosse-Ostaufmarsch-Plan, den man bisher Jahr für Jahr pflichtgemäss den neuen Gegebenheiten angepasst hatte, plötzlich nicht weiterbearbeitet[17].

Und doch wäre eine sorgfältige Aufarbeitung für ein wirklich auf Verteidigung bedachtes Deutschland dringlicher gewesen denn je. Denn schon von 1916 an war der gegen Westen gerichtete Schlieffenplan[18], auf den man sich nunmehr allein konzentrierte, überhaupt nicht mehr anwendbar. Die alsdann dank acht neuen Eisenbahnlinien an der Ostgrenze viel rascher aufmarschierenden Russen[19] raubten künftig dem deutschen Generalstab jede reale Chance, fast die gesamte Feldarmee 3–6 Wochen lang für einen Blitzsieg im Westen festzunageln und dem "Cannae-Wahn"[20] nachzujagen.

---

16 Adolf Gasser, Deutschlands Entschluss zum Präventivkrieg 1913/14, in: Discordia concors, Festgabe für Edgar Bonjour, 2 Bände, Basel 1968, I, S. 171–224. [Anbei o. S. 1–46.]
17 Ebd., S. 175–185. [Anbei o. S. 3–11.]
18 Jehuda L. Wallach, Das Dogma der Vernichtungsschlacht, Die Lehren von Clausewitz und Schlieffen und ihre Wirkungen in zwei Weltkriegen, Frankfurt a.M. 1967, S. 64 ff., 75 ff., 86 ff., 103 ff., 175 ff.
19 Ritter, Staatskunst II, S. 109 f., 309, 380 (Anm. 5); Hallgarten, Imperialismus vor 1914, 2 Bände, 2. Aufl., München 1962/63, II, S. 448 ff.; Fischer, Krieg, S. 620 f.
20 So Wallach, S. 180; dazu Fischer, Krieg, S. 568 f., Ritter, Staatskunst II, S. 329 ff., 247 ff., 256 ff., 268 ff., 372 ff. – Vgl. u. Anm. 139–141.

Ganz im Einklang damit verwies auch W.J. Mommsen auf

"die starke Beunruhigung militärischer Kreise über die russischen Rüstungen, welche auf längere Sicht die Voraussetzungen des Schlieffenplans, nämlich eine langsame russische Mobilmachung und einen umständlichen Aufmarsch, illusorisch werden zu lassen drohten"[21].

Wie aber konnte man nur den Grossen-Ostaufmarsch-Plan ausgerechnet in einem Zeitpunkt fallenlassen, da ohne ihn ein Zweifrontenkrieg sehr bald überhaupt nicht mehr zu führen war? Unzweideutig liess sich seine Kassierung nur verantworten, wenn man sich irgendwann vor dem 1. April 1913 endgültig entschlossen hatte, gegen Westen hin so oder so baldigst loszuschlagen, d.h. einen Angriffskrieg vom Zaune zu reissen[22].

So weit liess sich mein Indizienbeweis 1968 klipp und klar führen. Um so trüber standen die Aussichten, von jenem Terminus ante quem aus nach rückwärts noch Genaueres zu erschliessen. Verhandlungen im Kreise der Führungsspitzen wickelten sich im Wilhelminischen Reiche zumeist recht formlos ab und wurden nicht einmal protokolliert[22a]. Da bedurfte es schon eines Glücksfalls, um entscheidenden Beschlüssen auf die Spur zu kommen.

Eben dieser unerwartete Fall traf ein. Es war der junge Dozent John Röhl von der Universität Brighton, der die von mir aufgedeckte Fährte weiterverfolgte und mit seinem Spürsinn das Geheimnis lüftete[23]. Er konnte an den 1965 publizierten Nachlass des Admirals Müller anknüpfen, der über eine schwerwiegende Besprechung zwischen dem Kaiser und den Spitzen von Landheer und Marine berichtet — in einem Tagebucheintrag zum 8. Dezember 1912[24].

Röhl verifizierte den Originaltext jener Tagebuchnotiz und stellte fest, dass in der publizierten Version wichtige Sätze weggelassen worden waren — in verfälschendem Sinne. Unterdrückt wurde z.B. Müllers Kritik, es sei vom Generalstabschef nicht einmal ein Ultimatum "an Russland oder Frankreich" beantragt worden, "das den Krieg mit dem Recht auf unserer Seite entfesselte" (sic!). Mit diesem Mangel an Perfektionismus begründete Müller ausdrücklich seine scheinbar verharmlosende Schlussfolgerung: "Das Ergebnis war so ziemlich Null"[25].

Darüber hinaus brachten Fischer und Röhl Müllers Tagebuchaufzeichnung mit zwei anderen einschlägigen Berichten in Verbindung. Der von der Geheimbesprechung in Kenntnis gesetzte preussische Kriegsminister orientierte darüber die Militärbevollmächtigten Sachsens (Leuckart) und Bayerns (Wenninger), die am 12. bzw. 15. Dezember ihre Amtsstellen in Dresden bzw. München unterrichteten. Obgleich alle drei Berichterstatter — Müller, Leuckart, Wenninger — ihre Niederschriften

---

21 Wolfgang J. Mommsen, in: Kriegsausbruch 1914, S. 80.
22 Gasser, Präventivkrieg, S. 179 f. [Anbei o. S. 7 f.]
22a Geiss, Julikrise, I, S. 33 f.
23 John C.G. Röhl, Admiral von Müller and the Approach of War 1911–1914, in: "The Historical Journal", 12 (1969), S. 651–673.
24 Georg Alexander von Müller, Der Kaiser ..., Aufzeichnungen über die Ära Wilhelms II., hrsg. von Walter Görlitz, Göttingen 1965, S. 124 f. [Dazu anbei u. S. 98.]
25 Röhl, Historical Journal, 12 (1969), S. 661 f. Anm. 58; vgl. Fischer, Krieg, S. 233 f.

unabhängig voneinander anfertigten, finden sich darin im wesentlichen keine Widersprüche; darum sind die mitgeteilten Fakten vertrauenswürdig.

Auffallend spät, doch für die Natur des preussisch-deutschen Militärstaates um so bezeichnender, gelangte der Reichskanzler Bethmann Hollweg in den Besitz einlässlicher Informationen: erst am 16. Dezember[26]. Bitter vermerkte er einige Tage später:

"Seine Majestät ... hat ..., natürlich hinter meinem und Kiderlens Rücken, mit seinen Getreuen von Heer und Flotte einen Kriegsrat abgehalten ..."[27].

Der hier vom Kanzler authentisch verwendete Ausdruck "Kriegsrat" war nur allzu berechtigt. Wie aus allen nachfolgenden Massnahmen hervorgeht, hatte man sich am 8. Dezember grundsätzlich geeinigt, den Kampf gegen die drei Ententemächte gemeinsam zu wagen – zum baldmöglichsten Zeitpunkt.

Entscheidend war die Stellungnahme des Generalstabschefs Moltke[28], eines Militärs, den ein weltkundiger Diplomat so charakterisierte: "Gehört zur Kategorie korrekt und beschränkt"[29]. Die drei Quellen geben seine Ansicht extrem-summarisch folgendermassen wieder:

(Müller) "General v. Moltke: Ich halte einen Krieg für unvermeidlich und: je eher, desto besser ... Die Armee käme in immer ungünstigere Lage; denn die Gegner rüsteten stärker als wir, die wir mit dem Gelde sehr gebunden seien."

(Leuckart) "Exz. v. Moltke will den Krieg; denn er ist der Meinung, dass er Frankreich jetzt nicht gelegen komme, was sich aus dessen Eintreten für eine friedliche Lösung der Verhältnisse (sic!) entnehmen lasse."

(Wenninger) "Moltke war für sofortiges Losschlagen; seit Bestehen des Dreibundes sei der Moment niemals günstiger(!) gewesen."

Die Beschlüsse des Kriegsrates und ihre konsequente Durchführung sind im nächsten Abschnitt zu analysieren. Wer vor ihrer Tragweite die Augen verschliesst[29a], hat offenkundig am spätwilhelminischen Kaiserreich das Entscheidende immer noch nicht erfasst: seine Natur als Militärstaat[30].

Seit der blamablen Daily-Telegraph-Affäre vom Herbst 1908 hatte des Kaisers persönliche Autorität schweren Schaden gelitten, nicht zuletzt in der Generalität. Schon im März 1909 meinte General Lyncker mit Blick auf die "schlechten Nerven"

---

26   GP, Bd. 39, Nr. 15559; Note Bethmanns an Kiderlen, 17. Dezember 1912.
27   Brief Bethmanns an Karl von Eisendecher, 20. Dezember 1912; abgedruckt bei Fischer, Krieg, S. 237 f.
28   Helmuth von Moltke, Erinnerungen, Briefe, Dokumente 1877–1916, hrsg. von seiner Witwe, Stuttgart 1922.
29   Hermann von Eckardstein, Lebenserinnerungen und Politische Denkwürdigkeiten, 3 Bände, Leipzig 1920/21, III, S. 186. – Weitere Charakterisierungen Moltkes: Kantorowicz, Gutachten, S. 384 f.; Wallach, Vernichtungsschlacht, S. 126 ff., 151 ff., Fritz Klein u.a., Deutschland im Ersten Weltkrieg, Bd. I, Berlin 1970, S. 109 ff.; vgl. auch u. Anm. 164.
29a   Vgl. u. Anm. 35.
30   Vgl. Hallgarten, Imperialismus, II, S. 427 ff., 482 f.; Ritter, Staatskunst, II, S. 117 ff., 148 ff., 254 f. [Vor allem auch anbei u. S. 92–106, 109–112, 122–130.]

und "schwierige Persönlichkeit" des Kaisers, er habe "uns in den vergangenen 21 Jahren von unserer Höhe heruntergebracht", und setzte hinzu:

"Moltke fürchtet nicht die Franzosen und Russen, wohl aber den Kaiser"[31].

In der Zweiten Marokkokrise von 1911 schwand auch das Vertrauen in die Staatsweisheit der Reichsregierung allgemein dahin[32]. Um so heilloser überwucherte seither in der obrigkeitsfrommen Nation der Glaube an die Unfehlbarkeit des Generalstabs[33], der das heilige Siegeserbe von Königgrätz und Sedan hütete. Besonders der Ende Januar 1912 gegründete Wehrverein leistete durch einflussreiche Wortführer und unermüdliche Agitation der Vergötzung der Heeresleitung massgeblichen Vorschub[34]. Darf man solche Fundamentaltatsachen wirklich "über jedes vertretbare Mass hinaus" hinunterspielen[35]?

Vollends dominierte das Militär seit Ausbruch des (auch den Russen unerwünschten)[36] Ersten Balkankrieges im Oktober/November 1912. Nation und Armee empfanden das Kriegsgeschehen, das in Ostbosnien den einzigen schmalen Grenzkorridor zwischen dem Dreibund und der befreundeten Türkei wegfegte, als neues Fiasko; war doch damit die vielbesungene Achse Berlin-Konstantinopel-Bagdad[37] vom russophilen Serbien wie durch einen Querriegel jäh unterbrochen. Nur eine österreichische Gewaltaktion vermochte Abhilfe zu schaffen — auf die Gefahr eines Eingreifens Russlands und eines allgemeinen Grosskrieges[38].

Treffend würdigte Hallgarten jene Entwicklung, obschon er vom Kriegsrat des 8. Dezember noch nichts wusste:

"Der deutsche Kaiser ... war ... zu dieser Zeit — Ende November — vollständig in die Hände des Generalstabs und des Wehrvereins geraten ... Zwischen dem deutschen und dem österreichischen Generalstab waren ... bereits militärische Abreden getroffen worden. Die Militärs waren im Begriffe, die widerstrebenden Auswärtigen Ämter mit sich zum Kriege fortzureissen ... — (Man wusste) nicht, dass der Kanzler unter dem Druck des Wehrvereins, der Generalstabsstrategen und ihres Werkzeugs, des Kaisers, seit der zweiten Novemberhälfte auf den widerstrebenden Kriegsminister im Sinne einer Heeresverstärkung einwirkte"[39].

Die Berliner Ereignisse in jenen Wochen liefen fast auf einen "geheimen Staatsstreich" hinaus. Hatte bisher, da der Kaiser als Koordinator versagte, unter den

---

31 Zit. bei Fischer, Krieg, S. 106.
32 Klaus Wernecke, Der Wille zur Weltgeltung, Aussenpolitik und Öffentlichkeit im Kaiserreich am Vorabend des Ersten Weltkriegs, Düsseldorf 1970, S. 26 ff., 102 ff. Vgl. auch Fischer, Krieg, S. 117 ff., 137 ff.; Hallgarten, Imperialismus, II, S. 232 ff., 265 ff.
33 Heinrich Kanner, Kaiserliche Katastrophenpolitik, Wien 1922, S. 364 f. [Zitat anbei u. S. 96.] — Über Kanner: Kantorowicz, Gutachten, S. 56. Vgl. auch u. Anm. 139—141.
34 Wernecke, Weltgeltung, S. 174 ff.; Fischer, Krieg, S. 159 ff., 319 ff.; Hallgarten, Imperialismus, II, S. 333 ff., 366 ff.
35 So W.J. Mommsen, in: NPL 16 (1971), S. 488; er wirft Fischer "Hochspielen" vor.
36 Fischer, Krieg, S. 213 ff., 219.
37 Siehe u. Anm. 192.
38 Fischer, Krieg, S. 229 ff.
39 Hallgarten, Imperialismus, II, S. 357 f., 361.

Führungsspitzen des Reiches eine eigentliche Konfusion geherrscht, so entschloss sich nun die Heeresleitung, die Geschicke des ihr blind vertrauenden Volkes selbst in die Hand zu nehmen.

Tatsächlich war der Grosse Generalstab, soweit es um Krieg und Frieden ging, seit dem Jahresende 1912 zur eigentlichen Oberleitung des Reiches geworden und der "Zivilkanzler" zu deren Aushängeschild — mit der Funktion, die von den Militärs beschlossenen Weltaktionen diplomatisch abzustützen, um für sie möglichst günstige Konstellationen zu schaffen[40].

Im Gegensatz zum eigenwilligen Staatssekretär Kiderlen-Wächter, den die damit verbundenen Aufregungen am 30. Dezember 1912 wegrafften, akzeptierte Bethmann Hollweg die ihm zugemutete Dienerrolle — im Bewusstsein, dass die von ihm verfolgte "Politik der Diagonale" fortab nur innerhalb des vom Militär beherrschten Kräftefeldes möglich war[41]. So konnte der Kaiser dem Admiral Müller schon am 14. Dezember berichten,

> "wie interessant es sei, dass der Reichskanzler sich jetzt doch an den Gedanken eines Krieges gewöhnt habe, er, der doch noch vor einem Jahre ausgesprochen habe, er werde nie imstande sein, zu einem Kriege zu raten"[42].

Wo der Kanzler zur Wahrung seiner Handlungsfreiheit auch weiterhin energisch auftrat, tat er es — bis zur Marne-Niederlage! — nur noch im Bereich der taktischen Winkelzüge. Das zeigt gerade auch seine Reaktion auf die Beschlüsse des Kriegsrats vom 8. Dezember, nachdem er endlich am 16. hintenherum davon erfahren hatte.

In einem noch von Kiderlen konzipierten Telegramm wandte sich Bethmann am 18. Dezember direkt an den Kaiser. Nur als vorsichtiger Ratgeber wies er auf die Chance hin, dass England in den ersten Kriegswochen vielleicht doch neutral bleibe, "wenn wir jede Provokation vermeiden". Was er als feste Forderungen anmeldete, beschränkte sich auf rein taktische Gesichtspunkte[43]:

> "(Es ist) dringend erwünscht, dass in der Öffentlichkeit während der gegenwärtigen Londoner Verhandlungen (sc. über Albanien) keine deutschen Pläne von Heer- und Flottenvermehrungen bekannt werden ..., (dass) die Militär- und Marineinstanzen anzuweisen (seien), etwaige Vorarbeiten für spätere Vorlagen absolut geheim(zu)halten ... (und dass) eine offiziöse Propaganda ... erst einsetzen (darf), wenn bestimmte Pläne festgelegt sind und nachdem die jetzige politische Krisis ... vorüber ist"[44].

Diesem taktischen, weil augenblicklich zweckmässigen Begehren entsprach der Kaiser sofort[45]. Um so aufschlussreicher glossierte er Bethmanns grundsätzlichen

---

40 Siehe u. Anm. 43–46, 84–87, 91–97, 150–156, 160, 165–167, 199.
41 Gespräch Bethmanns mit Conrad Haussmann am 24. Februar 1918; siehe Wolfgang Steglich, Die Friedenspolitik der Mittelmächte 1917/18, Bd. I, Wiesbaden 1964, S. 418 (Anm. 3), zit. u. Anm. 199.
42 Müller, Der Kaiser, S. 126; korrigiert bei Röhl, Historical Journal, 12 (1969), S. 665 Anm. 70.
43 Das verkennt Mommsen, NPL 16 (1971), S. 489.
44 GP, Bd. 39, Nr. 15560 vom 18. Dezember 1912; vgl. auch Nr. 15623 vom 14. Dezember 1912.
45 Bemerkung des Kaisers am Kopf des Schriftstücks Nr. 15560, ebd.

Ratschlag — im Sinne einer Entschlüsselung aller wegleitenden Hintergedanken der Reichspolitik bis anfangs August 1914:

> "Es wird hier ein grosser Wert auf *Provokation* gelegt. Eine solche lässt sich bei einigermassen geschickter Diplomatie und geschickt geleiteter Presse *stets konstruieren* (Spanische Kronkandidatur z.B. 1870) und muss *stets zur Hand gehalten werden!* Die Ansichten darüber werden stets auf beiden Seiten auseinandergehen"[46]!

Damit gab der in seinen Randglossen sonst recht sprunghafte Monarch genau jener Ansicht Ausdruck, wie sie unter den Militärs allgemein vorherrschte[47] und ihm u.a. am 8. Dezember von Moltke suggeriert worden war: Lieber zu günstiger(!) Zeit selber geschickt provozieren als vielleicht zu ungünstiger provoziert zu werden! Dergestalt argumentierte noch zu allen Zeiten jener Teil, der sich auf eine Kriegsentfesselung vorbereitet — in hochgespieltem Misstrauen: homo homini lupus[48]!

Das alte Wort, dass Preussen nicht ein Staat mit einer Armee, sondern eine Armee mit einem Staate sei — nie hatte es zu Friedenszeiten stärkere Geltung als im verpreussten Deutschen Kaiserreich der unmittelbaren Vorkriegsjahre, unter einem unfähigen Herrscher, der die politischen Instanzen bis zum "Zivilkanzler" hinauf den militärischen ostentativ hintanstellte[49] und von diesen, nachdem sie sich Tirpitz und Bethmann dienstbar wussten, seinen ziel- und folgenlosen Augenblicksstimmungen und Regentenspielereien überlassen blieb.

II. Die drei Prämissen jeder forcierten Kriegsentfesselung: verwirklicht bis Ende Juni 1914

Wie der auf den 8. Dezember 1912 einberufene Kriegsrat feststellte, standen einer sofortigen Kriegsentfesselung durch das Deutsche Reich noch gewichtige Hindernisse im Wege. Zu ihrem Hinwegräumen benötigte man, wie die Besprechung vorsah, einen Zeitraum von anderthalb Jahren. So lange galt es den Kriegsausbruch wohl oder übel zu vertagen[50]. In diesen 18 Monaten war die Berliner Politik sogar darauf angewiesen, jeden vorzeitigen Waffengang zwischen den Grossmächten nach Kräften zu verhüten und einen scheinbar grundsätzlichen Friedenskurs zu steuern — wenn auch mit wohlberechneten Kleinprovokationen dosiert.

Faktisch handelte es sich um ein Täuschungsmanöver grossen Stils — zu seinen willigen Randopfern sollten übrigens unzählige Historiker der kommenden Jahrzehnte gehören. In den Grundlinien war der Gang der Dinge damals von den deutschen Militärs als den wirklichen Beherrschern des Reiches weitgehend festgelegt;

---

46 Ebd., Randbemerkung 6 (Hervorhebungen im Original).
47 Fischer, Krieg, S. 344 f., 348 f., 638, 653 f., 671.
48 So auch Napoleon I., vgl. u. Anm. 238.
49 Kantorowicz, Gutachten, S. 387 ff.; Ritter, Staatskunst, III, S. 22 f.
50 Fischer, Krieg, S. 231 ff. (9. Kapitel "Der vertagte Krieg").

nur ein "renversement des coalitions" hätte ihm eine andere Richtung geben können.

Der Reichskanzler hat, wie sein Werben um England[51], bisweilen auch um Frankreich[52] zeigt, verbesserte Bündniskonstellationen herbeigewünscht; sie praktisch zu erreichen, lag angesichts der weltweiten Gegnerschaft gegen den deutschen Hegemonialdrang nicht in seiner Macht. Soweit er etwa hoffte, die Militärs würden bis 1914 anderen Sinnes werden, blieb für ihn das Einvernehmen mit ihnen doch stets oberstes Gebot[53].

Worauf es jenen Hintermännern ankam, war vornehmlich die Beseitigung der einem sofortigen Kriegsausbruch noch im Wege stehenden Hindernisse. Das Programm wurde zielbewusst verfolgt und fristgerecht durchgeführt, Zug um Zug, ohne alle Quertreibereien[54] und, wo immer nötig, unter aktiver Mitwirkung von Reichskanzlei und Auswärtigem Amt.

Als die am 8. Dezember 1912 gesetzte Frist verstrichen war, folgte die Kriegsauslösung auf dem Fusse nach. Denn jetzt waren alle drei Prämissen erfüllt, die man benötigte, um den selbstgewählten Dreifrontenkampf zu forcieren.

Erste Prämisse: Konzentration zur See

Am 3. Dezember 1912 hatte die britische Regierung die deutsche gewarnt, sie könne in einem europäischen Kriege, der sich aus einem Angriff Österreichs gegen Serbien entwickle, kaum beiseite stehen und unter keinen Umständen eine Niederwerfung der Franzosen dulden[55]. Wilhelm II. kommentierte:

> "Weil England zu feige (sic!) ist, Frankreich und Russland offen in diesem Falle sitzen zu lassen, und zu sehr neidisch ist auf uns und uns hasst, deswegen sollen andere Mächte ihre Interessen nicht mit dem Schwert(!) verteidigen dürfen ... Das richtige Krämervolk! Das nennt es Friedenspolitik! Balance of power"[56]!

Man musste nunmehr der fatalen Tatsache ins Auge blicken, dass jeder Einmarsch der Österreicher in den Balkan, wie ihn die deutschen Militärs in jenen Tagen forderten, für das eigene Reich unweigerlich den Dreifrontenkrieg auslöse.

Der Grosse Generalstab in Berlin liess sich davon wenig beeindrucken; er hatte sich bereits fest dazu entschlossen, in diesem Falle England als Kriegsgegner eben mit in Kauf zu nehmen[57]. Aber nicht negieren liessen sich die andersgelagerten

---

51 Ebd., Kap. 10, 12, 14, 15; vgl. auch u. Anm. 198–201.
52 Ebd., S. 642 ff.
53 Vgl. o. Anm. 40.
54 Die der Bedeutung der britischen Seeherrschaft bewusste Friedensgruppe um Lichnowsky, Kühlmann, Rosen, Plehn (siehe u. Anm. 127) war einflusslos und wurde vom Auswärtigen Amt systematisch mattgesetzt; Fischer, Krieg, S. 378 ff.
55 GP, Bd. 39, Nr. 15612, 3. Dezember 1912; zit. bei Fischer, Krieg, S. 231.
56 GP, Bd. 39, Nr. 15612, Randbemerkung 13.
57 Vgl. o. Anm. 16–20, u. Anm. 139–141.

Interessen der deutschen Kriegsflotte. Sie mit jenen des Heeres sinnvoll zu koordinieren: Das war der Hauptzweck des Kriegsrates vom 8. Dezember 1912.

Obwohl erklärter Englandfeind, hielt Admiral Tirpitz die eigene Flotte noch für
zu schwach, um sie ohne Not in einen Grosskampf zu stürzen, und wünschte diesen
bis 1918/20 hinauszuschieben. Zum mindesten bis Sommer 1914 musste ihm eine
Kriegsentfesselung deutscherseits unverantwortlich erscheinen. Über seine Stellungnahme im Kriegsrat berichten die drei einschlägigen Quellen folgendes[58]:

(Müller) "Tirpitz macht darauf aufmerksam, dass die Marine gern das Hinausschieben des
grossen Kampfes (sic!) um anderthalb Jahre sehen würde. Moltke erwiderte: Die Marine
würde auch dann nicht fertig sein."

(Leuckart) "Admiral v. Tirpitz würde es lieber sehen, wenn es erst in einem Jahr dazu
(= zum Kriege!) käme, nachdem der Kanal und der Hafen für U-Boote auf Helgoland fertiggestellt sein würden."

(Wenninger) "Tirpitz verlangte Aufschub (sic!) für ein Jahr, bis der Kanal und der U-Boot-
hafen Helgoland fertig seien. Ungern liess sich der Kaiser zu dem Aufschub bestimmen."

In allen drei Berichten liegen unverkennbar nur spärlichste Bruchstücke einer
ausgedehnteren Diskussion vor. Wie wäre es sonst zu erklären, dass Moltke wie der
Kaiser dem Admiral widersprachen − und ihm dann doch "ungern" nachgaben?
Um das zu verstehen, ist man darauf angewiesen, die vorhandenen Quellenlücken
aufgrund der objektiv gegebenen Sachverhalte auszufüllen.

Es springt sofort ins Auge, welch gewichtige Gegengründe Tirpitz ins Feld führen
konnte: Für die Flotte stand nichts Geringeres als ihre Existenz auf dem Spiel.
Eben darum sah sich Moltke als alleiniger Vertreter des Landheeres am 8. Dezember
mit nicht weniger als drei Admiralen (Tirpitz, Heeringen, Müller) konfrontiert.

Bei jener Lebensfrage ging es um die Vertiefung des Nord-Ostsee-Kanals, woran
man seit 1907 arbeitete, um ihn auch für die grossen Schlachtschiffe der Dread-
nought-Klasse passierbar zu machen[59]. Vor Vollendung seines Ausbaus befand sich
die deutsche Marine im Kriegsfall gegen England und Russland zusammen in ungünstiger Lage: Ihre Halbteile in beiden Meeren waren ausserstande, miteinander
zu kooperieren und sich zu Schlachtaktionen zu vereinigen − es wäre denn durch
eine Forcierung der dänischen Meerengen und die damit verbundene odiöse Kriegs-
ausweitung[60]. Die Gefahr ihrer schrittweisen Vernichtung war gross.

Diese Prämissen der Seestrategie wirkten von selbst auf die Kriegführung zu Land
zurück, am massgeblichsten in den ersten Kriegswochen. Nur eine konzentrierte, das
Abwehrpotential in geometrischer Progression steigernde Schlagkraft zur See bürgte
dafür, britische (oder auch russische) Landungsversuche an der norddeutschen Küste

---

58 Röhl, Historical Journal, 12 (1969), S. 662 f.; Fischer, Krieg, S. 234 f.
59 Waldemar Jensen, Der Nord-Ostsee-Kanal, Eine Dokumentation zur 75jährigen Wieder-
kehr der Eröffnung, Neumünster 1970, S. 105 ff.
60 Über deutsche Pläne zu einer Besetzung Dänemarks 1905 vgl. Jonathan Steinberg, Der
Kopenhagen-Komplex, in: Kriegsausbruch 1914, S. 46 ff. Dazu auch Ritter, Staatskunst,
II, S. 193 f.; Fischer, Krieg, S. 99.

von vornherein aussichtslos zu gestalten. Davon hing nicht zuletzt der Erfolg des Schlieffenplans ab, der alle Kräfte des Feldheeres zunächst im Westen festband und keine ausreichenden Armeeteile übrigliess, um sofort nach Kriegsbeginn etwaige Invasionen in Dänemark, Schleswig-Holstein, Holland oder Pommern nieder-zukämpfen – Gefahren, mit denen damals der deutsche Generalstab ernsthaft rechnete[61].

So durfte das Heer im eigenen Interesse der Flotte keine untragbare Kraftprobe zumuten, wie sie ihr vor dem Kanalausbau jeder forcierte Krieg gegen alle drei Ententemächte auferlegt hätte. Solch zwingende Gründe waren es, die Moltke wie den Kaiser am 8. Dezember 1912 bestimmten, mit der Kriegsentfesselung noch bis 1914 zu warten – "ungern" genug, doch notgedrungen.

Während der ganzen durch die Umstände aufdiktierten Wartefrist von anderthalb Jahren wurde an der Vertiefung des für die deutsche Kriegführung so lebenswichti-gen Kanals mit Hochdruck gearbeitet. Und im Sommer 1914 war es soweit:

> "*Am 23. Juni 1914* wurden die neuen Schleusen in Brunsbüttelkoog mit der Durchfahrt der 'Hohenzollern' *offiziell eröffnet.* Am darauffolgenden Tag fand der gleiche Festakt in Holtenau statt ... Auf einen ähnlich festlichen Glanz wie beim Neubau 1895 hatte die Regierung diesmal verzichtet"[62].

Gewiss war in jenen Tagen die Kanalvertiefung insofern nicht ganz vollendet, als die Linienschiffe mit voller Belastung noch nicht passieren konnten; dazu waren sie erstmals am 5. April 1915 imstande[63]. Doch "mit leeren Bunkern" stand ihrem jederzeitigen Hinüberwechseln von einem Meer ins andere nichts mehr im Wege; was an Heizmaterial für Hochseefahrten fehlte, liess sich an der Zielküste sofort neu einfüllen. Die Schiffe kamen durch, und darauf vornehmlich kam es seestrategisch an.

Damit war das wichtigste Hindernis, das seit Ende 1912 einem forcierten Drei-frontenkrieg im Wege gestanden hatte, am 23./24. Juni 1914 weggeräumt – vier Tage vor Sarajevo!

Zweite Prämisse: Überfall-Automatik im Westen

Eine zweite Vorbedingung zur Sicherung des Blitzsieges behandelte der Kriegs-rat vom 8. Dezember 1912 mehr nebenbei. Von den drei Quellen berichtet Wennin-ger über den Kaiser:

> "Dem Kriegsminister sagte er tagsdarauf nur, er solle sofort eine neue grosse Heeresvorlage vorbereiten"[64].

---

61 Wallach, Vernichtungsschlacht, S. 202, 209 f.; Ritter, Staatskunst, II, S. 196, 365 (Anm. 54); Fischer, Krieg, S. 631.
62 Jensen, Nord-Ostsee-Kanal, S. 126 (Hervorhebungen dort).
63 Ebd., S. 127.
64 Vgl. o. Anm. 25.

Diese Aktion hatte Moltke schon im November eingeleitet und der Reichskanzler unverzüglich unterstützt. Am 8. Januar 1913 erfolgte der erste Pressealarm über die geplante gewaltige Heeresverstärkung; am 1. März wurde der Regierungsvorschlag bekannt, die dazu nötigen Riesenkosten durch eine einmalige Vermögensabgabe zu decken; am 28. März gingen die Heeres- und die Deckungsvorlage dem Reichstag zu und wurden von ihm nach längerem Tauziehen in Detailfragen am 30. Juni gutgeheissen[65]. – Das davon bedrohte menschenärmere Frankreich reagierte sofort mit der Wiedereinführung der dreijährigen Dienstzeit: Schon am 6. März ging die entsprechende Vorlage ans Parlament, das sie am 7. August verabschiedete[66].

Gleichzeitig traf der deutsche Generalstab als Oberregierung des Reiches in aller Heimlichkeit strategische Massnahmen zur Sicherung des Blitzsieges. Am 1. April 1913, im selben Moment(!), da Moltke den Grossen-Ostaufmarsch-Plan kassierte[67], baute er in den (bisher auch als Gegenstoss gegen einen westlichen Angreifer konzipierten) Schlieffenplan eine von Ludendorff bearbeitete einseitig-aggressive Variante endgültig ein: den Überfall auf die belgische Festung Lüttich unmittelbar nach Verkündung der Mobilmachung[68].

Es war dies eine Entscheidung von grösster politischer Tragweite – ein starr festgelegter Angriffsakt gegen Belgien und dessen von allen Grossmächten, auch England, garantierte Neutralität[69]. Dem überfallenen Kleinstaat sollte keine Zeit gelassen werden, seine wichtigste Festung in Verteidigungsstand zu setzen[70]. Damit entzog Moltke der Reichsregierung jede Möglichkeit, in der 8–10tägigen Periode des eigenen Truppenaufmarsches um eine letzte Wahrung des Friedens zu ringen[71].

Indessen galt eine solche Chance in den Augen von Militärpolitikern rein nichts, nachdem ihr Entschluss, 1914 loszuschlagen, seit Ende 1912 grundsätzlich gefasst war. Der vereinbarten forcierten Kriegsentfesselung entsprach der heimlich geplante Lütticher Handstreich jedenfalls aufs folgerichtigste; insofern durfte sich der "korrekte" Moltke mit einigem Recht sagen, Kaiser und Kanzler hätten, falls ins Vertrauen gezogen, seine "Eigenmächtigkeit"[72] ohnehin billigen müssen.

Wie der Anthroposoph Rudolf Steiner 1921 bekanntgab, hatte er von Moltke im Oktober 1914 folgendes in Erfahrung gebracht:

---

65 Wernecke, Weltgeltung, S. 180 ff., 188 ff., 198 ff., 208 ff.; Fischer, Krieg, S. 251–269; Hallgarten, Imperialismus, II, S. 361, 380 ff., 387 ff., 404 ff.
66 Wernecke, Weltgeltung, S. 200, 204, 226 ff., 242 ff.; Fischer, Krieg, S. 622 ff.; Hallgarten, Imperialismus, II, S. 394 ff.
67 Vgl. o. Anm. 17.
68 Gasser, Präventivkrieg, S. 185–191 [anbei o. S. 12–17]; dazu Wallach, S. 138 ff.
69 Kantorowicz, Gutachten, S. 102, 127 ff.; Ritter, Staatskunst, II, S. 95.
70 Ritter, Staatskunst, II, S. 332 f.; Wallach, Vernichtungsschlacht, S. 141 ff.
71 Gasser, Präventivkrieg, S. 185 f., 190 f. [Anbei o. S. 12 f., 16 f.]
72 Moltke, Erinnerungen, S. 432; dazu Gasser, Präventivkrieg. [Anbei o. S. 16, Anm. 71.]

"Wie kommt es, so fragte ich, dass ein Kriegsminister im Reichstag behaupten konnte, dass der Plan eines Einfalles in Belgien nicht existiert habe? Dieser Minister, antwortete Moltke, kannte meinen Plan nicht, der Kanzler aber war auf dem Laufenden. Und der Kaiser? Niemals, sagte Moltke: Der war zu geschwätzig und indiskret. Er hätte es der ganzen Welt ausgeplaudert"[73].

So despektierlich dachte und redete Moltke vom Kaiser, der übrigens wie der Kanzler über die geplante Invasion Belgiens in den Grundzügen Bescheid wusste[74]. Umgekehrt waren weder Kaiser noch Kanzler darüber informiert, was "streng behütetes Geheimnis eines engeren Kreises von Generalstabsoffizieren" geblieben war[75] und was Moltke allein "meinen Plan" nennen durfte: den Lütticher Handstreich und die dadurch bedingte Kriegsauslösung schon im allerersten Aufmarschstadium. Dass Moltke jene formale "Eigenmächtigkeit" Steiner gegenüber verschwieg, ist verständlich. Seit der Marne-Niederlage hatte er ohnehin schwer genug daran zu tragen.

Nach dem verlorenen Krieg wurde der Überfall auf den neutralen Kleinstaat damit entschuldigt, im Falle des Sieges hätte alle Welt die Aktion bewundert[76]. Indes rannte Deutschland 1914 bewusst gegen eine "Welt von Feinden" an, und da musste das Odium, das es mit dem Völkerrechtsbruch auf sich lud, zwangsläufig zum Bumerang werden.

Indem sich Deutschlands militärische Oberherren mit ihrem beschränkten politischen Horizont auf ein unverrückbares Vabanquespiel versteiften, erleichterten sie es dem meeresbeherrschenden England, das Völkerrecht ebenfalls nach Gutdünken zu verletzen — und so entsprang dem Lütticher Handstreich geradewegs die tödliche Waffe der britischen Handelsblockade. Ludendorff klagte 1919 darüber:

"Die Durchführung der völkerrechtswidrigen Ungeheuerlichkeiten Englands zur See war nur möglich, wenn Amerika sie gestattete. Bei einer Besprechung im Auswärtigen Amt, einige Jahre vor dem Kriege, wurde mir gegenüber erklärt, dass Amerika solchen Massnahmen nie zustimmen würde. Wir rechneten bestimmt mit unbeschränkter Einfuhr durch Holland"[77].

Wiederum war es die weltweite Empörung über den deutschen Völkerrechtsbruch, gerade auch in Amerika, die dessen Gegenwehr gegen Englands Blockadesystem lähmte. Ausgerechnet Ludendorff, von 1908–1912 Moltkes rechte Hand und einer der Haupturheber des Lütticher Überfalls sowie der forcierten Kriegsentfesselung[78], musste 1918 den sich selbst kredenzten Unheilstrank bis zur bitteren Neige auskosten.

---

73 Roman Boos (Hrsg.), Rudolf Steiner während des Weltkrieges, Dornach 1933, S. 104; vgl. o. Anm. 31.
74 Fischer, Krieg, S. 317 ff., 566, 568; Ritter, Staatskunst II, S. 250–255.
75 Ritter, Staatskunst, II, S. 332.
76 Wilhelm Groener, Das Testament des Grafen Schlieffen, Berlin 1927, S. 81, auch 217 [Zitat anbei u. S. 126]; dazu Wallach, Vernichtungsschlacht, S. 63 f.
77 Erich Ludendorff, Meine Kriegserinnerungen, Berlin 1919, S. 329.
78 Über Ludendorffs fatale Rolle in den Vorkriegsjahren vgl. Ritter, Staatskunst, II, S. 145, 273 ff., 278 ff., 376; Fischer, Krieg, S. 160, 163, 175, 246, 252–256; Hallgarten, Imperialismus, II, S. 294, 335, 338, 361, 365, 369 (Anm. 1 und 2). [Dazu anbei u. S. 92.]

Dritte Prämisse: Provokation im Osten

Als Wilhelm II. am 8. Dezember 1912 die Spitzen von Armee und Flotte zum Kriegsrat versammelte, handelte er unter dem Druck zweier unliebsamer Ereignisse. Dem ersehnten Einmarsch der Österreicher in Serbien kam neben der erwähnten Warnung aus London auch ein innenpolitisches Hindernis in die Quere.

Am 2. Dezember hatte sich der Abgeordnete Kanitz als Sprecher der Konservativen im Reichstag zur russlandfreundlichen Tradition der deutschen Aussenpolitik bekannt und im Sinne Bismarcks jede Blankovollmacht an Österreich rundweg abgelehnt[79]. Er vertrat damit eine Grundanschauung, die unter den preussischen Grossagrariern noch weit verbreitet war[80].

Der "kalte Wasserstrahl" von rechts erklärt es in erster Linie, weshalb am 8. Dezember Moltke in aufschlussreicher Überschreitung seiner militärischen Aufgaben zu einer hochpolitischen Aktion aufrief — nach dem Bericht des Admirals Müller:

"Wir sollten aber durch die Presse die Volkstümlichkeit eines Krieges gegen Russland im Sinne der Kaiserlichen Ausführungen besser vorbereiten." (sic!)

Unmittelbar anschliessend berichtet Müller weiter:

"Seine Majestät bestätigt dies und fordert Staatssekretär v. Tirpitz auf, auch mit seinen Pressemitteln nach dieser Richtung zu wirken"[81].

Müller selber nahm zwecks Inszenierung einer russlandfeindlichen Politik ebenfalls einen Auftrag entgegen:

"Nachmittags noch an Reichskanzler wegen der Pressebeeinflussung geschrieben"[82].

Sein Brief ist erhalten und fordert Bethmann Hollweg auf,

"durch die Presse das Volk darüber aufzuklären, welche grossen nationalen Interessen auch für Deutschland bei einem durch den österreichisch-serbischen Konflikt entstehenden Krieg auf dem Spiele ständen ..."[83].

Das am 8. Dezember 1912 festgelegte Ziel der Reichspolitik bestand demnach darin, statt Österreich für immer zurückzuhalten, es im richtigen Moment gegen Serbien vorwärtszutreiben — zwecks dessen "militärischer Angliederung" an die Donaumonarchie[84] — und damit den Zweibund Berlin-Wien aus einem Defensivpakt entgegen seinem klaren Wortlaut[85] gewaltsam in einen Offensivpakt gegen Russland zu verwandeln — in endgültiger Abkehr von der Bismarck-Tradition.

---

79 Protokoll der 75. Sitzung 1912, S. 2485/87; vgl. Hallgarten, Imperialismus, II, S. 363.
80 Fischer, Krieg, S. 77, 112 f., 277, 352 f., 542 ff.
81 Müller, Der Kaiser, S. 125.
82 Röhl, Historical Journal, 12 (1969), S. 662 Anm. 58; Fischer, Krieg, S. 235.
83 Fischer, ebd.
84 So Conrad von Hötzendorf Anfang September 1913, Kaiser Wilhelm am 28. Oktober 1913, Moltke am 13. Juli 1914; vgl. ebd., S. 571, 317 sowie u. Anm. 191.
85 Kantorowicz, Gutachten, S. 235 ff. mit Anm. von Geiss.

Naturgemäss brauchte es Zeit, um die russophile Grundströmung in den konservativen Parteien, diesen Hauptstützen der preussisch-deutschen Monarchie, in eine entschieden russophobe zu verwandeln. Indessen stand die nötige Frist zur Verfügung: bis zur Fertigstellung der Kanalvertiefung. Diese anderthalb Jahre galt es zu nutzen.

Am wirksamsten war es, die Russen womöglich aktiv mitspielen zu lassen, indem man ihr Selbstgefühl vorsätzlich verletzte und sie zu Abwehrreaktionen provozierte, die wiederum in Deutschland verärgern mussten. Umgekehrt hatte man in der gleichen anderthalbjährigen Wartefrist alles vorzukehren, um Österreich-Ungarn vor jeder verfrühten Kriegsaktion gegen Serbien zurückzuhalten.

Damit stand die deutsche Aussenpolitik gemäss den Direktiven des Generalstabs bis zum Sommer 1914 vor der kontinuierlichen Aufgabe, die Russen eskaliert zu reizen und die Österreicher befristet zu bremsen.

Bei den Bremsfunktionen in Wien arbeiteten Bethmann und Moltke aufs engste Hand in Hand[86]. Unter ihrem permanenten Druck mussten die Österreicher die Umwälzungen an ihrer Südostgrenze — abgesehen von Albanien, wo sie die Unterstützung Italiens genossen — passiv hinnehmen und taumelten darob von einem diplomatischen Debakel ins andere, am schlimmsten im Juli 1913, als sie die von ihnen zum Angriff gegen Serbien ermunterten Bulgaren im Zweiten Balkankrieg schmählich im Stich lassen mussten. Erbittert und gedemütigt beugte sich Wien dem Diktat des übermächtigen Vormunds, der zwar mit Vertröstungen auf die Zukunft nicht geizte[87], aber offenkundig nur an seine eigenen Interessen dachte.

Bei Bethmanns robusten Druckmethoden des Jahres 1913 wirkt es seltsam genug, wie einer seiner neuesten Biographen es erklären möchte, dass er im Juli 1914 in Wien auf jedes Bremsen beim Vorgehen gegen Serbien verzichtete:

"Nie hatte es ihm gelegen, einen Menschen unter Druck zu stellen. Man kann ruhig sagen, dass ihn auch Takt und Rücksichtnahme auf den Partner zurückhielten"[88].

Hier hat der Biograph offenbar seine eigene anima candida in die vielschichtigere Seelenstruktur des Kanzlers hineinprojiziert — beeinflusst vom konventionellen Bethmann-Image.

Mit ebenso durchschlagendem Erfolg löste die Berliner Politik die vom Generalstab gestellte Aufgabe, das Verhältnis zum Zarenreich zu trüben. Dort empfand man seit 1909 durchaus die Briten als die Hauptrivalen, vorab wegen der von ihnen betriebenen antirussischen Meerengenpolitik wie wegen des Ölkonflikts in Persien[89]. Die "Entente" mit ihnen war brüchig genug, fast so sagenhaft "wie die Existenz der

---

86 Fischer, Krieg, S. 244 ff., 290 ff., 302.
87 Ebd., S. 295, 301, 303, 310, 313, 316 f.
88 Eberhard von Vietsch, Bethmann Hollweg, Staatsmann zwischen Macht und Ethos, Boppard 1969, S. 185; dazu die Rezension von W.J. Mommsen, in: "Die Zeit", 10. April 1970.
89 Igor W. Bestuschew, Die russische Aussenpolitik von Februar bis Juni 1914, in: Kriegsausbruch 1914, S. 127–151; Fischer, Krieg, S. 214, 481 ff., 619; Hallgarten, Imperialismus, II, S. 178 ff., 419 f., 491.

Seeschlange" (Sasonow)[90], und fiel lediglich aus Sorge vor Deutschlands Hegemonialdrang nicht gänzlich auseinander.

Jetzt erhielt eben diese Sorge plötzlich neue Nahrung: durch die im Januar 1913
publik gewordenen deutschen Riesenrüstungen und die gleichzeitig im Sinne von
Moltkes am 8. Dezember geäusserter Forderung programmgemäss anlaufende russ-
landfeindliche Pressekampagne. Sie war mehrfach bereits auf den Ton vom "unvermeidlichen Endkampf zwischen Germanentum und Slawentum" gestimmt[91].

Scheinbar abwiegelnd, doch in der Wirkung um so provokativer, sprach Bethmann Hollweg am 7. April 1913 vor dem Reichstag ebenfalls von der Gefahr einer
"europäischen Konflagration, die Slawen und Germanen einander gegenüber-
stellt"[92]. Das war kein "Lapsus" in einer sonst "vorsichtigen und massvollen"
Rede[93]. Vielmehr waren Provokation wie Vorsicht gemeinsam und mit taktischem
Geschick darauf berechnet, die für die Deckungsvorlage voraussichtlich unentbehr-
lichen Stimmen der zugleich russophoben wie kriegsabgeneigten Sozialdemokraten
zu gewinnen.

Den Haupttrumpf im ganzen provokativen Manöver spielte Berlin im November
1913 mit der wohlvorbereiteten Verstärkung seiner Militärmission in der Türkei aus.
Der deutsche General Liman-Sanders übernahm das Oberkommando über das
türkische Armeekorps im Raume Konstantinopel-Bosporus: eine "aufdringliche
Turnübung" (Rathenau) an dem für Russlands Welthandel und Weltgeltung "ner-
vösen Punkte" (Max von Baden)[94]. Der zuständige russische Militärattaché meldete
sogar nach Petersburg, Wilhelm II. habe Mitte Februar 1914 in Offizierskreisen
erklärt:

> "Entweder flattert die deutsche Fahne bald auf den Festungen des Bosporus, oder mich
> trifft dasselbe traurige Schicksal des grossen Verbannten auf der Insel St. Helena"[95].

Naturgemäss überflutete seit Ende 1913 eine Woge der Erregung das ganze
Zarenreich und bedrohte dieses bei passivem Verhalten mit der Revolution[96]. Ein
teilweises Einlenken Berlins bis zum 14. Januar 1914, vor allem zur Beruhigung
Londons, kam dem Hauptzweck der Liman-Sanders-Provokation nicht mehr in die
Quere. Denn der russische Nationalismus war nun einmal alarmiert und drängte
nach Gegenmassnahmen, wobei ihm seit Anfang März 1914 eine von Berlin aus

---

90 Bestuschew, S. 146.
91 Wernecke, Weltgeltung, S. 183 ff., 197 f., 206, 211 ff.; Fischer, Krieg, S. 64 ff., 77 ff.,
   269 ff., 277 ff.
92 Wernecke, Weltgeltung, S. 208 ff., 215 ff., 224 f.
93 So Mommsen, NPL 16 (1971), S. 490.
94 Fischer, Krieg, S. 314, 483 ff.; Hallgarten, Imperialismus, II, S. 430 ff., 446; vgl. u.
   Anm. 180–192.
95 Karl-Heinz Schlarp, Ursachen und Entstehung des Ersten Weltkrieges im Lichte der so-
   wjetischen Geschichtsschreibung, Hamburg 1971, S. 233.
96 Fischer, Krieg, S. 490 ff., 501 ff., 509 ff.

inszenierte neue Pressekampagne in die Hände arbeitete[97]. Und nun ergingen vom
April an in Petersburg jene Handelsdekrete, welche gerade die ostelbische Land-
wirtschaft mit Getreidezollerhöhungen und Erntehelfersperren trafen[98]; sie traten
am 12. Juni 1914 in Kraft.

Mit alldem waren Ende Juni 1914 sämtliche drei Prämissen für eine forcierte
Kriegsauslösung von seiten Deutschlands erfüllt: der vertiefte Nord-Ostsee-Kanal in
Betrieb, das Heer zum Überfallskrieg im Westen bereit, das Volk vom Junkertum
bis zum Proletariat im Zeichen der Russophobie geeint.

Jetzt galt es nur noch, die Österreicher von der Leine zu lassen, sei es durch
Schüren des drohenden dritten Balkankrieges (Türkei-Bulgarien gegen Griechenland-
Serbien)[99], sei es durch Intervention in Albanien, wo eben damals der Fürst von
Wied vertrieben worden war, zu dessen Unterstützung man in der Donaumonarchie
wie in Deutschland Freiwillige sammelte[100]. Auch sonst bestand an provokativen
Elementen keinerlei Mangel. So wie man in Wien gegen Serbien fortwährend
Annexions- und Aufteilungspläne schmiedete[101], so hofften Belgrader National-
revolutionäre auf einen Zerfall des Habsburger Reiches und suchten ihn zu be-
schleunigen. Die serbische Regierung vermochte sich jener Extremisten, ihrer Todfeinde, nur mühsam zu erwehren[102] und hätte sie nach Sarajevo im Auftrag ganz
Europas nur zu gerne schon damals unschädlich gemacht[102a].

Berlin wollte es anders. Hier erschien der Mord wie der ersehnte Wink des
Schicksals, "dass die selten günstige Lage zum Losschlagen benützt werden solle"[103],
um nach den plangerecht verwerteten 18 Monaten der Kriegsaussaat die Ernte nunmehr einzubringen: "Jetzt oder nie"[104]!

Wie man heute weiss, hat die deutsche Diplomatie, zwecks Verfälschung des
Zweibunds Berlin-Wien in eine Offensivallianz, das zaudernde Österreich zum
Kampf gegen Serbien entscheidend vorwärtsgetrieben[105] und auch auf die Wiener

---

97 Wernecke, Weltgeltung, S. 249 ff., 263 ff., 277 ff., 286 f.; Fischer, Krieg, S. 542 ff.,
   552 ff., 562 ff. (ergänzend 398 ff.); Hallgarten, Imperialismus, II, S. 438 ff.; Bestuschew,
   S. 142 ff.
98 Wernecke. Weltgeltung, S. 268 ff.; Fischer, Krieg, S. 536 ff., 559 f.; Hallgarten, Imperialismus, II, S. 456 ff., 482 ff.
99 Fischer, Krieg, S. 417, 514, 595, 610 ff.
100 Ebd., S. 591, 683.
101 Kantorowicz, Gutachten, S. 147 ff., 171 f.; vgl. o. Anm. 84.
102 Ebd., S. 354 ff., 361 ff.; vgl. Gasser, Präventivkrieg, S. 193 ff. [anbei o. S. 19 f.], und die
    gründliche Untersuchung von Vladimir Dedijer, Die Zeitbombe, Sarajevo 1914, Wien/
    Frankfurt/Zürich 1967.
102a Geiss, Julikrise, I, Nr. 336. – Die blutige Abrechnung erfolgte 1917.
103 So Moltke nach dem Bericht des bayerischen Militärbevollmächtigten Wenninger vom
    29. Juli 1914; siehe Geiss, Julikrise, II, Nr. 704 (ähnlich Nrn. 705, 918).
104 So Wilhelm II., Randbemerkung zum Dokument vom 30. Juni 1914; siehe Geiss, Juli-
    krise, I, Nr. 3. – An allen Stammtischen hiess es: "Serbien muss sterbien!"
105 Fischer, Krieg, S. 686 ff., 694 ff. [Ebenso anbei u. S. 114.]

Ultimativnote vom 23. Juli massgeblich Einfluss genommen[106] — im Blick auf einen russischen Militäraufmarsch "ab irato"[107], der in Berlin nachweislich keineswegs als Aggressivakt empfunden wurde[108], und in Wien ebensowenig[109]. Die Reichsregierung legte ihn offiziell, um einen Verteidigungskrieg vorzutäuschen, lediglich so aus[110] — für den Inlandgebrauch mit totalem Erfolg, für die Österreicher, die man zu "retten" vorgab, zur peinlichen Überraschung! Gemäss dem Urteil des einstigen Intimus Wilhelms II., Fürst Eulenburg, trug denn auch ihr Gesamtmanöver

> "einen bismarckschen Zug, der mich befriedigte ... Ich bin so lange Jahre als Botschafter in Wien mit den dortigen Staatsmännern in enger Fühlung gewesen, um positiv behaupten zu können, dass sich in sämtlichen Kronländern Österreichs *kein einziger Staatsmann* finden wird, der nach Inhalt, Form und Ausdrucksweise eine derartige Note zu schreiben vermöchte; sie sind samt und sonders zu weich ... Die Note war preussisch bis in die Knochen ... Unleugbar aber war die Note die *Provokation* ... Alles das (= was folgte) war nach der Provokation eine 'Mache' ..."[111].

III. Der Hauptantrieb zur Kriegsentfesselung: Die Siegeszuversicht

In seinem Buch "Krieg der Illusionen" hat Fritz Fischer all die Antriebsfaktoren, die im Deutschen Kaiserreich zur "befreienden Kraftprobe"[112] hindrängten, sorgsam zusammengetragen. Sie wurzelten wirtschaftlich im Expansionsbedürfnis einer hochkapitalistischen Industriegesellschaft[113] wie ideologisch im Prestigebedürfnis einer selbst- und machtbewussten Nation[114], daneben auch in deren inneren Zerrissenheit — dies legte den herrschenden Klassen die Erwartung nahe, die verhasste sozialistische Opposition der Militärmonarchie durch Kriegserfolge ebenso gefügig zu machen[115] wie einst die liberale im Jahre 1866.

---

106 Ebd., S. 696 ff.; Dokumente bei Geiss, Julikrise, I, Nrn. 66, 72, 81, 82, 91, 92, 95, 104, 107, 123, 136, 154, 157, 174, 200, 202, 207; ders., Studien über Geschichte, S. 18 ff.
107 Kurt Riezler, Tagebücher, Aufsätze, Dokumente, hrsg. von Karl Dietrich Erdmann, Göttingen 1972, S. 190, 23. Juli 1914: "Dann fühlt das ganze Volk die Gefahr und steht auf" (Bethmann).
108 Die Beweise bei Kantorowicz, Gutachten, S. 301 ff.; siehe jetzt Geiss, Julikrise, II, Nrn. 442, 782, 784, 878, 902.
109 Geiss, Julikrise, II, Nrn. 573, 648, 869, 954; dazu Fischer, Krieg, S. 724 ff.; Ritter, Staatskunst, II, S. 326 f.; Gasser, Präventivkrieg, S. 186. [Anbei o. S. 12 f.]
110 Vgl. u. Anm. 150–156.
111 John C.G. Röhl (Hrsg.), Zwei deutsche Fürsten zur Kriegsschuldfrage, Düsseldorf 1971, S. 65 ff. (9. September 1914, Hervorhebungen von Eulenburg).
112 So Alfred Hugenberg, Sachwalter der Schwerindustrie, am 25. April 1914; siehe Fischer, Krieg, S. 651.
113 Ebd., Kap. 1, 11, 13, 14, 16; auch Hallgarten, Imperialismus, II, S. 15 ff., 303 ff.
114 Fischer, Krieg, Kap. 3, 11, 12, 17, 21.
115 Dirk Stegmann, Die Erben Bismarcks, Parteien und Verbände in der Spätphase des Wilhelminischen Deutschlands 1897–1918, Köln 1970, S. 105 ff., 277 ff., 293 ff. Dazu Fischer, Krieg, S. 40 ff., 45 ff., 54 ff., 152, 273, 359 f., 366 f.

An sich war Deutschlands Expansionsdrang, wirtschaftlich wie kulturell, ein durchaus natürlicher Prozess. Politische Zielsetzungen liessen sich davon kaum trennen. Was an ihnen fragwürdig erscheint, war durchwegs nur eine Frage des Masses. Und da ist nicht zu verkennen, dass sich das Deutschtum seit der Jahrhundertwende (etwa seit 1895) allzu hemmungslos dem "Götzendienst der Macht"[116] zu verschreiben begann; auch so hervorragende Männer wie Max Weber[117], Friedrich Naumann[118], Hans Delbrück[119], Hermann Oncken[120] erwarteten alle irgendwie eine "Neuaufteilung der Welt".

Selbst die deutsche Sozialdemokratie vermochte sich dem Zug der Zeit nicht zu entziehen[121], wie u.a. vertrauliche "sozialimperialistische" Äusserungen des Parteiführers August Bebel aus dem Jahre 1905 "betreffend eine Aufteilung der Türkei" bezeugen:

"Eine Annahme dieses Vorschlags und eine kluge, sachgemässe Durchführung dieses Gedankens hätte die ganze soziale Frage bei uns in Deutschland um mindestens zwei Drittel gelöst ... Im Osten wie im Nahen Orient liegt auch unser kulturelles wie wirtschaftliches Ausdehnungsgebiet"[122].

Schlagartig begann der nationale Ausdehnungsdrang seit dem enttäuschenden Ergebnis der Marokkokrise von 1911 zu überwuchern, zumal in den bürgerlichen Schichten der Nation[123]. Wie z.B. Friedrich Meinecke auf dem Parteitag der Nationalliberalen des Mai 1912 als Delegierter feststellte, war es einzig noch "die imperialistische Idee", welche die von Spaltungstendenzen zerfressene Partei "im Innersten" zusammenhielt[124]. Von welcher ausserdeutschen Partei der Mitte liesse sich im damaligen Europa ähnliches sagen?

Tatsächlich erlagen in den letzten Vorkriegsjahren einflussreichste wie breiteste Schichten der deutschen Nation dem faszinierend-trügerischen Glanz imperialer Eroberungsträume. Wie aber kam es zu einer solchen Übersteigerung des nationalen Geltungstriebs? Wie konnte sich das Reich seit 1911 zum Herde einer "Kriegsatmosphäre"[125], einer "ungeheuren elektrischen Spannung, die zur Entladung drängt"[126], entwickeln? Wie war damals

---

116 So Hallgarten, Imperialismus, II, S. 191 ff.; vgl. Fischer, Krieg, S. 43 ff., 64 ff., 93 ff.
117 Wolfgang J. Mommsen, Max Weber und die deutsche Politik 1890–1920, Tübingen 1959; dazu Fischer, Krieg, S. 69 ff., 658; vgl. u. Anm. 234.
118 Friedrich Naumann, Werke. 6 Bände, hrsg. von Theodor Schieder, Köln und Opladen 1964, z.B. IV, S. 381; vgl. u. Anm. 131, 205.
119 Anneliese Thimme, Hans Delbrück als Kritiker der Wilhelminischen Epoche, Düsseldorf 1965. Vgl. Fischer, Krieg, S. 68, 70, 83, 373 f., 379; auch u. Anm. 187.
120 Wernecke, Weltgeltung, S. 145 f.; vgl. u. Anm. 132.
121 Fischer, Krieg, S. 50 ff., 159, 354 ff., 367; Klein, Deutschland im Ersten Weltkrieg, I, S. 146 ff., 159 ff., 165 ff., 171 ff., 185 ff., 199 ff.
122 Eckardstein, Lebenserinnerungen, III, S. 136 ff.; über Bebel z. Z. der Marokkokrise 1911 vgl. Wernecke, Weltgeltung, S. 90 f., 120 f.
123 Fischer, Krieg, S. 324 ff., 362, 640 ff., 644 ff.
124 Stegmann, Erben Bismarcks, S. 310; Fischer, Krieg, S. 166 f.
125 Benedetto Croce, Geschichte Europas im 19. Jahrhundert, Zürich und Wien 1935, S. 322; zit. bei Gasser, Präventivkrieg, S. 206 (ergänzend Anm. 140). [Anbei o. S. 30.]
126 So Moltke an Conrad, 13. März 1914; siehe Fischer, Krieg, S. 579. [Anbei u. S. 109 f.]

"die Stimmung nahezu Allgemeingut der deutschen Nation geworden, dass wir uns nur durch einen grossen europäischen Krieg die Freiheit zu unserer weltpolitischen Betätigung erkämpfen könnten"[127]?

Wie erklärt sich die "nahezu" allgemeine Bereitschaft, sich auf das Wagnis eines militärischen Konflikts mit fast der gesamten Umwelt getrost, ja hoffnungsfreudig einzulassen — unter Berufung darauf, es gelte einem Wachstumsprozess "von elementarer Naturkraft" Rechnung zu tragen, sich nicht länger mit einem Kleid zu begnügen, "das aus allen Nähten platzt", im Kampf "Das grössere Deutschland" zu schaffen usw. usw.[128]?

Das Risiko war wirklich abenteuerlich genug. Seit 1907 hatte sich eine Triple-Entente England-Frankreich-Russland formiert, ein recht "schattenhaft-unverbindliches"[129], von stärksten Gegensätzen aufgespaltenes, andauernd dem Verfall ausgeliefertes Defensivsystem, das bloss so lange leidlich funktionierte, als die Gefahr eines deutschen Hegemonialkrieges drohte.

Warum steckte Deutschland zur Verscheuchung jener Ängste in der Umwelt nirgends zurück? Allerorts boten sich Gelegenheiten: gegenüber England durch Begrenzung des Flottenbaus, gegenüber Frankreich durch Erhebung Elsass-Lothringens zu einem sich selbst regierenden deutschen Bundesland, gegenüber Russland durch eine loyale Zusammenarbeit im Türkischen Reiche, die dort jede Hegemonie einer einzelnen Grossmacht ausschloss.

Warum jene "grandiose Unbekümmertheit"? Es gibt nur eine schlüssige Erklärung: Die Deutschen von 1907–1914 glaubten (anders als die Briten von 1900–1907) eine Überzahl künftiger Kriegsgegner hinnehmen zu dürfen, weil sie im Konfliktfall sich auch ihren vereinigten Kräften weit überlegen fühlten: in einer Siegeszuversicht ohne Grenzen, einem — wie man gesagt hat — "kollektiven Grössenwahn"[130], womit sich, nebenbei bemerkt, bisweilen eine katastrophale Missachtung der nationalen Freiheit kleinerer Völker verband: etwa 1905 bei Naumann[131], 1914 bei Oncken[132].

Seinen fatalsten Ausdruck fand jenes irrational überhöhte Kraftbewusstsein in einem fast mythischen Glauben an die eigene Unbesiegbarkeit. Hauptquell und Hauptträger jenes Mythos war die Armee, so wie sie dem Wilhelminischen Reiche

127 Anonym (Hans Plehn), Deutsche Weltpolitik und kein Krieg!, Berlin 1913, S. 3; vgl. o. Anm. 54.
128 Fischer, Krieg, S. 79, 140, 326, 330, 337 f., 340, 346–354, 372 ff., 379 ff., 405 f., 442 ff., 642 ff., 653, 657; Hallgarten, Imperialismus, II, S. 23 ff., 191 ff., 392 ff., 426 ff.
129 So Herbert Lüthy, in: "Der Monat", August 1964, S. 30; vgl. o. Anm. 90.
130 Klaus Epstein, in: Kriegsausbruch 1914, S. 256, 266.
131 Friedrich Naumann, Werke, V, S. 353: "Die Geschichte lehrt, dass der Gesamtfortschritt der Kultur gar nicht anders möglich ist als durch Zerbrechung der nationalen Freiheit kleinerer Völker."
132 Hermann Oncken, in: "Süddeutsche Monatshefte", September 1914, S. 807: "Die Lebensgeschicke der unsterblichen grossen Nationen stehen zu hoch, als dass sie im Notfall nicht hinwegschreiten müssten über Existenzen, die sich nicht selbst zu schützen vermögen, sondern schmarotzerhaft(!) sich nähren von den Gegensätzen der Grossen."

den Stempel aufprägte – nicht etwa nur als "Staat im Staate", sondern als eigentliche Oberherrin des Staates und gestützt auf einen alles beherrschenden, sogar von der Theologie[133] geförderten Militär- und Kriegskult.

Eben dem Militärkult kam der Nimbus der Unbesiegbarkeit besonders zugute und galt darum im Offizierskorps geradezu als tabu. Als Moltke in einem Anflug von Besonnenheit einmal warnend meinte, viele Hunde seien des Hasen Tod, da wurde das sogar von einem relativ weltkundigen Mitarbeiter wie Freytag-Loringhofen als "pazifistisch" und für einen Soldaten ungehörig(!) empfunden[134].

Bis 1912 setzten sich in den höheren Armeerängen vollends die harten Willensmenschen und engstirnigen Draufgänger vom Schlage Ludendorffs[135] durch, in der Öffentlichkeit sekundiert von den Leitern und Hintermännern des neugegründeten Wehrvereins[136] und dessen kriegstreiberischer Zeitschrift "Die Wehr". Ihrer systematischen Agitation und überforschen Selbstsicherheit gelang es, die allgemeine Überzeugung zu verbreiten, im Konfliktfall bestünden bei offensivem Vorgehen beste Siegesaussichten – darum wäre es Feigheit, das Wagnis zu scheuen[137].

Hauptverantwortlich für das verlorene Augenmass[138] war nicht zuletzt der frühere Generalstabschef Schlieffen, der als allgemein bewunderter Militärfachmann in seinen Altersdenkschriften bis 1912 dem gemeinsamen Kampf gegen alle drei Ententemächte optimistisch entgegensah[139]. Bei seiner Verabschiedung Ende 1905 hatte er rundweg versichert:

> "Alle unsere Feinde sind überzeugt, dass der deutsche Generalstab das Vermächtnis des Mannes von Sedan geborgen hat und sich im sicheren Besitz des Geheimnisses des Sieges weiss"[140].

Und nun das Bezeichnende: Schlieffens unantastbare Autorität und der von ihm kreierte "Cannae-Wahn" überdauerten sogar den deutschen Zusammenbruch 1918, so dass Generalstabschef Groener noch 1920 kühnlich zu versichern wagte – in Vorbereitung des Zweiten Weltkriegs:

> "Als Generalfeldmarschall Graf Schlieffen am 4. Januar 1913 die Augen schloss, da hinterliess er als Vermächtnis das Geheimnis des Sieges im Dreifrontenkrieg"[141].

---

133 Karl Hammer, Deutsche Kriegstheologie 1870–1918, München 1971, mit Literaturverzeichnis. S. 346–369; vgl. auch Fischer, Krieg, S. 354. [Dazu anbei u. S. 94, 104.]

134 Ritter, Staatskunst, II, S. 146 f., 358 Anm. 31.

135 Vgl. o. Anm. 78.

136 Vgl. o. Anm. 34.

137 Dies der Grundtenor des weitverbreiteten Buches von General a.D. Friedrich von Bernhardi, Deutschland und der nächste Krieg, Stuttgart und Berlin 1912, 9. Aufl., 1914(!); vgl. Wernecke, Weltgeltung, S. 160 ff., 187, 222 ff.; Fischer, Krieg, S. 343 ff.; Ritter, Staatskunst, II, S. 141 ff.

138 Gasser, Präventivkrieg, S. 201–210 [anbei o. S. 26–34]; Ritter, Staatskunst, II, S. 246.

139 Wallach, Vernichtungsschlacht, S. 201 ff.

140 Alfred Graf von Schlieffen, Gesammelte Schriften, Bd. 2, Berlin 1913, S. 456; zit. bei Fischer, Krieg, S. 569.

141 Wilhelm Groener, Der Weltkrieg und seine Probleme, Berlin 1920, S. 16; vgl. Wallach, Vernichtungsschlacht, S. 97 f., 177. [Ferner anbei u. S. 103 f.]

"Im Dreifrontenkrieg"! – zwecks Besiegung der Kontinente und Ozeane aus der mitteleuropäischen Enge heraus! So noch 1920 – wie erst 1912/14!

Ins gleiche Kapitel gehört die fassungslose Verzweiflung der deutschen Nationalisten in der Nachkriegszeit, dass "unser für unbesiegbar gehaltenes Reich zusammenbrach" (Tirpitz)[142] – eine geradezu stereotype Formel! "Unbesiegbar": im Kampfe gegen fast die ganze Welt[143]! Konnte eine Nation, in der solche Vermessenheit vorwaltete, eine auch nur halbwegs vernünftige Aussenpolitik betreiben? Das wird heute mehr und mehr als die entscheidende Kernfrage erkannt!

Einzig eine militärische Hybris von solcher Durchschlagskraft macht es verständlich, weshalb seit 1911 von Haus aus so klar-nüchtern kalkulierende Manager der Schwerindustrie, des Exportgewerbes wie des Grosshandels und der Hochfinanz sich dazu hergaben, die von ihnen kontrollierten Presseorgane zunehmend in alldeutsche und kriegstreibende Richtung zu steuern[144], und weshalb so hochbegabte Vollblutpolitiker und kritische Realisten wie der junge Erzberger[145] oder der junge Stresemann[146] mit blindem Eifer dem imperialistischen Expansionsdrang huldigten.

Mit alldem hatte sich ein Grossteil der deutschen Nation in eine kollektive Selbstverblendung explosivsten Ausmasses verrannt – bis in die Reihen der Sozialdemokratie hinein. Auch der grosse Volksteil, der sich um Politik nicht kümmerte, erwies sich im Unterbewusstsein für jenen kollektiven Machtrausch recht anfällig und wurde darum vom "Augusterlebnis 1914" ebenso unwiderstehlich mitgerissen[147] – damals sogar mit Einschluss des Pädagogen F.W. Foerster[148].

Es war die völlig irrationale Siegeszuversicht, die aus dem Deutschen Reich bis 1914 ein eigentliches Pulverfass hatte werden lassen. Rückblickend möchte mancher wohl sagen: ein politisches Tollhaus – doch wäre das historisch verfehlt, weil die damaligen Zeitgenossen in Mitteleuropa allgemein zu einseitig im Banne der Europazentrik standen und sich sogar in den kleinen neutralen Nachbarstaaten des Reiches oft von dessen "Strahlenglanz" willig blenden liessen[149].

---

142 Alfred von Tirpitz, Erinnerungen, Berlin 1919, S. V (als erster Satz des Vorworts!); wird nicht die ganze Apologetik des Tirpitz-Buches durch jenen Einleitungssatz im Grunde bereits widersinnig? [Zur Wahnidee der "Unbesiegbarkeit" vgl. anbei u. S. 106–117.]
143 Noch beim Fall von Paris 1940 meinte der 70jährige Berliner Ophthalmologe Siegmund Ginsberg, als Volljude kurz zuvor in die Schweiz emigriert, mit kindlichem Stolz: "Ja, ja, wir sind unschlagbar!" (Ernst Ginsberg, Abschied, Zürich 1965, S. 141.) – Das Kraftmeier-"wir" als einziges nationales (und soziales) Integrationselement im Wilhelminischen Reiche! Ebenso wie nachmals im Reiche Hitlers!
144 Wernecke, Weltgeltung, S. 13 ff., 41 ff., 61 ff., 71 ff., 85 ff., 102 ff., 140 ff., 187 ff., 198 ff., 210 ff., 218 ff., 240 ff.; Stegmann, Erben Bismarcks, S. 166–175.
145 Klaus Epstein, Matthias Erzberger und das Dilemma der deutschen Demokratie, Berlin 1962; vgl. Wernecke, Weltgeltung, S. 84, 193.
146 Marvin L. Edwards, Stresemann and the Greater Germany 1914–1918, New York 1963; vgl. Fischer, Krieg, S. 326, 329 f., 334, 448.
147 Carl Zuckmayer, Als wärs ein Stück von mir, Frankfurt a.M. 1966, S. 189 ff.
148 Friedrich Wilhelm Foerster, Brief an die "Basler Nachrichten" vom 17. Oktober 1914, wo er in Abwehr gegen die Hasspropaganda den kommenden Sieg als "wohlverdienten Lohn langjähriger, alles durchdringender Zucht" dem deutschen Volk "gönnt und wünscht".
149 Gasser, Präventivkrieg, S. 216 f. [Anbei o. S. 39 f.]

Von da aus erklärt sich alles Weitere von selbst. Man kann es nachfühlen, wie qualvoll die Sorge auf der deutschen Heeresleitung lastete, als innenpolitischer Alpdruck, das von Frankreich finanziell geförderte Erstarken Russlands werde den Unbesiegbarkeitsmythos, der dem deutschen Soldaten anhaftete, bald einmal untergraben — und damit auch den Militärkult als solchen. Das traf den Militärstaat am Lebensnerv! Eben darum galt es die Gegenwart zu nutzen, so oder so, in mutigem, ja mutwilligem Entschluss, wie es im Dezember 1912 Moltke und Ludendorff in der gemeinsam redigierten Denkschrift forderten:

"Trotzdem werden wir, *wenn es gelingt*, den casus belli *so zu formulieren*, dass die Nation einmütig und begeistert zu den Waffen greift, *unter den augenblicklichen Verhältnissen* auch den schwersten Aufgaben noch *mit Zuversicht* entgegensehen können"[150].

"Auch den schwersten Aufgaben": denen des Dreifrontenkrieges! Hier, in den Worten: "Wenn es gelingt", tritt der Wille zum baldmöglichsten Angriff besonders handgreiflich zutage. Denn wann und wo hätte man je, um ein Volk kampfwillig zu stimmen, bei einem echten Verteidigungskrieg den casus belli auch nur von ferne "formulieren" müssen? Angreifende Feinde besorgen das von alleine.

Was man seither — ganz im Sinne der Provokations-Direktive Kaiser Wilhelms vom 18. Dezember 1912[151] — in engster Zusammenarbeit von Armee und Diplomatie zu schaffen gedachte, war unzweideutig ein blosser Kriegsvorwand, um

"die Dinge so zu gestalten, dass Russland ... oder seine Trabanten als die Angreifer *erscheinen*"[152].

Oder wie man in der Julikrise 1914 bestätigte:

"Es müsste der grösste Wert darauf gelegt werden, Russland als den schuldigen Teil *hinzustellen*"[153] — ihm "die Schuld an der ausbrechenden europäischen Konflagration *zuzuschieben*"[154].

Und schliesslich am 1. August 1914 hochbefriedigt:

"Stimmung glänzend. Die Regierung hat eine glückliche Hand gehabt, uns als die Angegriffenen *hinzustellen*"[155].

Die Verfälschung des Angriffs- in einen Verteidigungskrieg war schon mit Rücksicht auf die sozialistische Arbeiterschaft dringend vonnöten. Kautsky hatte es vorausgesagt, wenn "die international Gesinnten" bei einer feindlichen Invasion die Verteidigungsmassnahmen stören würden,

---

150 Fischer, Krieg, S. 254 (Hervorhebungen vom Verfasser). [Vgl. anbei u. S. 87 Anm. 16.]
151 Vgl. o. Anm. 46.
152 Tschirschky an Bethmann Hollweg, 4. April 1913: GP, Bd. 34, Nr. 13087; vgl. Fischer, Krieg, S. 295 (ähnlich 298).
153 Bethmann im Preussischen Ministerrat vom 30. Juli 1914; Geiss, Julikrise, II, Nr. 784.
154 Bethmann an Tschirschky, 30. Juli 1914; ebd., Nr. 793; vgl. Kantorowicz, Gutachten, S. 300 f.
155 G.A. von Müller, Regierte der Kaiser?, Kriegstagebücher hrsg. von Walter Görlitz, Göttingen 1959, S. 38; Korrektur der dort verfälschten Tagebuchnotiz bei Röhl, Historical Journal, 12 (1969), S. 670 Anm. 99; vgl. Fischer, Krieg, S. 724.

"so braucht die Regierung keinen Finger zu rühren, sie unschädlich zu machen. Die wütende Menge würde sie selbst erschlagen"[156].

Seit dem Frühjahr 1914 begann es mit der "Formulierung" eines Kriegsvorwandes zusehends zu eilen, zumal Moltke damals schriftlich bezeugen musste, dass weder Russland noch Frankreich irgendwie kriegsaggressiv seien[157]. Am 20. Mai drängte er den Staatssekretär Jagow, "unsere Politik auf die baldige Herbeiführung eines Krieges einzustellen"[158]. Und am 1. Juni äusserte er bereits recht ungeduldig:

"Wenns doch endlich überbrodeln wollte! – wir sind bereit, je eher desto besser für uns"[159].

Sarajevo setzte solchen Sorgen ein Ende – als idealer Formulierungsvorwand des casus belli. Von da an liefen die Ereignisse wie einstudiert. Die politische Reichsführung marschierte wiederum stramm am Leitseil der Militärs und zeigte, wie stets seit Ende 1912, nur im Sektor der diplomatischen Taktik eigene Regungen[160]. Ihre Oberherren im Generalstab wiegten sich in Siegesgewissheit, im Glauben, durch eine "überfallartige Kriegseinleitung" die Nachbarn "der Entschlussfreiheit zu berauben"[161]. Wie sie hofften, seien binnen 3–6 Wochen "schon die wichtigsten Entscheidungen gefallen"[162]. Selbst die verlängerte Dienstzeit der Franzosen werteten sie als momentanen Vorteil, weil "darunter die Ausbildung gelitten haben" müsse[163] – übrigens ein Hauptmotiv, warum der Sommer 1914, wie für die Flotte als frühester, für das Heer als spätester Termin zum Losschlagen galt.

Was jetzt in Szene ging, war ein Vabanquespiel militärischer Amateurpolitiker. Welch verschrobenes Bild sie sich von der weiten Welt machten, beweist schlagend Moltkes Wahnidee vom November 1914:

"Eine günstige Weiterentwicklung der Menschheit ist nur durch Deutschland möglich"[164].

Im Banne ihrer Blitzkriegsträume verkitteten jene "Landrattenstrategen" (Churchill) den extrem-lockeren Zusammenschluss der drei Ententemächte mutwillig und vom deutschen Lebensinteresse aus total widersinnig zu einem festgefügten Kriegsblock mit unermesslichen Kraftquellen über alle fünf Kontinente hinweg. Ein wahres Selbstzerstörungsexperiment, ein Hineinlaufen in eine selbstgezimmerte Dreierfalle, wie es sich die kleinen kriegstreiberischen Minderheiten im gegnerischen Lager nicht günstiger erträumen konnten!

156 Karl Kautsky, in: "Die Neue Zeit", 28. April 1911; zit. in: Wolfang Schieder (Hrsg.), Erster Weltkrieg, Ursachen, Entstehung und Kriegsziele, Köln 1969, S. 178 f., 189.
157 Moltke an Conrad, 13. März 1914, siehe Fischer, Krieg, S. 578; ähnlich bereits Wilhelm II. im Gespräch mit Berchthold am 26. Oktober 1913, siehe ebd., S. 316.
158 Ebd., S. 584.
159 Eckardstein, Lebenserinnerungen, III, S. 184; ähnlich Eulenburg, in: Röhl, Zwei deutsche Fürsten, S. 66.
160 Fischer, Krieg, S. 709 ff.; vgl. o. Anm. 40.
161 Moltke an Innenminister Delbrück, 15. Mai 1914; ebd., S. 638.
162 Vgl. o. Anm. 157; ebenso Müller, Regierte der Kaiser?, S. 73 f.
163 Geiss, Julikrise, II, Nr. 918; Fischer, Krieg, S. 585.
164 Moltke, Erinnerungen, S. 14.

Der Reichskanzler hielt mit. Auch er glaubte in jenen Krisenwochen an die "Aussicht, ihn (= den Krieg) zu gewinnen"[165], an ein bloss "heftiges, aber kurzes Gewitter"[166]. Im Auswärtigen Amte gar herrschte, als Serbien das Ultimatum nicht vorbehaltlos annahm, am 25. Juli "ungeheure Freude"[167]. Mit gleichem Frohlocken begrüsste man auch weithin im deutschen Volk am 25./26. Juli Österreichs Mobilmachung gegen Serbien; die Strasse kam hier volle vier Tage früher in Bewegung als in Paris und Petersburg, wo erst die Wiener Kriegserklärung an Serbien zum auslösenden Momente wurde[168].

Am 25. Juli abends war die Stimmung in Berlin, wie Moltke persönlich meldete, schon "beinahe so, als ob wir selber mobilgemacht hätten"[169]. Und in der kirchlichen Presse hiess es, Österreichs "energischer Schritt" habe

"eine Erlösung ins deutsche Volk gebracht, ein Aufatmen, ein stolzes Aufblicken. Vergeblich schrien die Sozialdemokraten ihren 'Vorwärts' aus mit dem 'faulen Frieden, der immer noch besser sei als der Krieg'. 'Deutschland über alles!', rauschte es in den Strassen ... Das war das deutsche Volk. Wie *ein* Mann stand es auf, seinem Bundesgenossen zu danken in donnernden Jubelrufen"[170].

Derart überwältigend vermochte der Formulierungsvorwand, den man als casus belli missbrauchte, eine volle Woche vor Kriegsausbruch in den Massen zu zünden. Möglich war es nur, weil man in Deutschland, von den Blitzsiegen der Jahre 1866 und 1870 verführt, die militärischen Fähigkeiten und Kräfte der Ententevölker — der dekadenten Franzosen, barbarischen Russen, krämerhaften Briten — über alle Massen geringschätzte und ernsthaft an ihr gemeinsames Niederkämpfen glaubte[171].

Mit alldem war der Erste Weltkrieg ein direktes Produkt der eben damals kulminierenden deutschen Militärvergötzung, einer zumal vom Offizierskorps jahrelang genährten Siegesgewissheit, gemäss dem Rezept des Generals Loebell in den Vorkriegsmonaten:

"Lange dauerts nicht mehr, dann kommts zum Kriege, und dann wird die Welt was erleben. In zwei Wochen werfen wir Frankreich nieder, dann machen wir kehrt, schlagen Russland zu Boden, und dann marschieren wir zum Balkan und stiften dort Ordnung"[172].

165 Riezler, Tagebücher, S. 184, 8. Juli 1914.
166 Bernhard von Bülow, Denkwürdigkeiten, 4 Bände, Berlin 1930/31, III, S. 693 (Gespräch mit Bethmann von Anfang August 1914). Vgl. auch Tirpitz, Erinnerungen, S. 254.
167 Peter F. Stubmann, Albert Ballin, Berlin 1960, S. 159 (Brief Ballins Anfang November 1918, kurz vor seinem Freitod); vgl. Fischer, Krieg, S. 668.
168 Geiss, Julikrise, II, Nrn. 710, 737 (29. Juli 1914).
169 Ebd., Nr. 410, Moltke an seine Frau (26. Juli 1914).
170 Hammer, Kriegstheologie, S. 201.
171 Vgl. Bethmanns nationale Selbstkritik vor dem Hauptausschuss des Reichstags im Oktober 1916, zit. bei Fischer, Griff nach der Weltmacht, S. 108. [Zit. anbei o. S. 33.]
172 Friedrich Wilhelm Foerster, Mein Kampf gegen das militaristische und nationalistische Deutschland, Stuttgart 1920, S. 121, zit. bei Fischer, Krieg, S. 777. Über den politisch aktiven General a.D. Arthur Robert von Loebell vgl. Stegmann, Erben Bismarcks, S. 48, 573. In meinem Elternhaus zu Winterthur hörte ich im Frühjahr 1914 sogar sozialdemokratische Gäste aus Deutschland ähnlich bramarbasieren.

Das gleiche bezeugen die endlich vorliegenden Tagebücher von Bethmanns Sekretär Riezler mit ihren Beweisen, dass das Reich vorab an der Allmacht seiner vergötterten Militärkaste zugrunde ging: an ihrer politischen Ignoranz wie Arroganz. Leider setzen sie erst mit dem 7. Juli 1914 ein; alles aus der Vorbereitungsphase des Angriffskriegs ab 1912 wurde noch um 1964 "verbrannt"[172a]. Um so lapidarer wirkt Riezlers Rückblick vom 25. Mai 1915:

> "Die ganze ursprüngliche Rechnung(!) ist durch die Schlacht an der Marne ins Wanken geraten. Schliesslich kann sich für die Entstehung dieses Krieges (sic!) Bethmann auf die Not der Konstellation berufen, die er übernahm, und auf die Antwort, die Moltke Anfang Juli gab. Er sagte eben ja!, wir würden es schaffen"[172b].

IV. Das Hauptziel der Kriegsentfesselung: Die Festlandhegemonie

Im "Griff nach der Weltmacht" belegte Fritz Fischer die Eroberungsziele Deutschlands von 1914–1918, wie auch der in eigenen früheren Fehlurteilen verhaftete Golo Mann zugab,

> "mit einer Überfülle von Dokumenten, von Zitaten, die man nur mit Staunen lesen kann; sie erwecken den Eindruck, als sei die Nation in nahezu allen ihren Klassen, allen Meinungsgruppen in jenen Jahren recht eigentlich verrückt gewesen. Aber was da schwarz auf weiss steht, lässt sich nicht ableugnen"[173].

Mit ebenso erdrückender Materialfülle zeigt nunmehr Fischers "Krieg der Illusionen", wie hemmungslos bereits das kaiserliche Vorkriegsdeutschland den gleichen Zielen nachjagte – in Form einer Drachensaat, die am 1. August 1914 aufging. Sogar Rothfels, ein Hauptvertreter der traditionellen Historiographie, urteilte über Fischers Neuerkenntnisse:

> "Wenn dabei auch einigermassen offenbleibt, welches nun der durchgehende rote Faden sein wird, so ist der Beweis der Kontinuität insoweit jedenfalls gelungen, als in den Kriegszielen nichts auftaucht, was nicht vorher schon in der allgemeinen Richtung oder in konkreten Einzelforderungen vor der deutschen Öffentlichkeit diskutiert, ja mit mehr oder weniger starkem Wunschdenken als erreichbar dargestellt oder als Lebensnotwendigkeit bejaht worden war"[174].

Analysiert man das von Fischer zusammengestellte Material des näheren, so lässt sich "der durchgehende rote Faden" eindeutig finden und erfassen. Vorgeschichte wie Ablauf des Ersten Weltkrieges offenbaren klar genug, dass der Kampf um ein

---

172a Riezler, Tagebücher, S. 11 (Mitteilung des Herausgebers). [Zitate anbei u. S. 96, 124.]
172b Ebd., S. 275.
173   Golo Mann, in: "Neue Zürcher Zeitung", 28. April 1962; abgedruckt bei Lynar, Deutsche Kriegsziele, S. 186.
174   Hans Rothfels, in: "Frankfurter Allgemeine Zeitung", 18. März 1970. Über Rothfels als Historiker siehe Hallgarten, Schicksal des Imperialismus, S. 93 ff.

Zentralproblem der neuzeitlichen Geschichte ging: um Sein oder Nichtsein des europäischen Gleichgewichts[175].

Nur unter diesem Gesichtspunkt lässt sich die Vorkriegspolitik der drei Ententemächte gerecht würdigen[176]. Sicher waren auch sie für den Notfall "kriegsbereit" und "kriegswillig" – ebenso wie es seit 1949 die Staaten des Nordatlantikpaktes sind. Was die Entente seit 1907 ins Auge zu fassen gezwungen war, war kein "Krieg der Illusionen"[177], sondern die gemeinsame Abwehr gegen den überwuchernden Hegemonialdrang der stärksten Militärmacht – anknüpfend an die denkwürdigen Gleichgewichtskämpfe Europas gegen Philipp II., Ludwig XIV. und Napoleon I.

Hier ging es direkt um den obersten Lebenswert der europäischen Kultur: um die Freiheit selbst – im Sinne des Vermächtnisses von Jacob Burckhardt:

"Retter Europas ist vor allem, wer es vor der Gefahr der politisch-religiös-sozialen Zwangseinheit und Zwangsnivellierung rettet, die seine spezifische Eigenschaft, nämlich den vielartigen Reichtum seines Geistes bedroht"[178].

Gewiss verlangte das europäische Gleichgewichtsprinzip 1914 den Fortbestand eines lebensfähigen Österreich-Ungarns[179]. Doch ebenso notwendig gehörte zu einem ausgewogenen Freiheitssystem in Europa das Gleichgewicht auf dem Balkan[180] als dem Vorfeld Konstantinopels, dieses "Schlüssels der Welt" – gemäss dem bekannten Wort Napoleons.

Unter den Balkanstaaten orientierten sich Serbien vor 1914 eindeutig nach Petersburg, die Türkei, Bulgarien und Griechenland, wenn auch untereinander verfeindet, vorab nach Berlin oder Wien, während Rumänien schwankte. Serbien besass die entscheidende Sperriegelfunktion. Verlor es seine Unabhängigkeit, so glitt der ganze Balkan unweigerlich in den Hegemonialbereich der Mittelmächte über[181], die dann von ihrer Schlüsselstellung Konstantinopel aus imstande waren, zwischen den Westmächten und Russland jede wirtschaftliche und strategische Verbindung abzuriegeln – nach Gutdünken oder gar für immer[182].

Ohne ein freies Serbien gab es in Europa kein Gleichgewichtssystem mehr, sondern eine deutsche Hegemonie. Wegen dieses lapidaren Sachverhaltes war Poincaré im August 1912 objektiv gezwungen, Russland als Schutzmacht des kleinen Königreiches anzuerkennen, falls dieses von Wien angegriffen werde[183]. Während der europäischen Gleichgewichtskrise im Juli 1914 lautete die Kernfrage: Wessen

---

175 Ansätze dazu bei Ludwig Dehio, Deutschland und die Weltpolitik im 20. Jahrhundert, München 1955.
176 Dafür hat selbst ein so verdienstvoller Forscher wie Hallgarten zuwenig Sensorium.
177 Ein Fehlschluss Erwin Hölzles, in: Das historisch-politische Buch, 18 (1970), S. 164.
178 Jacob Burckhardt, Gesamtausgabe der Werke, Bd. 7, Basel 1929, S. 370; dazu Werner Kaegi, in: Festgabe Bonjour, I, S. 143 f.
179 Stefan T. Possony, Zur Bewältigung der Kriegsschuldfrage, Köln und Opladen 1968, S. 199 f., 216.
180 Gasser, Präventivkrieg, S. 192 ff. [Anbei o. S. 18 ff.]
181 Ebd., S. 196 ff. [Anbei o. S. 21 ff.]
182 Kantorowicz, Gutachten, S. 334 f.; vgl. o. Anm. 94.
183 Fischer, Krieg, S. 220, 618; vgl. u. Anm. 225.

Existenz war objektiv mehr gefährdet — Österreichs durch die Ermordung eines ersetzbaren und unbeliebten Thronerben, dem man nur ein Begräbnis dritter Klasse bereitete[184], oder Serbiens durch die Wiener Ultimativnote und Kriegserklärung[185]?

Über den Anschlag auf das europäische Gleichgewicht, den Berlin und Wien im Juli 1914 inszenierten[186] und der nach dem Begehren Hans Delbrücks in der Auflösung der serbischen Armee gipfeln sollte[187], schwieg sich die deutsche Publizistik jener Tage sorgsam aus — und ebenso die ganze deutsche Zeitgeschichtsschreibung der Nachkriegsära. Noch 1964 behauptete Gerhard Ritter:

"Nur um seines Prestiges willen, ohne erkennbare Lebensnotwendigkeit, hat sich Russland der Balkanslawen als Beschützer angenommen"[188].

Erst Fritz Fischer wies auf den Gesamtzusammenhang hin:

"Es ist ein altes Ziel der deutschen Politik der Vorkriegszeit, die Entente auf dem Balkan zu überrunden. Sollte die deutsche Reichsleitung im Sommer 1914 dieses 'wirtschafts- und machtpolitische' Ziel aus den Augen verloren haben"[189]?

Die Quellen antworten klar genug: In Wiederaufnahme der Ende 1912 amtlich für anderthalb Jahre zurückgestellten Expansionspläne auf dem Balkan ventilierte Berlin bereits zu Anfang der Julikrise 1914 "den Anschluss Bulgariens an den Dreibund":

"Reichskanzler bemerkte hierbei, dass angesichts der grossen Interessen Deutschlands in der Türkei(!) der Anschluss von diesem Lande (= Bulgarien) besonders erwünscht wäre"[190].

Und Moltke vermerkte auf einem Dokument eine Woche später:

"Österreich soll die Serben schlagen, dann bald Frieden schliessen und als einzige Bedingung ein österreichisch-serbisches Bündnis fordern"[191].

Der vor Mitte Juli 1914 aktenmässig angestrebte Anschluss Bulgariens und Serbiens ans Mittelmächtesystem stand unleugbar im Dienst des bekannten deutschen Nationaltraums: Etablierung einer Militärachse Berlin-Bagdad mit dem Brennpunkt im strategischen Weltzentrum Konstantinopel[192]. Das entsprach genau dem publizistischen Hauptsignum der Weltpolitik seit 1912:

"In den beiden letzten Vorkriegsjahren schoben sich Südosteuropa und der Vordere Orient als Zielobjekte des deutschen Imperialismus immer stärker in den Vordergrund"[193].

---

184 Kantorowicz, Gutachten, S. 358 ff.; Dedijer, Zeitbombe, S. 137 ff.
185 Gasser, Präventivkrieg, S. 201 (Anm. 125a). [Anbei o. S. 26.]
186 Ebd., S. 191–201. [Anbei o. S. 17–26.]
187 Hans Delbrück, in: Pr. Jhb. vom 26. Juli 1914, S. 379.
188 Ritter. Staatskunst, III, S. 18.
189 Fischer, Krieg, S. 676.
190 Szögyény an Berchtold, 6. Juli 1914; Geiss, Julikrise, I, Nr. 27.
191 Randbemerkung Moltkes, 13. Juli 1914, ebd., Nr. 84.
192 Fischer, Krieg, S. 324–332, 339–344, 353, 368 ff., 424–434, 439–443, 488, 644–659,
     708; Hallgarten, Imperialismus, II, S. 44 ff., 154 ff., 173 ff., 355 ff., 429 ff., 447 ff., 485,
     487 f., 491.
193 Wernecke, Weltgeltung, S. 289.

Dass mit einem Erfolg ihrer "Aktion" Richtung Konstantinopel die Entente "auseinandermanövriert" werden (Bethmann)[194] und damit das europäische Gleichgewicht zusammenbrechen musste, war den Machthabern des Deutschen Reiches nur eben recht. Schon seit der Jahrhundertwende war es ihnen zum Ärgernis geworden, wie ihr einschüchterndes Flottenwettrüsten gegen England — "der Tirpitz-Plan" — beweist[195]. Dessen Scheitern stand seit 1911 fest, da die Briten, statt auf ihre Gleichgewichtsprinzipien "friedlich" zu verzichten, den maritimen Rüstungswettlauf mitmachten und dabei, weil sie kein grosses Landheer mitfinanzieren mussten, den längeren Atem besassen. Seither leitete Berlin, wie gezeigt, direkt zum Kriegskurs auf dem Kontinent über.

Worum es in Wirklichkeit ging, hat Wilhelm II. persönlich deutlich umschrieben — bezeichnenderweise wiederum im Dezember 1912, als ihn seine militärischen Berater und Lenker so massiv bearbeiteten und für immer ihrem Willen unterwarfen. In ihrem Sinne erklärte er damals über die britische Gleichgewichtspolitik rundheraus:

"Sie ist ein Blödsinn! und wird England ewig zu unserem Feinde machen"[196].

"Ewig"! Viel drastischer lässt sich eine Kampfansage wohl kaum formulieren.

Und rund eine Woche später kommentierte der Kaiser die gleiche Warnung aus London vom 3. Dezember ebenso empört:

"England könne es nicht dulden, dass Deutschland die Vormacht des Kontinents werde und der (= Kontinent) unter seiner Führung sich vereinige! Skrupellos, roh und echt englisch! England disponiert über den Kontinent und unsere Zukunft wie ein Bund Flicken und kümmert sich den Teufel um unsere Interessen. Es ist dies eine moralische Kriegserklärung an uns"[197].

Hier wurde das Ziel für "unsere Zukunft" unverhohlen abgesteckt, "dass Deutschland die Vormacht des Kontinents werde".

Genau das war auch das Ziel des Kanzlers und seiner ganzen Vorkriegspolitik. Am 2. Dezember 1914 gab er es im Reichstag unumwunden zu, als er "das vielberufene Gleichgewicht der Kräfte auf dem Kontinent" angriff:

"Ich habe niemals gehofft, diesen alten englischen Grundsatz durch Zureden zu brechen. Was ich für möglich hielt, war, dass die wachsende Kraft Deutschlands und das wachsende Risiko eines Krieges England nötigen (sic!) könnte, einzusehen, dass dieser alte Grundsatz unhaltbar, unpraktisch(!) geworden und ein friedlicher Ausgleich mit Deutschland vorzuziehen ist"[198].

---

194 Riezler, Tagebücher, S. 184, 8. Juli 1914.
195 Volker R. Berghahn, Der Tirpitz-Plan, Genesis und Verfall einer innenpolitischen Krisenstrategie, Düsseldorf 1971, S. 173 ff.
196 Vgl. o. Anm. 55, Randbemerkung 7 des Kaisers.
197 Wilhelm II. an Eisendecher, 12. Dezember 1912, siehe Fischer, Krieg, S. 236.
198 Friedrich Thimme (Hrsg.), Bethmann Hollwegs Kriegsreden, Stuttgart und Berlin 1919, S. 19; vgl. Fischer, Krieg, S. 781 f.

Im gleichen Sinne äusserte er nach seinem Sturz, zur Zeit der Brest-Litowsker Euphorie:

"Ja, Gott, in gewissem Sinne war es ein Präventivkrieg. Aber wenn der Krieg doch über uns hing, wenn er in zwei Jahren noch viel gefährlicher und unentrinnbarer gekommen wäre und wenn die Militärs sagen, jetzt ist es noch möglich, ohne zu unterliegen, in zwei Jahren nicht mehr! *Ja, die Militärs!* Er war nur zu vermeiden durch die Verständigung mit England, das ist noch heute meine Meinung"[199].

Allen Ernstes und unentwegt trauerte also Bethmann von 1914–1918 der Illusion nach, die Briten hätten sich durch Kriegsangst "nötigen" lassen sollen, in einem "friedlichen Ausgleich" den deutschen Militärs die Hegemonie über den Kontinent zuzuspielen, und unter dem Doppeldruck solch erpresserischer "Verständigung" würden Russland und Frankreich ihre Stellungen im Raume Balkan-Vorderasien wohl ebenfalls ängstlich geräumt haben, um den Krieg "zu vermeiden". Und der Weltfriede wäre gerettet gewesen – auf so einfache Weise ...[200].

Dergestalt lebte der militärfromme "Zivilkanzler" an den primitivsten, von ihm als "unpraktisch" erachteten Grundvoraussetzungen einer freiheitlichen europäischen Kultur- und Staatengemeinschaft[201] ahnungslos vorbei – hierin ein Opfer und Sklave der Hegemonialmentalität wie ehedem Napoleon: "Ja, die Militärs!"

Wie das militärische und politische Deutschland urteilte damals grossenteils auch das geistige, wie es sich im 40jährigen Thomas Mann verkörperte:

"Das Gleichgewicht Europas ..., aber das war die Ohnmacht Europas, war seine Blamage gewesen, mehr als einmal, und wenn diese in eifersüchtigem und gespanntem Gleichgewicht schwebende Ohnmacht des Kontinents von jeher im Interesse einer politisch aussereuropäischen, ja antieuropäischen Weltmacht gelegen war, so stand nirgends geschrieben, dass besagtes Interesse für alle Ewigkeit ausschlaggebend bleiben würde"[202].

Auch hier liegt eindeutig eine Bejahung des Hegemonialkrieges vor – 54 Jahre, bevor Fritz Fischer ihn endlich als solchen zu bezeichnen wagte[203].

Im übrigen war auch in der deutschen Vorkriegs- wie Kriegspublizistik viel von "Gleichberechtigung" und "Gleichgewicht" die Rede; nur handelte es sich um Ziele nicht mehr im europäischen, sondern im universellen Rahmen[204]. Nach dem erwarteten Siege hätte die vom Ärmelkanal bis zum Persischen Golf herrschende deutsche Militärmacht immer noch andere "Weltmächte" neben sich gesehen: ein gegen Asien abgedrängtes Russland, ein praktisch dem Druck des gesamteuro-

---

199 Gespräch mit Conrad Haussmann am 24. Februar 1918; siehe o. Anm. 41.
200 Vgl. ähnliche Hoffnungen Eulenburgs im April 1912: "Unter der friedlichen Führung eines so starken Deutschlands würden sich die Länder Europas beugen, wie die deutschen Bundesstaaten unter der Führung des starken Preussens" (Röhl, Zwei deutsche Fürsten, S. 29). [Vgl. dazu anbei o. S. 24, u. S. 112 f.]
201 Vgl. o. Anm. 178.
202 Thomas Mann, Friedrich und die grosse Koalition, S. 121 f. (zuerst in: "Svenska Dagbladet", April 1915).
203 Fischer, Krieg, S. 682.
204 Ritter, Staatskunst, II, S. 137, 144, III, S. 15 f.; dazu Fischer, Krieg, S. 69, 72 ff., sowie die Kap. 11, 14, 15, 21, 23. Vgl. Geiss, Studien über Geschichte, S. 134 f.

päischen Rüstungspotentials ausgeliefertes England sowie ein auf die Neue Welt eingehegtes Amerika[205].

In diesem Sinne strebte das Deutsche Kaiserreich mit dem wohlvorbereiteten "grossen Entscheidungskampf" sicher nicht eine umfassende "Weltherrschaft" an, sondern lediglich "den ersten Platz der Welt"[206]. Praktisch jedoch bestand zwischen Weltherrschaft und Welt*vor*herrschaft kein deutlicher Gegensatz – und insofern konnte Generalstabschef Groener nach dem Krieg doch zu Recht erklären:

> "Wir haben unbewusst nach der Weltherrschaft gestrebt – das darf ich natürlich nur im allerengsten Kreise sagen (sic!), aber wer einigermassen klar und historisch die Sache betrachtet, kann darüber nicht im Zweifel sein"[207].

Angesichts der wirklichen Oberherren, die das Deutsche Reich 1914 regierten und in den Krieg trieben, wäre Europa unter seiner Hegemonie unentrinnbar einem robusten Militarismus ausgeliefert gewesen, einer "Rabies der Soldateska"[208], und damit so etwas wie ein zehntausendfältiges "Zabern" geworden – himmelweit entfernt von jener "Synthese von Macht und Geist", von der Thomas Mann noch 1915 träumte[209].

Im Grunde war es ein auswegloses Kriegsunternehmen, in das die besten Köpfe Deutschlands in fast rührender Weltfremdheit all jenes geistige Kapital investierten, das sie als das "Ideengut von 1914" der "westlichen" Freiheitsideologie entgegenstellten[210]. Zwangsläufig taugte es zu nichts, als in Schall und Rauch aufzugehen, soweit es später nicht von Hitler und seinen "Vulgärnibelungen" aufgegriffen und grobschlächtig übersteigert wurde.

Jene fatale Verstrickung des Deutschtums ins antieuropäische Hegemonialdenken war nicht zuletzt die Frucht seiner internen Reichsstruktur. Seit 1867 beruhte sie ganz und gar auf der Vorherrschaft der preussischen Militärmonarchie über nur scheinverbündete Mittel- und Zwergstaaten. Unter einem solchen Scheinföderalismus musste jeder Sinn für echte Bundesgemeinschaft absterben.

Wessen sich die europäischen Festlandvölker nach einem deutschen Sieg hätten versehen müssen, erhellt neben unendlich vielem anderen[211] erschreckend aus der Forderung des doch so hochkultivierten Walther Rathenau vom 7. September 1914, es sei eine europäische Staatenorganisation zu schaffen,

---

205 Naumanns Mitteleuropa 1915, "kräftig, aber mager". [Dazu anbei o. S. 36 Anm. 174.]
206 So Brockdorff-Rantzau, Dezember 1915; siehe Fischer, Griff nach der Weltmacht, S. 180, auch Ritter, Staatskunst, III, S. 485.
207 Vortrag im Grossen Hauptquartier, 19. Mai 1919; siehe Fischer, Krieg, S. 1.
208 So Kurt Riezler schon am 22. August 1914; ebd., S. 762.
209 Vgl. o. Anm. 3.
210 Klaus Schwabe, Wissenschaft und Kriegsmoral, Die deutschen Hochschullehrer und die politischen Grundfragen des Ersten Weltkriegs, Göttingen 1969, S. 21 ff., 46 ff.
211 Vgl. o. Anm. 173.

"in der Deutschland eine stärkere Stellung beanspruchen könnte, als Preussen sie im Bundesrat einnimmt"[212].

"Im Bundesrat", den Preussen mittels seiner Zwergsatelliten total beherrschte!

V. Das Verschleiern der Kriegsentfesselung: Zwecklegende und Selbsttäuschung

Parallel mit dem militärischen Überfall auf die Nachbarn schritt die Reichsleitung zu Anfang August 1914 zu einem publizistischen Überfall aufs eigene Volk und fabrizierte die Legende, die "friedliche Mitte" Europas sei von den "raubgierigen" Randmächten freventlich "überfallen" worden. Zweck dieser Umkehrung der Tatsachen war, die Nation (gemäss dem Rezept Moltke/Ludendorff von Ende 1912) "einmütig und begeistert" zum Kampfe fortzureissen[213] sowie Begehren des Reiches auf "sichernde Grenzen" in Ost und West "moralisch" zu untermauern[214]. Solchen Zwecken diente zunächst das amtliche Weissbuch vom 3. August 1914. Gemäss der Analyse des Gutachters Kantorowicz war es in unvergleichlich höherem Masse als die Farbbücher der Entente[215] entstellt, nämlich "durch und durch verfälscht":

> "Zieht man von den 30 Stück (= Dokumenten) die 7 unverfälschbaren ab, so sind von den übrigen ausser den 5 freiwillig unverfälschten alle anderen verfälscht, also 18 von 23, beinahe drei Viertel! *Schon dadurch ist die Schuld der Mittelmächte nahezu gewiss.* Ein Angeklagter, der seine Verteidigung überwiegend auf von ihm selbst gefälschte Urkunden stützt, wird schwerlich unschuldig sein ... Diese Fälschungen waren es, die dem Reichstag vorgelegt wurden ... und so das deutsche Volk, dessen heiligste Gefühle hier missbraucht wurden, in den Krieg getrieben haben"[216].

Als mildernden Umstand billigte Kantorowicz der Reichsregierung zu, sie habe sich im Wahn, die Entente rüste für 1917 zum Angriff, kopflos in einen Präventivkrieg geflüchtet: "aus Furcht und Verzweiflung"[217] (so auch Janssen 1969)[218]. Unstreitig gab es in Ost und West Kriegstreibergruppen, die so viel hetzten und höhnten, dass sie die Atmosphäre vergifteten. Politisch aber waren sie, wie u.a. deutsche Gesandtschaftsberichte 1914 eindrücklich bezeugen[219], von geringem

---

212 Denkschrift Rathenaus vom 7. September 1914; vgl. Fischer, Krieg, S. 746 f., und Klein, Deutschland im Ersten Weltkrieg, I, S. 361. Vgl. o. Anm. 200.
213 Vgl. o. Anm. 150–172.
214 Fischer, Krieg, S. 664.
215 Kantorowicz, Gutachten, S. 63 ff.
216 Ebd., S. 92 ff. (Hervorhebungen im Original), dazu auch S. 89.
217 Ebd., S. 289 ff., 322.
218 Karl-Heinz Janssen, in: "Die Zeit", 21. März 1969.
219 GP, Bd. 39, Nr. 15667 (Paris, 5. Februar 1914), Nr. 15677 (Paris, 19. Juni 1914), Nr. 15844 (Petersburg, 11. März 1914); vgl. auch Bestuschew, S. 127 ff., insbes. 150 f., sowie o. Anm. 157.

Einfluss, und nichts deutet darauf hin, dass sie sich in absehbarer Zeit auch nur in einer der Ententemächte hätten durchsetzen können[220]. Soweit überhaupt ein Problem vorliegt, hat das deutsche Prävenire es für immer unlösbar gemacht.

Sieht man genauer zu, so schrumpft die vermeintliche Panik in Berlin auf die strategische Sorge zusammen, die russische Aufmarschbeschleunigung ab 1916 mache das "unfehlbare Siegesrezept" des Schlieffenplans unanwendbar, und es drohe dann, falls einmal doch ein Zweifrontenkrieg entbrenne, ein langjähriges Völkerringen mit ungewissem Ausgang. Eben die ausgeklügelte Blitzkriegschance wollte man unbedingt festhalten und fühlte sich darum seit Ende 1912 "verpflichtet", den dazu günstigsten Zeitpunkt zu berechnen und wagemutig zu nutzen: den Sommer 1914[221].

Dass ein deutscher Siegeszug, wie man ihn plante, automatisch in eine Umwälzung der europäischen Landkarte ausmünden müsse – im Sinne der gesamten deutschen Pressepropaganda 1913/14[222] –, darüber konnten wahrlich keine Zeitgenossen mit normalen Sinnen irgendwie im unklaren sein, am allerwenigsten die am Machtwillen orientierten militärischen Oberregenten des Deutschen Reiches. Gerade für sie waren Erfolg des Schlieffenplans und Deutschlands Festlandhegemonie von vornherein identische Begriffe[223].

Da der Siegeswille naturgemäss als etwas "Edleres" galt denn der Eroberungswille, mag man in der "pflichtgemässen" Wahrnehmung der errechneten Chancen gewiss eine "eherne Fatalität" gesehen haben[224]. Doch diese bequeme Gewissensentlastung ändert nichts daran, dass dahinter der eiserne Wille stand, auf die langjährigen Sieges- wie Hegemonialträume um keinen Preis zu verzichten und – bevor sie entglitten – das Schicksal herauszufordern!

Die Mitschuld der Ententemächte, die 1912–1914 zur Wahrung des Festlandgleichgewichts politisch durchaus reaktiv, korrekt und pflichtgemäss handelten[225], liegt auf dem moralischen Sektor: Es war ihr raffgieriger Kolonialismus, der das Verhältnis Deutschlands zur Umwelt seit langem zusätzlich vergiften half. Mit ihrer erfolgreichen Unterwerfung riesigster Erdräume hatten sie von 1872–1912 die säkulare Expansion Preussens von 1614–1871 derart massiv und rapid überboten, dass das verpreusste Deutschtum vor Neid zwangsläufig zerbersten musste[226] und

---

220 Fischer, Krieg, S. 679 ff.; vgl. u. Anm. 225.
221 Vgl. o. Anm. 58 und 163.
222 Vgl. o. Anm. 128, 144, 192.
223 In seiner Denkschrift von 1913 nannte Moltke es für England eine "Lebensfrage", die Deutschen von der Kanalküste fernzuhalten und ihnen die Festlandhegemonie zu verwehren; dennoch beugte er sich der "Fatalität". Vgl. Wallach, Vernichtungsschlacht, S. 206. [Siehe auch anbei o. S. 14 Anm. 63.]
224 Ritter, Staatskunst, II, S. 133 f., 271, 274, 279 ff., 309 ff., 318, III, S. 17.
225 Zur korrekten Politik Poincarés, Sasonows, Iswolskis siehe Kantorowicz, Gutachten, S. 172 ff., 177 ff., 328 ff., 336 ff., 370 ff.; vgl. o. Anm. 175–185.
226 Wernecke, Weltgeltung, S. 63 ff., 92 ff., 116 ff., 135 ff., 158 ff., 196 ff.; Fischer, Krieg, S. 329, 354, 375, 643 f., 648; Croce, Geschichte Europas, S. 316 f.

aus scheinbar legitimem Nachahmungstrieb dann eben dort losbrach, wo die geographische Lage es ihm gestattete: in Europa selbst.

Bei solcher Beleuchtung ist es wohl angebracht, wie ich schon 1968 vorschlug[227], den Schuldbegriff genauer zu differenzieren, zumal nach drei Seiten hin: rechtlich (= formaljuristisch), moralisch (= "rechtspolitisch" im Sinne von Kantorowicz[228]) und politisch (= verblendet, abenteuerlich, masslos).

Deutschlands Schuldanteil an der Katastrophe von 1914 lässt sich von da aus folgendermassen nüchtern bemessen: rechtlich unschuldig, weil das Völkerrecht damals noch keine rechtswidrigen Kriege kannte[229] — moralisch minim schuldig gegenüber der kolonialen Welt als Ganzem und hauptschuldig gegenüber den Völkern Europas — politisch allein schuldig, weil der einem überschäumenden Machtgefühl erlegenen, gegen drei Weltmächte losbrechenden deutschen Nation das Denken in lebensnahen Proportionen sowie der Sinn für die europäische Freiheit in verheerendem Ausmasse abhanden gekommen waren: "Vor dem Urteil der Geschichte kann auch politische Blindheit zur Schuld werden"[230].

Das fatale Erbe von Bismarcks Blut- und Eisenpolitik ist hier nicht zu verkennen. Über dem Blendwerk der bombastisch gefeierten Siegesläufe von 1866/71 hielt eine neu herangewachsene Generation, die ihre "Heldenväter" überbieten wollte, das Erringen von Schlachtensiegen mehr und mehr für das höchste aller Gemeinschaftsideale[231] und verlor ob solch militärischem Kraftmeiertum in Missachtung aller Staatsweisheit jegliches Augenmass. Jacob Burckhardt hatte es hellsichtig erahnt, als er im Januar 1871 auf die Kunde von der Versailler Kaiserproklamation spontan ausrief: "Das ist der Untergang Deutschlands"[232]!

Im Bannkreis dieser Perspektiven mag der Historiker die Katastrophe von 1914 eher als kaum abwendbares Verhängnis denn als Schuldproblem bewerten[233]. Bemühender wirkt es, dass nachher in der besiegten Nation der Wille ausblieb, ihre verderbliche Hybris zu erkennen und ihr (wie nach 1945) abzusagen. Indem man statt dessen in die "Lüge von der Kriegsschuldlüge" flüchtete, zerstörte das geistige Deutschland im "Interesse" der Nation geradewegs deren Gewissen — der geniale Soziologe Max Weber schon im Januar 1919 leider voran[234]!

Nur wenige redliche Denker erkannten damals, zu welcher "Kontinuität des Irrtums" (F. Fischer) und zu welchem Massenmachiavellismus der amtlich ge-

227 Gasser, Präventivkrieg, S. 219–221. [Anbei o. S. 42 f.]
228 Kantorowicz, Gutachten, S. 100.
229 Ebd., S. 99; Possony, Kriegsschuldfrage, S. 55 ff.
230 Ritter, Staatskunst, II, S. 341.
231 Besonders verhängnisvoll in Richtung auf die Staats-, Grossmachts- und Kriegsvergottung: Adolf Lasson, Das Kulturideal und der Krieg, Berlin 1868, um 1900 aufgenommen in die in Volk und Armee weitverbreitete "Deutsche Bücherei" (Bd. 57); Auszüge bei Gasser, Präventivkrieg, S. 221–224. [Anbei o. S. 44–46.]
232 Werner Kaegi, Jacob Burckhardt, Eine Biographie, Bd. 5, Basel 1973, S. 483 f.
233 Gasser, Präventivkrieg, S. 210–219. [Anbei o. S. 34–42.]
234 Max Weber, Gesammelte Politische Schriften, 2. Aufl., Tübingen 1958, S. 479 ff.; vgl. Gasser. [Anbei o. S. 17 Anm. 76, 31 Anm. 149, 42 Anm. 198.]

steuerte Feldzug gegen die "Versailler Kriegsschuldlüge"[235] notwendig führen müsse – so Kantorowicz, der 1929/30 in Briefen warnte, es gehe hier

> "um nichts anderes als um einen ungeheuren Volksbetrug ... der die moralische Mobilmachung zum nächsten Weltkrieg darstellt. Wer Wind sät, und das tut das Auswärtige Amt seit 10 Jahren, wird Sturm ernten"[236].

Unstreitig war bei allen seit Ende 1912 betriebenen Verschleierungen eine den Menschen und Völkern gemeinhin eigene mächtige Triebkraft mit im Spiel: die Neigung zum Selbstbetrug[237]. Noch immer haben sich siegesfreudige Regenten mit Vorliebe eingeredet, trotz eigener Friedfertigkeit von der Gegenpartei militärisch bedroht zu sein und ihr deshalb "zuvorkommen" zu müssen – Napoleon I. bietet hierfür ein klassisches Beispiel[238]. Aus dem gleichen Bedürfnis nach Selbstrechtfertigung spannen sich die Eroberer von 1914 in jene Psychose ein, die Geiss treffend so kennzeichnete:

> "Britischer 'Handelsneid', französischer 'Revanchismus' und russischer 'Panslawismus' sind in Deutschland fast stets überschätzt worden"[239].

Ebendahin gehört es, wenn Bethmann Hollweg den schon am 2. Dezember 1912 Österreich gewährten, dann bis zur Kanalvertiefung sistierten Blankoscheck am 6. Juli 1914 mit den britisch-russischen Marinegesprächen "rechtfertigte". Daraus einen "präventiven Verteidigungskrieg" abzuleiten[240], läuft auf einen von Bismarck als "Selbstmord aus Besorgnis vor dem Tode" gebrandmarkten Nonsens hinaus. Wenn mit Rücksicht auf so allgemein übliche Selbsttäuschungen und Gewissensübertünchungen der deutsche Hegemonialkampf von 1914 kein vorsätzlicher und mutwilliger Angriffskrieg gewesen sein soll, so hat es einen solchen – abgesehen natürlich von abnorm eklatanten Eindeutigkeiten wie 1939 – in der Weltgeschichte noch kaum je gegeben!

---

235 Darüber Geiss (o. Anm. 9), Die Kriegsschuldfrage, S. 101 ff.
236 Kantorowicz, Gutachten, S. 39 f.
237 Vgl. o. Anm. 199, 221–226.
238 Luigi Salvatorelli, in: Heinz-Otto Sieburg (Hrsg.), Napoleon I. und Europa, Köln 1971, S. 174 ff.; Adolf Gasser, Die Nationen und Napoleon, in: Wolfgang von Groote (Hrsg.), Napoleon I. und die Staatenwelt seiner Zeit, Freiburg i.Br. 1969, S. 59 ff., 65 ff., 82 f. [Anbei u. S. 183 ff., 188 ff., 202 ff.]
239 Geiss, Julikrise, I, S. 41.
240 Erwin Hölzle, Der Geheimnisverrat und der Kriegsausbruch 1914, Historisch-politische Hefte der Ranke-Gesellschaft, Heft 34, Göttingen 1973. [Anbei u. S. 129.]

Preussischer Militärgeist und Kriegsentfesselung 1914
(1983)

Eigendynamik einer Machtpsychose:
von der Inkubation 1866/71 und Virulenz seit 1895
zum Durchbruch 1914/18 und Paroxysmus 1933/45

Inhalt

"Die Wahrheit triumphiert nie, ihre Gegner sterben nur aus."
Max Planck

Die nachfolgenden Ausführungen beleuchten einige von der Forschung bisher kaum oder nur bruchstückweise behandelte und doch, wie mir scheint, zentral wichtige Teilaspekte zum Kriegsausbruch 1914. Sie ergänzen meine umfassenderen Betrachtungen zum gleichen Thema, wie ich sie 1968 in der Bonjour-Festgabe[1] und 1973 in der Fischer-Festschrift[2] publizierte, und knüpfen nahtlos an die dort vorgelegten Beweisketten an.

1. Moltkes Siegesgewissheit von März bis Anfang September 1914

Der Generalstabschef, der das deutsche Heer in den ersten Kriegswochen als Oberfeldherr befehligte, Helmuth von Moltke, der gleichnamige Neffe des Schlachtensiegers von 1866/71, gilt heute weithin als ein Kommandant ohne Siegesglauben. Als "zweifelnder Feldherr" ist er in die Geschichte eingegangen oder, wie ihn General Groener 1930 in einem Buchtitel abstempelte, als "Der Feldherr wider Willen"[3].

Lassen wir die Akten sprechen. Aus den Zeitspannen vor und nach dem Kriegsausbruch gibt es eine ganze Reihe von Zeugnissen, die uns über Moltkes Gesinnung und Stellungnahme unterrichten. Wie man seit 1965 weiss, drängte er schon im Dezember 1912 zur Kriegsentfesselung: "Je eher, desto besser"[4]. Zur Beweisführung genügt es jedoch, seine Meinungsäusserungen aus dem Jahre 1914 festzuhalten.

Aufschlussreich ist zunächst der Brief, den Moltke am 13. März 1914 an seinen österreichischen Amtskollegen Conrad richtete. Er teilt darin mit, dass die vom Dreibundpartner Italien für die deutsche Westfront zugesagten drei Armeekorps erst am 22. Mobilmachungstag "verwendungsbereit auf dem Kriegsschauplatz" eintreffen könnten, und fügt bei:

"Wir können mit dem Beginn unserer Operationen gegen Frankreich natürlich nicht auf sie warten. Ich hoffe sogar, dass bis zum 22. Mobilmachungstag schon die wichtigsten Entscheidungen gefallen sein werden"[5].

---

1 Adolf Gasser, Deutschlands Entschluss zum Präventivkrieg 1913/14, in: Discordia concors, Festgabe für Edgar Bonjour, 2 Bände, Basel 1968, I, S. 171–224. [Anbei o. S. 1–46.]
2 Adolf Gasser, Der deutsche Hegemonialkrieg von 1914, in: Deutschland in der Weltpolitik des 19. und 20. Jahrhunderts, hrsg. von Imanuel Geiss und Bernd Jürgen Wendt, Fritz Fischer zum 65. Geburtstag, Düsseldorf 1973, S. 307–339. [Anbei o. S. 47–82.]
3 Siehe u. Anm. 36.
4 Georg Alexander von Müller, Der Kaiser ...., Aufzeichnungen über die Ära Wilhelms II., hrsg. von Walter Görlitz, Göttingen 1965, S. 124 f. – Unverfälschter Text: Röhl (u. Anm. 16), S. 100.
5 Franz Conrad von Hötzendorf, Aus meiner Dienstzeit 1906–1918, 5 Bände, Wien 1920–25, III, S. 609 f.

Bis zu einem gewissen Grad kann man in dieser optimistischen Voraussage sicher auch einen Köder erblicken, der Österreichs Staats- und Heerführer ermutigen sollte, sich getroster auf einen Krieg gegen Russland einzulassen und so die entblösste deutsche Ostfront zu entlasten[6]. Mit "Nibelungentreue" gegenüber dem Bundesgenossen wäre jene Zuversicht, wenn's nur ein Köder war, freilich schwer zu vereinbaren. In Wien hat man auf alle Fälle die Blitzkriegsverheissung vom 13. März nicht vergessen und noch vor Jahresende, wie Admiral Müller am 2. Dezember 1914 notierte, sich darüber beklagt,

"dass wir nicht gehalten haben, was wir versprochen hatten, nämlich starke Unterstützung nach den ersten drei Wochen des Krieges, bis zu welchem Zeitpunkt wir geglaubt hatten, die Franzosen niederwerfen zu können"[7].

Von "Niederwerfen" hatte Moltke am 13. März nichts erwähnt, nur von "wichtigsten Entscheidungen". Für den Gesamtfeldzug im Westen rechnete er mit einer doppelt so langen Frist. Genauer äusserte er sich, als er mit Conrad am 12. Mai 1914 in Karlsbad zum persönlichen Gespräch zusammentraf. Wie der österreichische Feldherr acht Jahre später darüber berichtete, erklärte Moltke im Blick auf die von 1916 an zu erwartende russische Aufmarschbeschleunigung,

"dass jedes Zuwarten eine Verminderung unserer Chancen bedeute: mit Russland könne man eine Konkurrenz in bezug auf Massen nicht eingehen"[8].

Conrads inständigen Wunsch nach einem vermehrten Einsatz deutscher Streitkräfte im Osten wehrte Moltke höflich, aber bestimmt ab:

"Ja, ich werde machen, was ich kann. Wir sind den Franzosen nicht überlegen."

Ganz eindeutig schob er dieses Argument deswegen vor, um das Angriffspotential im Westen intakt zu erhalten, und nicht aus einem "Zweifel" am Blitzkriegserfolg. Das geht daraus hervor, dass er seinen Optimismus vom 13. März noch einmal mündlich bestätigte:

"Ich hoffe in sechs Wochen nach Beginn der Operationen mit Frankreich fertig zu sein."

Drei Tage später, am 15. Mai 1914, schrieb Moltke dem Staatssekretär des Innern, Clemens von Delbrück, es gelte nun die wirtschaftliche Kriegsbereitschaft des Reiches sofort zu vollenden; denn niemand könne sagen,

"wie lange die Zeit währen wird, die uns zur Ausführung zur Verfügung steht ... Gerade die neueste Geschichte zeigt immer wieder eine überfallartige Einleitung der Kriege. Besonders die europäischen Grossmächte werden angesichts der Kriegsbereitschaft ihrer Gegner bestrebt sein, durch politische und militärische Initiative einen Vorsprung in der Versammlung des eigenen Heeres zu gewinnen, den Krieg in das Land des Feindes zu tragen, diesen

---

6 Gerhard Ritter, Staatskunst und Kriegshandwerk, Zum Problem des Militarismus in Deutschland, 4 Bände, München 1954–1968; er nennt dort ähnliche Versicherungen Moltkes von 1909 "betonten Zweckoptimismus": II, S. 300.
7 Georg Alexander von Müller, Regierte der Kaiser?, Kriegstagebücher, hrsg. von Walter Görlitz, Göttingen 1959, S. 73 f.
8 Conrad von Hötzendorf, III, S. 669–673; vgl. Ritter, II, S. 306 f.

sofort vor unerwartete strategische Lagen zu stellen und der Entschlussfreiheit zu berauben"[9].

Da Moltke, wie später zu zeigen, den Ententemächten am 13. März ausdrücklich
mangelnde Aggressivität attestiert hatte[10], so bezog sich das von ihm umschriebene
Blitzkriegsrezept logischerweise auf die deutsche Strategie. Eine Alternative dazu
stand dieser seit der am 1. April 1913 erfolgten Kassierung des Grossen-Ostaufmarsch-Planes und dem gleichzeitigen Einbau eines Handstreichs auf das noch
unbewehrte Lüttich in den Schlieffenplan überhaupt nicht mehr zur Verfügung[11].
Die Überzeugung, Frankreich "sofort der Entschlussfreiheit zu berauben", muss
überaus stark gewesen sein und lässt sich hier nicht – wie das gemäss Moltkes
Zusagen an Conrad theoretisch möglich wäre – im Sinne eines blossen "Zweckoptimismus" umdeuten. Demgemäss kommentierte Fritz Fischer obigen Brief
vom 15. Mai so:

"Besser konnte Moltke die Modalitäten des von ihm befürworteten Angriffskrieges nicht
interpretieren"[12].

Nur fünf Tage später, am 20. Mai 1914, folgte eine Besprechung mit dem Staatssekretär des Äusseren, Jagow, der im Rückblick Moltkes damalige Äusserungen
folgendermassen zusammenfasste:

"Die Aussichten in die Zukunft bedrückten ihn schwer. In zwei bis drei Jahren werde Russland seine Rüstungen beendet haben. Die militärische Übermacht unserer Feinde wäre dann
so gross, dass er nicht wüsste, wie wir ihrer Herr werden könnten. Jetzt wären wir ihnen
noch einigermassen gewachsen. Es bliebe seiner Ansicht nach nichts übrig, als einen Präventivkrieg zu führen, um den Gegner zu schlagen, solange wir den Kampf noch einigermassen
bestehen könnten. Der Generalstabschef stellte mir demgemäss anheim, unsere Politik auf
die baldige Herbeiführung eines Krieges (sic!) einzustellen"[13].

In den von Jagow gebrauchten Wendungen, den Feinden "noch einigermassen
gewachsen" zu sein, "den Kampf noch einigermassen bestehen" zu können, spiegelt
sich dem Anschein nach eine recht herabgeschraubte Siegeszuversicht. Nur stammt
eben Jagows Notiz aus dem Jahre 1919, als in Deutschland alle Welt sich darauf
versteifte, den verlorengegangenen Krieg als eine "Notwehraktion" zu rechtfertigen –
erwachsen aus "Furcht und Verzweiflung", wie es sogar der kritische Kriegsschuld-
Begutachter Kantorowicz 1926 anzunehmen geneigt war[14]. Doch sogar aus dieser
frisierten Rückschau von einer späteren Zeitlage her wird handgreiflich klar, wie
entschieden Moltke schon vor Sarajevo zum baldigen Präventivschlag drängte.

---

9 Fritz Fischer, Krieg der Illusionen, Die deutsche Politik von 1911–14, Düsseldorf 1969,
   S. 638.
10 Siehe u. Anm. 118.
11 Siehe u. Anm. 74/75.
12 Fischer, S. 638.
13 Egmont Zechlin, Krieg und Kriegsrisiko, Zur deutschen Politik im Ersten Weltkrieg, Aufsätze, Düsseldorf 1979, S. 97 f.; dazu Fischer, S. 584.
14 Hermann Kantorowicz, Gutachten zur Kriegsschuldfrage 1914, aus dem Nachlass hrsg. von
   Imanuel Geiss, mit einem Vorwort von Gustav W. Heinemann, Frankfurt a.M. 1967, S. 289 ff.,
   322.

Anderthalb Wochen später, am 1. Juni 1914, äusserte sich Moltke zu Eckardstein, einem weltkundigen Diplomaten, unmissverständlich mit folgenden Worten:

"Wenns doch endlich überbrodeln wollte – wir sind bereit: Je eher, desto besser für uns"[15].

Moltkes Wendung "Je eher, je besser" entspricht genau seiner Aussage im Berliner Kriegsrat vom 8. Dezember 1912. Da Eckardstein von letzterem nichts wusste, liegt garantiert eine authentische Äusserung des Generalstabschefs vor. Man darf darum auch seinen Wunsch, dass die Dinge "endlich überbrodeln" möchten, kaum als eine nachträgliche Zutat Eckardsteins bewerten.

Und es lässt sich nachfühlen, wie erlösend das noch in denselben Monat fallende Attentat von Sarajevo von den deutschen Armeespitzen empfunden werden musste: als das längst herbeigewünschte Stimulans, um das eigene Volk dazu zu bringen, dass es eine österreichische Strafaktion gegen Serbien samt allen sich daraus ergebenden Folgen gutheisse, wie es Moltke und Ludendorff in ihrer Denkschrift vom Dezember 1912 als Voraussetzung eines Dreifrontenkrieges gegen sämtliche Ententemächte vorausberechnet hatten:

"Gelingt es, im Kriegsfall den casus belli so zu formulieren, dass die Nation einmütig und begeistert zu den Waffen greift, so wird man auch den schwersten Aufgaben mit Zuversicht entgegengehen können"[16].

In den kritischen Wochen des Juni und Juli war Moltke von Berlin abwesend; er befand sich in Karlsbad zur Kur, schien also den fatalen provozierenden Entschlüssen, welche Deutschlands Staatslenker seit der Monatswende fassten, völlig fernzustehen. Erst seit 1972 weiss man, dass er heimlicherweise doch ins Geschehen eingeschaltet war. In seinen Tagebüchern berichtet des Reichskanzlers Privatsekretär Riezler am 25. Mai 1915:

"Die ganze ursprüngliche Rechnung ist durch die Schlacht an der Marne ins Wanken geraten. Schliesslich kann sich für die Entstehung dieses Krieges Bethmann auf die Not der Konstellation berufen, die er übernahm, und auf die Antwort, die Moltke Anfang Juli gab. Er sagte eben ja!, wir würden es schaffen"[17].

Der immer zuverlässige Riezler kann diesen Hinweis auf Moltkes Siegesgewissheit zu Beginn der Julikrise unmöglich aus den Fingern gesogen haben. Der Generalstabschef wurde demnach, wie es sich für einen Militärstaat von selbst versteht, für die so riskante Aktion gegen den russischen Schützling Serbien von Anfang an zu Rate gezogen – sei es, dass er eine geheime Dienstreise nach Berlin unternahm oder, wohl eher, dass man einen Emissär zu ihm nach Karlsbad entsandte. War es etwa gar Riezler selbst, und wurden, um das zu vertuschen, seine Tagebuchnotizen

15 Hermann von Eckardstein, Lebenserinnerungen und politische Denkwürdigkeiten, 3 Bände, Leipzig 1920/21, III, S. 184.
16 John C.G. Röhl, An der Schwelle zum Weltkrieg, Eine Dokumentation über den Kriegsrat vom 8. Dezember 1912, in: Militärgesch. Mttlg., Freiburg i.Br. 1977, S. 118. – Der Wortlaut des zitierten Satzes weicht von der bisher bekannten Version etwas ab.
17 Kurt Riezler, Tagebücher, Aufsätze, Dokumente, hrsg. von K.D. Erdmann, Göttingen 1972, S. 275.

aus der Zeit vor dem 7. Juli 1914 etwa darum im Jahre 1964 "verbrannt"[18]? Leider besteht wenig Aussicht, dass sich heute noch feststellen liesse, etwa aus Gäste-büchern der Karlsbader Hotels, ob sich Riezler (möglicherweise unter seinem Pseudonym Ruedorffer) oder ein anderer Berliner Diplomat damals dort auf-gehalten hat.

Als Moltke am 25. Juli nach Berlin zurückkehrte, da war dort eben die Kunde von Österreichs Mobilmachung gegen Serbien eingetroffen. Ein eigentlicher Kriegs-rausch hatte die Massen erfasst — eine volle Woche vor(!) Kriegsausbruch — und enthüllte der Welt, was da unaufhaltsam auf sie zukam. Wie es in der kirchlichen Presse hiess:

"Deutschland, Deutschland über alles!, rauschte es in den Strassen ... Das war das deutsche Volk. Wie *ein* Mann stand es auf, seinem Bundesgenossen zu danken in donnernden Jubel-rufen"[19].

"Es war beinahe so, wie wenn wir selber mobilgemacht hätten",

schilderte Moltke jene Aufbruchsstimmung[20]. Und tags darauf überreichte er als erstes dem Auswärtigen Amt einen Entwurf für ein Ultimatum an Belgien[21], voll-zog also einen politischen Akt von folgenschwerster Tragweite — wie wenn die normalen Dienststellen dazu ausserstande gewesen wären! Wie entschlossen er zum Kriege drängte, berichtete der bayerische Militärbevollmächtigte Wenninger aus Berlin nach München am 29. Juli:

"Er setzt seinen ganzen Einfluss darein, dass die selten günstige Lage zum Losschlagen ausgenützt werden solle; er weist darauf hin, dass Frankreich geradezu in militärischer Verlegenheit sich befinde, dass Russland militärisch sich nichts weniger als sicher fühle, dazu die günstige Jahreszeit, die Ernte grossenteils geborgen, die Jahresausbildung voll-endet"[22].

Wenningers Bericht wurde am 31. Juli vom bayerischen Gesandten in Berlin, dem Grafen Lerchenfeld, voll bestätigt:

"In hiesigen militärischen Kreisen ist man besten Mutes. Schon vor Monaten(!) hat der Generalstabschef Herr v. Moltke sich dahin ausgesprochen, dass der Zeitpunkt militärisch so günstig sei, wie er in absehbarer Zeit nicht wiederkehren kann. Die Gründe, die er an-führt, sind: 1. Überlegenheit der deutschen Artillerie — 2. Überlegenheit des deutschen Infanteriegewehres — 3. Ganz ungenügende Ausbildung der französischen Truppe infolge der Wiedereinführung der dreijährigen Dienstzeit"[23].

---

18 Ebd., S. 11, 163 ff. (Mitteilung des Herausgebers).
19 Karl Hammer, Deutsche Kriegstheologie 1870–1918, München 1971, S. 201, zit. aus: "Die Reformation", Deutsch-Evangelische Kirchenzeitung für die Gemeinde, Bd. 13, S. 377 f.
20 Helmuth von Moltke, Erinnerungen, Briefe, Dokumente, hrsg. von seiner Witwe, Stuttgart 1922, S. 381; siehe Gasser 1973, S. 330. [Anbei o. S. 72.]
21 Imanuel Geiss, Julikrise und Kriegsausbruch 1914, Eine Dokumentensammlung, 2 Bände, Hannover 1963/64, II, S. 45 Anm. 1.
22 Ebd., II, S. 298; ähnlich sein sächsischer Kollege Leuckart, S. 299.
23 Ebd., II, S. 483, auch 481: "Frankreich in vier Wochen niederwerfen".

Gerhard Ritter versuchte 1960, die Aussagen Wenningers und Lerchenfelds als "unkontrollierbares Vorzimmer- und Adjutantengeschwätz" zu entwerten[24]. Indessen liegen sie allzu eindeutig in der Linie jenes "je eher, je besser", wozu sich Moltke bereits im Dezember 1912 und dann wieder vier Wochen vor(!) Sarajevo bekannt hatte. Nichts an seinen Äusserungen seit dem März 1914 deutet auf einen "zweifelnden" Feldherrn hin, abgesehen von jenen tendenziösen Abschwächungen Jagows nach dem verlorenen Kriege!

Moltkes Äusserungen nach Kriegsausbruch wiegen insofern weniger beweiskräftig, weil es im Kriege zu den Hauptobliegenheiten eines Feldherrn gehört, vor der Öffentlichkeit Siegesgewissheit zu demonstrieren. Immerhin bringt ein Privatbrief Lerchenfelds vom 5. August doch noch einen aufschlussreichen zusätzlichen Hinweis. Darnach sprach Moltke davon, dass die drei Ententemächte, wie er "auf das bestimmteste wisse" (sic!), für das Jahr 1917 einen Angriffskrieg gegen Deutschland vereinbart hätten:

> "Gegen die drei vollkommen gerüsteten Staaten würde Deutschland einen schweren Stand gehabt haben. Den Krieg gegen Russland und Frankreich, wie wir ihn jetzt führen, sei Deutschland, wenn nicht ein besonderes Unglück geschehe, zu bestehen stark genug"[25].

"Wenn nicht ein besonderes Unglück geschehe": Dieser Vorbehalt, wie ihn im Blick auf die Launen der Bellona auch der geniale ältere Moltke 1866 und 1870 hätte anbringen können, beweist besonders eindrücklich, wie sicher der jüngere sich seiner Sache war.

Das gleiche bezeugt Tirpitz in seinem Rückblick 1919. Er rügt dort die im deutschen Publikum üblich gewesene "Unterschätzung der britischen Armee" und unterstreicht:

> "Als ich nach Kriegsbeginn den Generalstabschef warnte, diese Truppe, die gewissermassen aus lauter Sergeanten bestünde, zu leicht zu bewerten, antwortete er: 'Die arretieren wir'"[26].

Auch wenn man die langjährige Spannung zwischen den Dienststellen von Armee und Flotte in Rechnung stellt, sieht man nicht recht ein, wieso Moltke im Gespräch mit einer Spitzenfigur der deutschen Streitkräfte dergestalt bramarbasieren musste. Die Hybris, die im obigen Wort zum Ausdruck kommt, lässt sich hier nicht auf einen Propagandazweck zurückführen. Sie entsprach seiner damaligen Überzeugung, die von keines Zweifels Blässe angekränkelt war.

Das stürmische Vordringen der deutschen Armeen in Belgien und Nordfrankreich seit dem 20. August schien seine seit dem März aktenmässig nachweisbare Siegesgewissheit voll zu rechtfertigen. Die Stimmung nach den siegreichen Grenzschlachten kennzeichnete General Groener 1927 zurückblickend so:

> "Niemand konnte sich dem gewaltigen Eindruck dieser Nachrichten entziehen. 'In sechs Wochen ist die ganze Geschichte erledigt', meinte der Chef der Operationsabteilung (Tappen) am 25. August ... Man war des festen Glaubens, dass der Feldzug im Westen bereits

---

24 Ritter (o. Anm. 6), II, S. 381 Anm. 11.
25 Kantorowicz (o. Anm. 14), S. 297 Anm. 358.
26 Alfred von Tirpitz, Erinnerungen, Berlin 1919, S. 251, ähnlich 457.

entschieden sei. Durch die Siegesmeldungen der Armeen war im Grossen Hauptquartier (sic!) ein Zustand hervorgerufen und genährt worden, der keine Skepsis aufkommen liess"[27].

Dieser Freudenrausch im Hauptquartier wird durch einen Brief Moltkes an seine Gattin vom 29. August nicht widerlegt:

"Ich bin froh, für mich zu sein und nicht im Hofe. Ich werde ganz krank, wenn ich dort das Gerede höre; es ist herzzerreissend, wie ahnungslos der hohe Herr über den Ernst der Lage ist. Schon kommt eine gewisse Hurrastimmung auf, die mir bis in den Tod verhasst ist. – Nun ich arbeite mit meinen braven Leuten ruhig weiter. Bei uns gibt es nur den Ernst der Pflicht, und keiner ist sich darüber im unklaren, wie viel und Schweres noch getan werden muss"[28].

Wie konnte der Feldherr die frohe Zuversicht, wie sie im Hauptquartier nachweislich vorherrschte, dem Hofe übelnehmen? Der feinnervige Mann scheint sich vor allem darüber geärgert zu haben, wie die Zivilisten sich in Jubeltönen ergingen, wie wenn sie selber die grossen Erfolge errungen hätten. Hätte er ernsthaft einen Rückschlag befürchtet, so hätte er am 3. September jene Hurrastimmung in der Umgebung des Kaisers nicht von neuem anheizen dürfen, wie er es mit seiner Versicherung gegenüber Admiral Müller tat:

"Im übrigen bewege sich die Walze in Frankreich unaufhaltsam vorwärts"[29].

Und erst vom 4. September an verwandelte sich der bisher unentwegt siegesgewisse plötzlich in einen "zweifelnden" Feldherrn, im Gespräch mit Helfferich:

"Wir haben in der Armee kaum mehr ein Pferd, das noch eine andere Gangart als Schritt halten kann ... Wir wollen uns nichts vormachen. Wir haben Erfolge gehabt, aber wir haben noch nicht gesiegt. Sieg heisst Vernichtung der Widerstandskraft des Feindes.
    Wenn sich Millionenheere gegenüberstehen, dann hat der Sieger Gefangene. Wo sind unsere Gefangenen? ... Da noch zehntausend oder dort vielleicht noch zwanzigtausend. Auch die verhältnismässig geringe Anzahl der erbeuteten Geschütze zeigt mir, dass die Franzosen sich planmässig und in guter Ordnung zurückgezogen haben"[30].

Diese Zweifel Moltkes noch vor Beginn der Marneschlacht zeugen aufs ehrenvollste von seinen feldherrlichen Qualitäten. Als erster der deutschen Armeeführer hat er damals erkannt, dass die Dinge anders liefen als geplant. Und das in einem Zeitpunkt, als die andern den Feldzug bereits als entschieden erachteten und die Führer der 1. Armee, Kluck und Kuhl, eigenmächtig nach links eingeschwenkt waren, an Paris vorbei, weil sie die feindlichen Streitkräfte zusammengebrochen glaubten und beim "grossen Aufräumen" mit dabeisein wollten[31].

Moltkes Nervenzusammenbruch nach dem Marnerückschlag war die natürliche Reaktion einer sensiblen Persönlichkeit, die vorher nur allzu gläubig auf die Gewiss-

---

27 Wilhelm Groener, Das Testament des Grafen Schlieffen, Operative Studien über den Weltkrieg, Berlin 1927, S. 67.
28 Moltke (o. Anm. 20), S. 382.
29 Müller (o. Anm. 7), S. 54.
30 Karl Helfferich, Der Weltkrieg, Berlin 1919, S. 17 f.
31 Jehuda L. Wallach, Das Dogma der Vernichtungsschlacht, Die Lehren von Clausewitz und Schlieffen und ihre Wirkungen in zwei Weltkriegen, Frankfurt a.M. 1967, S. 166 ff.; dazu u. Anm. 86.

heit des Blitzsieges gebaut hatte und nun mit deren jähem Dahinsinken den Boden unter den Füssen entschwinden fühlte. Darauf war er seelisch in keiner Weise vorbereitet gewesen. Insofern stand tatsächlich der falsche Mann am falschen Platze.

Doch ihn deswegen zum "zweifelnden Feldherrn" zu stempeln, das ist durchaus aktenwidrig. Sicher war er kein betont starker Charakter und unterlag jeweils leicht dem Druck seiner willenshärteren Mitarbeiter im Generalstab. Deren draufgängerischem Optimismus hatte er sich 1914 nur allzu willig angepasst, ja unterworfen, und war vor dem 4. September auch nicht ansatzweise je "aus der Reihe getanzt".

In den Jahren vor 1914 ist nur eine einzige Äusserung Moltkes bekannt, die auf einen Siegeszweifel hindeutet. Wie wir von seinem Mitarbeiter Freytag-Loringhofen wissen[32], missbilligte er 1912 Bernhardis Kriegstreiberei und kommentierte: "Viele Hunde sind des Hasen Tod." Freytag empfand das als "pazifistisch", und der Vergleich mit einem Hasen war für das damalige Deutschland sicher wenig angebracht – für einen Militärstaat, der über das "glänzendste Heer der Weltgeschichte" verfügte (so Groener noch 1920)[33], über "das schärfste Angriffsinstrument" aller Zeiten (so Endres 1923)[34]. Doch abgesehen von diesem Vergreifen im Ausdruck hat Moltke damals die weltpolitischen Risiken so hellsichtig beurteilt, dass man geradezu von einem Lichtblick sprechen möchte. Mehr als ein solcher war's freilich nicht; denn ins vorherige Jahr fällt sein empörter Kommentar zur Zweiten Marokkokrise:

"Wenn wir uns nicht zu einer energischen Forderung aufraffen können, die wir bereit sind, mit dem Schwert zu erzwingen, dann verzweifle ich an der Zukunft des Deutschen Reiches. Dann gehe ich"[35].

Und wie steht es mit Groeners Anklage von 1930, die sich sogar in einem Buchtitel niederschlug, Moltke habe das deutsche Heer als "Feldherr wider Willen" in den Ersten Weltkrieg geführt[36]? Richtig daran ist einzig, dass er die Leitung des Generalstabs zur Jahreswende 1905/06 mit selbstkritischen Bedenken übernahm[37]. Doch abgesehen von verbissenen Strebernaturen sind anfängliche Skrupel, wenn man überraschend mit höchsten Verantwortungen betraut wird, wohl jedem anständigen Charakter irgendwie eigen und zeugen eher von Gewissenhaftigkeit.

Gerade auch sein Vorgänger, der von Groener masslos überschätzte Schlieffen, hatte 1891 geäussert, er werde dem ihm "unbegehrt und unerwartet" zugefallenen Posten "schwerlich gewachsen sein", und es sei ihm "bange zumut"[38]. Die Parallele ist offenkundig.

32 Ritter (o. Anm. 6), II, S. 146 f., 358 Anm. 31.
33 Wilhelm Groener, Der Weltkrieg und seine Probleme, Rückschau und Ausblick, Berlin 1920, S. 17.
34 Franz Carl Endres, Der deutschen Tragödie erster Teil, Stuttgart 1948 (Neuabdruck des Buches: Die Tragödie Deutschlands, Stuttgart 1923), S. 121.
35 Moltke (o. Anm. 20), S. 362.
36 Wilhelm Groener, Der Feldherr wider Willen, Operative Studien über den Weltkrieg, Berlin 1930.
37 Moltke, S. 304 ff., 341 ff.
38 Alfred von Schlieffen, Briefe, hrsg. von E. Kessel, Göttingen 1958, S. 291 f.

Als eher weiche und von seinen draufgängerischen Mitarbeitern leicht beein-
flussbare Natur besass Moltke aber doch in seinem Fachgebiet Eigenschaften von
ungewöhnlicher Qualität, wie sie ihm sogar ein überforscher Hasardeur vom Schlage
Ludendorffs zubilligte:

"Er besass einen scharfen militärischen Verstand und wusste grosse Kriegslagen ungemein
klar zu behandeln"[39].

2. Die preussisch-deutsche Kriegs- und Feldherrenvergottung

Der österreichische Biograph Karl Tschuppik kennzeichnete im Schlussabschnitt
seiner eindrucksvollen Ludendorff-Monographie das Weltbild dieses Feldherrn u.a.
wie folgt:

"Was ist, auf eine knappe Formel gebracht, Ludendorffs Vorstellung von der Welt, vom
Dasein? Das ganze menschliche Leben ist Krieg. Innerhalb der Völker streiten Stände,
Interessengruppen, Parteien um die Macht, in der grossen Welt die Nationen um den Vorrang. Das ist, offenbar gottgewollt, im Wesen der Natur enthalten.
    Erziehung und eine höhere Moral vermögen den Kampf um die Macht unter einen
gewissen Kodex zu bringen, die Wissenschaft gibt dem Kriege die entsprechende Form;
niemals aber wird man den Gebrauch der Gewalt abschaffen, denn es wäre wider die Natur
des Menschen und wider die Natur überhaupt.
    Er ist überzeugt, dass die Deutschen irgendwie dazu bestimmt seien, ein Maximum an
Macht zu erreichen ... Alles, was irgendwie mit der europäischen Geistesgeschichte zusam-
menhängt, jede kulturelle und zivilisatorische Gemeinsamkeit ist verdächtig, schädlich,
bekämpfenswert ...
    Ludendorffs Gott ist von einer kaum vorstellbaren Dürftigkeit ... Er hat die Erde ge-
schaffen, damit seine Geschöpfe, Ludendorffs Deutsche, zur Vollendung gelangen. Dazu
müssen sie Kriege führen ..."[40].

Dieses primitive Weltbild — es deckt sich in obigen Punkten mit jenem Hitlers —
ist keineswegs vom Himmel gefallen. Es stammt, was Tschuppik anscheinend nicht
wusste, aus einer Schrift des Jahres 1868(!), verfasst vom preussischen Philosophen
Adolf Lasson, dem Begründer einer kriegerischen Kulturphilosophie[41].

Der Neohegelianer Lasson (1832–1917), später ordentlicher Honorarprofessor
der Berliner Universität und langjähriger Vorsitzender der Philosophischen Gesellschaft, wirkte mit jener formschön stilisierten, geistig aber peinlich banalen Schrift
ungemein in die Breite, zumal im Kreise der heranwachsenden Jugend und in den
Kadettenanstalten der künftigen Offiziere. Um die Jahrhundertwende wurde sie
sogar in die Deutsche Bücherei, das Taschenbuch von damals, aufgenommen[42] und

---

39 Erich Ludendorff, Meine Kriegserinnerungen 1914–18, Berlin 1919, S. 56.
40 Karl Tschuppik, Ludendorff, Die Tragödie des Fachmanns, Wien 1931 (Copyright 1930),
   S. 417–421.
41 Adolf Lasson, Das Culturideal und der Krieg, Berlin 1868. Ebenso in: Deutsche Bücherei,
   Bd. 57, undatiert (= um 1900).
42 Ich fand sie 1917 als 14jähriger Gymnasiast in der ärmlichen Hausbibliothek meiner Gross-
   eltern in Bern(!) vor, die auf die Deutsche Bücherei abonniert waren.

gestaltete sich zu einer Art politischer Bibel für Millionen von Halbgebildeten, zum eigentlichen Opiat für das moderne Massenmenschentum.

Besonders drastische Auszüge aus jenem folgenschweren Elaborat hat der Schreibende in seiner ersten Studie zum Kriegsausbruch 1914 über drei Buchseiten hinweg anhangsweise zusammengestellt[43]. Einige wenige davon, die mit den obigen Zitaten aus Tschuppiks Monographie aufs sinnfälligste korrespondieren, seien im folgenden verkürzt wiedergegeben:

"Der Krieg ist zwischen Staaten der natürliche Zustand (sic!). Zwischen Staaten gibt es keine Freundschaft, nur Gemeinsamkeit der Interessen, die auch wieder zum Widerstreit der Interessen werden kann.

Der Krieg aller gegen alle dauert bis zum heutigen Tag fort: Er ist das Wesen der bürgerlichen Gesellschaft. Sie führt ihre Vernichtungskriege gegen Einzelne wie gegen ganze Massen und Klassen mit aller Stille und Geräuschlosigkeit und mit der echten Begierde des Raubtiers. Aber sie fügt sich gern in die Schranken, in welche sie der übermächtige Zwang des Gesetzes bannt ... Man häuft den Besitz besser und sicherer unter dem Schutz des Gesetzes.

Der Staat im Frieden ist kein wahrer Staat; seine volle Bedeutung offenbart er erst im Kriege ... Jede Nation ist berechtigt, jede andere zu hassen ... Der Einfluss des Auswärtigen verdirbt die heimische Sitte, die heimische Kunst ...

Erweist sich der Staat im Kriege schwach, so wird er mit Recht ausgetilgt (sic!) ... Darum ist der Ausgang des Krieges immer gerecht, ein wahres Gottesurteil ... Ein Vertrag ist eben dadurch null und nichtig, dass der Staat stark genug ist, ihn zu zerreissen"[44].

In dieser "Drachensaat von Königgrätz" spiegelten sich bereits 1868 die Anfänge jenes "Wahns der Unbesiegbarkeit", den wir im folgenden Abschnitt zu analysieren haben. Unter seinem Einfluss verdrängte man unterbewusst jede Sorge, was logischerweise Rechtens sei, wenn einmal der eigene Staat einen Grosskrieg verliere. Noch im Ersten Weltkrieg setzte sich sogar der hochverdiente liberale Gelehrte Otto von Gierke, der Erforscher des Deutschen Genossenschaftsrechts, leichtfertig über solche Bedenken hinweg, wenn er 1917 im Geiste Lassons erklärte:

"Wir sollten Halt machen vor dem freien Selbstbestimmungsrecht der Völker? Solange es Krieg gibt, kann auch das Recht der Eroberung nicht verschwinden. Hierin liegt der Sinn der alten Vorstellung, dass der Krieg die Berufung auf ein Gottesurteil ist (sic!). Auch der Besiegte muss das Urteil als Ausfluss einer höheren Gerechtigkeit hinnehmen"[45].

Die Tendenz zur wachsenden Kriegsvergottung lässt sich besonders auch im Werke und Saatgut des Historikers Treitschke nachweisen, der bis in die 1890er Jahre eine ganze neue Generation aufs nachhaltigste beeinflusste und geistig prägte. Bereits 1869 verkündete er:

"Die Hoffnung, den Krieg aus der Welt zu vertilgen, ist nicht nur sinnlos, sondern tief unsittlich (sic!); sie müsste, verwirklicht, viele wesentliche und herrliche Kräfte der Menschenseele verkrüppeln lassen und den Erdball verwandeln in einen grossen Tempel der Selbstsucht ... Jedes Volk – zu allermeist das feingebildete – läuft Gefahr, in langer Friedenszeit der Selbstsucht zu verfallen. Einem solchen Geschlechte gereicht es zum Segen,

---

43 Gasser 1968 (o. Anm. 1), S. 221–224. [Anbei o. S. 44–46.]
44 Lasson 1868, S. 10, 17, 26, 29, 42, 50.
45 Otto von Gierke, Unsere Friedensziele, Berlin 1917, S. 30 f.

wenn ihm das Schicksal einen grossen und gerechten Krieg sendet ... Es ist gar kein echter politischer Idealismus möglich ohne den Idealismus des Krieges"[46].

Auf solch ideologischem Boden erwachsen, war das 1871 entstandene Deutsche Kaiserreich — im Unterschied zu den übrigen Grossmächten Europas — von vornherein ein ausgeprägter Militärstaat. Das zeigte sich schon in seiner Geburtsstunde, als zur Kaiserproklamation in Versailles nur Würdenträger in Uniform zugelassen wurden. Und sofort setzte eine Entwicklung ein, welche überaus rasch in eine "Verpreussung" auch der süddeutschen Monarchien und ihres Volksgeistes ausmündete. Sie wurzelte primär vor allem in dem gemäss Art. 64 der Reichsverfassung allen Streitkräften auferlegten Fahneneid, "den Befehlen des Kaisers unbedingte Folge zu leisten"[47]. "Des Kaisers", d.h. des preussischen Königs!

Wie tief die Tendenz zur Kriegsvergottung als Folge der Schlachtensiege von 1870/71 in die Gemüter eindrang, erhellt nicht zuletzt daraus, dass sie auch von den Kirchen übernommen und gefördert wurde — sofort von der evangelischen, nach Abschluss des Kulturkampfes um 1890 auch von der katholischen Geistlichkeit. Was sich daraus entwickelte, war eine eigentliche "Kriegstheologie"[48]. Bezeichnenderweise war es denn auch ausgerechnet der preussische Pastor Friedrich von Bodelschwingh, der am 27. Juni 1871 als erster dazu aufrief, den Jahrestag des Sieges von Sedan alljährlich als Nationalfeiertag zu begehen[49] — ohne jede Rücksicht darauf, wie demütigend eine solche Dauerprovokation vom französischen Nachbarvolk empfunden werden musste. Hier wurde das Gebot der christlichen Nächstenliebe, soweit es die Aussenwelt betraf, ins Gegenteil verkehrt. Und zwar in Permanenz!

Unstreitig gab es auch in den anderen Grossmächten Europas immer wieder, seit etwa 1900 in steigendem Ausmass, Tendenzen zur Verherrlichung des Krieges[50]. Doch waren sie dort stets nur von Randgruppen getragen und fanden weder in den Oberschichten noch in den Volksmassen Anklang — etwa abgesehen von Italien zur Zeit des Tripoliskrieges 1911/12. Eine unvergleichlich breitere Basis besass die pazifistische Bewegung, besonders in England und Frankreich, wo sie um 1910 in der Lehrerschaft allgemein dominierte[51]. Gerade deshalb neigte man im Deutschen Reich, wo der Pazifismus weithin als verächtlich galt, allzu leicht dahin, die westlichen Nationen für verweichlicht und dekadent zu halten. Der dortige Militärstaat

---

46 Heinrich von Treitschke, Historische und politische Aufsätze, 7. Aufl., 4 Bände, Leipzig 1915, III, S. 471 f., 475.
47 Der gescheiterte Reichsverfassungsentwurf von 1849 forderte den Fahneneid auf "das Reichsoberhaupt und die Verfassung". Das erachtete Friedrich Wilhelm IV. als unannehmbar, weil damit die preussische Armee ihre Sonderstellung neben, ja über dem Staate eingebüsst hätte. Jetzt, 1871, verschluckte sie umgekehrt die süddeutschen Streitkräfte — und Staaten!
48 Hammer (o. Anm. 19)!
49 Ebd., S. 196 f.
50 Benedetto Croce, Geschichte Europas im 19. Jahrhundert, Zürich 1935, S. 324 ff.; er bezeichnet jene Strömungen als "Aktivismus". [Vgl. anbei o. S. 38 Anm. 186.]
51 George W.F. Hallgarten, Imperialismus vor 1914, 2. Aufl., 2 Bände, München 1963/64, I, S. 653 ff.; II, S. 1 ff., 54 ff., 392 ff. [Dazu anbei o. S. 5 Anm. 16.]

unterlag eben von vornherein in bezug auf Volksgeist und Volkspsychologie grundlegend anderen Entwicklungsgesetzen[52] als die vom zivilen Lebensideal geformten "normalen" Gemeinwesen. Die in vielen schönen Reden gefeierte und erträumte Vereinigung des Geistes von Potsdam mit dem von Weimar blieb aus;

"denn in Wirklichkeit hatte eine dieser beiden Seelen die absolute Vorherrschaft, nämlich der preussische oder Potsdamer Geist"[53].

Volkspsychologisch mündete die Verpreussung des neuen Deutschlands vor allem in ein fatales Überwuchern des Gehorsamsprinzips aus. Gerhard Ritter hat das von Wilhelm I. und seinem langjährigen Kriegsminister Roon anachronistisch ins liberale Zeitalter transponierte System straffster Militärzucht so umschrieben:

"Der gesamte innere Betrieb des Heeres beruht auf unbedingter Subordination, die jedes selbständige Urteil nachgeordneter Stellen über die moralische(!) Zulässigkeit, die Zweckmässigkeit und Rechtmässigkeit gegebener Befehle ... ausschliesst.
Unbegrenzte Treue gegen den König und unbedingter Gehorsam gegen dessen unmittelbare und mittelbare Befehle sind der Kern aller Soldatenpflichten; der bürgerlichen Welt gehört der Soldat nur noch mit einem Teil seiner Privatverhältnisse an, und keines seiner bürgerlichen Rechtsverhältnisse kann seiner unbedingten Treu- und Gehorsamspflicht im Wege stehen ...
Dass sein staatsbürgerliches Recht zu politischer Kritik und freier Meinungsäusserung innerhalb des Soldatenstandes keine Geltung besitzt, ist selbstverständlich ..."[54].

Durch dieses ausgeprägte Zuchtsystem wurden fortab im ganzen Reich die jungen Soldaten jahrelang auf eine "Ethik" willenlosen Gehorsams eingeschworen und damit für ihr gesamtes Leben geistig geprägt. Das wirkte sich zwangsläufig auf die sozialen Bindungen schlechtweg aus:

"Von der Armee aus, die ein Staat im Staate blieb, drang der altpreussische Geist des Befehlens und Gehorchens siegreich nach West- und Süddeutschland vor und griff in Familie und Schule sowie im Berufsleben kräftig um sich. Wie Offizier und Soldat, so standen sich auch Vater und Kind, Lehrer und Schüler, Meister und Lehrling, Unternehmer und Arbeiter in steigendem Masse so gegenüber, dass der Vorgesetzte vom Untergebenen willenlosen Gehorsam forderte"[55].

Oder um auf einen Hinweis Tschuppiks von 1930 zurückzugreifen:

"Nietzsche, der viel über den Gehorsam als den Ursprung der deutschen Morallehren nachgedacht hat, meint einmal, er sei eine naturgegebene Eigenschaft der Deutschen ...
Wir wissen, dass die Lust am Gehorchen einen simplern, zeitnäheren Ursprung hat: Sie ist die Frucht der deutschen Geschichte. In den deutschen Morallehren ist die historische Tatsache enthalten, dass die Deutschen den Zwang zum Gehorchenmüssen in ein sittliches Gebot des Gehorchensollens verwandelten.
Es ist keine naturgegebene, es ist eine erworbene Eigenschaft; sie ist nicht das Merkmal der machtgewohnten Stände, sie ist die Tugend der kleinen Leute, der Untertanen"[56].

---

52 Siehe u. Anm. 105.
53 Croce, S. 260.
54 Ritter (o. Anm. 6), I, S. 150 f.
55 Adolf Gasser, Geschichte der Volksfreiheit und der Demokratie, Aarau 1939 (2. Aufl. 1949, erweitert um einen Nachtrag), S. 175 f.
56 Tschuppik (o. Anm. 40), S. 422.

Über die fatale Untertanenmentalität des verpreussten deutschen Menschentums besteht in Wissenschaft und Literatur[57] eine solche Überfülle an Nachweisen, dass wir uns hier weitere Zeugnisse ersparen können.

Die Folgen jener Knechtseligkeit, zu der das Zuchtinstrument der preussisch-deutschen Armee den ganzen Volkskörper zunehmend abrichtete, sind allbekannt. Sie gipfelten darin, dass die öffentliche Meinung dem Soldaten- und vorab dem Offiziersstand grenzenloses Vertrauen schenkte und in ihm eine Art Übermenschentum zu erkennen glaubte, wie es Bethmann Hollwegs Privatsekretär Riezler anfangs 1917 in seinen Tagebüchern festhielt:

> "Wahres Wunder, dass das deutsche Volk an diesem Dilettantismus, an den es unerschütterlich glaubt, weil er eine Uniform anhat, nicht Schiffbruch erleidet ...
>
> Das Schlimmste ist, dass es für das Volk militärische Fehler kaum gibt, diese Ursache also dem öffentlichen Geist ewig verborgen bleibt, also auch nicht korrigiert wird ...
>
> Ungeheure Tüchtigkeit auf allen Spezialgebieten und gänzliches Versagen, wo wahre Bildung, Übersicht über das Menschengetriebe und Perspektive nottut − Signum des heutigen Deutschen"[58].

Diesem allgemeinen Aberglauben an die Unfehlbarkeit der Uniform entstammte folgerichtigerweise − auch sie eine organische Frucht der seit 1866 überwuchernden Kriegsvergottung − eine Vergottung der Armeeführung. Dazu stellte der hochangesehene Wiener Publizist Kanner 1922 im Rückblick fest:

> "Der Deutsche vor dem Krieg und noch während des Krieges bis zum Schluss ... glaubte nicht an Gott, sondern nur an den Grossen Generalstab. Ich habe im Laufe der Jahre mit so vielen oppositionellen und oppositionellsten Deutschen gesprochen, die an allem und jedem Kritik geübt haben; aber einen Zweifel am Grossen Generalstab habe ich von keinem gehört.
>
> Es war ein Kollektivfehler des ganzen deutschen Volkes, das allerdings den Generalstab nur in der Glanzbeleuchtung früherer Siege sah ... Man ging leichten Herzens in den Krieg, weil der Grosse Generalstab den Sieg errechnet hatte"[59].

Im übrigen galt die Verehrung der Vorkriegsdeutschen durchaus dem Generalstab als Kollektivum und nicht dessen jeweiligem Chef. Die Nachfolger des alten Moltke, der 1888 in Pension ging, hatten ja in den Friedensjahren vor 1914 keinerlei Möglichkeit, sich kriegerisch zu bewähren und die Herzen zu entflammen. Dennoch haben sie den Ausbruch des Ersten Weltkriegs und dessen Ablauf in den Anfangswochen entscheidend bestimmt.

Alfred von Schlieffen, Generalstabschef von 1891−1905, galt zu seinen Lebzeiten im Offizierskorps als Führerpersönlichkeit von begnadeten Fähigkeiten[60]. Seine starke Stellung wurzelte nicht zuletzt in seiner Gabe, dem Kaiser gegenüber servilste Ehrerbietung zu erweisen − so räumte er ihm in den Manövern stets das

---

57 So etwa Heinrich Manns Roman: Der Untertan (1914). − Jetzt in gerecht abwägender, überzeugender Übersicht: Christian Graf von Krockow, Warnung vor Preussen, Berlin 1981, S. 102 ff., 146 ff., 150.

58 Riezler (o. Anm. 17), S. 394, Notiz vom 9. Januar 1917.

59 Heinrich Kanner, Kaiserliche Katastrophenpolitik. Wien 1922, S. 364 f. − Über Kanners Ansehen: Kantorowicz (o. Anm. 14), S. 56.

60 Groener 1927 (o. Anm. 27), S. 4 ff., 10 ff.

Kommando über die "siegenden" Truppen ein – und sich nach unten hin mit einem Maximum an Selbstbewusstsein in Szene zu setzen.

Heute unterliegen seine Führungsqualitäten harter Kritik. Mit seinem Credo, dass der Angriff auch auf weiteste Distanzen die stärkere Form der Kriegführung sei als die Verteidigung, stellte er sich in Gegensatz zum Vermächtnis von Clausewitz und ebenso, wie sich 1914 zeigte, zur Waffentechnik der eigenen Zeit[61]. Nur von einem solchen Grundirrtum aus konnte Schlieffen seinen Angriffsplan an der Westfront konzipieren, um dort durch eine riesige Umfassungsbewegung über die neutralen Kleinstaaten Belgien und Holland das gesamte französische Heer zu überflügeln und einzukesseln. Ritter kritisierte dieses vermessene Unternehmen 1956 so:

"Von den späteren Ereignissen her gesehen, erscheint der Schlieffenplan geradezu als der Anfang vom Unglück Deutschlands und Europas"[62].

Schlieffens abenteuerliches Wagnis, alles auf eine Karte zu setzen, und das erst noch in einem voraussichtlichen Zwei- oder gar Dreifrontenkrieg, gleicht dem Glücksrittertum eines Spielers. Doch liess er bei sich selbst wie bei seinen Mitarbeitern keinen Zweifeln Raum, dass der verwegene Schlag gelingen müsse. Bei seiner Verabschiedung Ende 1905 versicherte er überforsch:

"Alle unsere Feinde sind überzeugt, dass der deutsche Generalstab das Vermächtnis des Mannes von Sedan geborgen hat und sich im sicheren Besitz des Geheimnisses des Sieges weiss"[63].

Sein Nachfolger, der gleichnamige Neffe des genialen Helmuth von Moltke, war mehr ein begabter Koordinator als eine imponierende Führerpersönlichkeit. Im Vergleich zu seinem Vorgänger reichte sein politischer Gesichtskreis etwas weiter, freilich nicht in genügender Breite, so dass ihn ein weltkundiger Diplomat nach einer Unterredung besorgt kennzeichnete: "korrekt, aber beschränkt"[64]. Unter dem Einfluss seiner draufgängerischen Mitarbeiter hielt er grundsätzlich am Schlieffenplan fest, mit Modifikationen, die man im Generalstab damals allgemein als Verbesserungen empfand[65].

Wegleitend für Moltkes folgenschwere Entscheidungen wurde ein Berliner Kriegsrat, zu dem der Kaiser am 8. Dezember 1912, zur Zeit des Ersten Balkankrieges und der österreichisch-serbischen Adriakrise, die Spitzen von Heer und Marine berufen hatte[66]. Unter dem Druck der Heeresleitung wurde damals beschlossen, den Dreifrontenkrieg gegen die Gesamtentente sobald wie möglich zu wagen, d.h. bevor die Russen durch den Bau neuer Eisenbahnlinien zur polnischen Westgrenze hin ihren Aufmarsch beschleunigen und damit den Schlieffenplan, der

61 Wallach (o. Anm. 31), S. 52 ff., 77 ff., 82 ff., 95 ff., 115 f.
62 Gerhard Ritter, Der Schlieffenplan, München 1956, S. 93.
63 Alfred von Schlieffen, Gesammelte Schriften, Bd. 2, Berlin 1913, S. 456 f.
64 Eckardstein (o. Anm. 15), III, S. 186.
65 Wallach (o. Anm. 31), S. 133 ff.
66 Dokumente bei Röhl (o. Anm. 16), S. 100, 107, 113, 124; zum Gesamtproblem der damaligen "Adriakrise": ebd., S. 77 ff., 88 f.(!); Fischer (o. Anm. 9), S. 232 ff.; Zechlin (o. Anm. 13), S. 115 ff.; Schulte (u. Anm. 73), S. 75 ff., 88 ff.

fast alle deutschen Truppen gegen Frankreich konzentrierte, unanwendbar machen würden[67].

Bei näherer Prüfung liess es sich freilich nicht vermeiden, für eine bestimmte Frist mit dem Losschlagen noch zuzuwarten. Wie der bayerische Militärbevollmächtigte in Berlin vom preussischen Kriegsminister erfuhr, aus folgendem Grund:

"Tirpitz verlangte Aufschub für ein Jahr, bis der (Kieler-)Kanal und der U-Boot-Hafen Helgoland fertig seien. Ungern liess sich der Kaiser zum Aufschub bestimmen" (sic!)[68].

Dieser zweite Satz wird von den Historikern der apologetischen Richtung beflissentlich übersehen. Tatsächlich steht er im Gegensatz zum Bericht des Admirals Müller, der in seinem Tagebuch von einem förmlichen Aufschubbeschluss nichts weiss und darum das Ergebnis der Konferenz "gleich null" bezeichnete[69]. Der scheinbare Widerspruch löst sich von selbst, falls Müller, den man mit einer Briefbotschaft an den ihm befreundeten Kanzler betraut und nur darum herangezogen hatte, vom entscheidenden Teil der Besprechung während der Mittagstafel ferngehalten blieb; war es doch im kaiserlichen Deutschland möglich, dass wichtigste Entscheidungen "buchstäblich über dem Mittagessen" getroffen wurden[70].

Die Vertagung des Losschlagens vom Jahre 1913 auf den Sommer 1914 erwies sich nicht zuletzt mit Rücksicht auf den Schlieffenplan als notwendig. Ein Blitzkrieg im Westen erforderte im Falle eines Dreifrontenkrieges unbedingt die vorherige Vertiefung des Kieler Kanals, um die deutschen Grosskampfschiffe von einem der Meere ohne Verzug ins andere zu transportieren und dort die vom Generalstab nachweisbar befürchtete Landung von Invasionstruppen in Dänemark oder den norddeutschen Küstenzonen mit Sicherheit zu verunmöglichen[71].

Für die Admiralität war demzufolge der Sommer 1914 der früheste Termin, an dem sich eine Kriegsentfesselung verantworten liess, für die Heeresleitung seit 1913 — im Blick auf die 1915 zum Abschluss gelangende Reorganisation der französischen Armee — umgekehrt der späteste Termin. Ausserdem gewann man mit dem Kriegsaufschub immerhin einen nicht zu unterschätzenden Vorteil, nämlich wertvolle anderthalb Jahre, um sich auf den Schicksalstermin gründlich vorzubereiten — in den Bereichen der Aufrüstung, der Diplomatie, der Propaganda[72].

Als "Zivilkanzler" war Bethmann Hollweg, wie in einem Militärstaat durchaus logisch, zum Kriegsrat nicht eingeladen worden. Dennoch wusste er recht gut, wohin die Reise ging. In jenen Wochen äusserte er sich über den nunmehr einzufordernden riesigen Aufrüstungskredit folgendermassen:

"Wenn wir soviel nun fordern, dann müssten wir doch die bestimmte Absicht haben, bald zu schlagen" (sic!)[73],

67 Gasser 1968, S. 177 ff.; ders. 1973, S. 310 ff. [Anbei o. S. 5 ff., 50 ff.]
68 Röhl, S. 113.
69 Röhl, S. 100.
70 Geiss (o. Anm. 21), I, S. 33 f.
71 Gasser 1973, S. 316 f. [anbei o. S. 57 ff.]; Röhl, S. 88 f.
72 Fischer (o. Anm. 9), S. 231–288 (= "Der vertagte Krieg").
73 Bernd F. Schulte, Vor dem Kriegsausbruch 1914, Deutschland, die Türkei und der Balkan, Düsseldorf 1980, S. 156, dazu 78 ff.

– so berichtete sein Gesprächspartner General von der Goltz dem General Mudra am 10. Dezember 1912.

Und nun traf der Generalstab auf den 1. April 1913 Massnahmen, die einzig den Sinn haben konnten, gegen Frankreich und Belgien unter allen Umständen baldigst loszubrechen. Nie wäre der "korrekte" Moltke zu solch schwerwiegenden Entscheidungen fähig gewesen, hätte er sich nicht seit dem 8. Dezember dazu grundsätzlich vom Kaiser ermächtigt gefühlt!

Einerseits kassierte die Heeresleitung jetzt den Grossen-Ostaufmarsch-Plan, der bis dahin neben dem Schlieffenplan Jahr für Jahr weiterbearbeitet und den neuen Verhältnissen angepasst worden war[74]. Bisher hatten Kaiser und Kanzler als politische Instanzen gegebenenfalls mitentscheiden können, welcher der beiden Pläne je nach der Weltlage anzuwenden sei. Solange eine Alternative bestand, behielt sogar der Schlieffenplan noch ein defensives Element – im Sinne einer Reaktion auf einen etwaigen Angriff von Westen her. Erst jetzt, da man sich so oder so zum aggressiven Losschlagen gegen Westen entschlossen hatte, verloren alle Defensivvarianten ihren Daseinssinn, und so warf man sie mit dem besten "Fachgewissen" der Welt über Bord.

Auf das gleiche Schicksalsdatum des 1. April 1913 baute Moltke sodann in den Schlieffenplan eine von ihm und seinem Mitarbeiter Ludendorff, dem Chef der Aufmarschabteilung, seit Jahren sorgsam studierte Ergänzung definitiv ein, eine starr-aggressive Neuvariante: den sofortigen Überfall auf die von belgischen Mobilstreitkräften noch unbewehrte Festung Lüttich, und zwar mit Truppen von Deutschlands stehender Armee[75]. Schlieffen hatte jenen Sperriegel vom Maastrichter Zipfel aus umgehen und einschliessen wollen; in seinen letzten Aufmarschstudien von 1912 hatte er den Umfassungsflügel sogar bis gegen Nimwegen hin ausgedehnt[76]. Mit ihrem Lütticher Handstreich haben Moltke/Ludendorff den Niederlanden die Schrecken des Krieges und dem Deutschen Reich zusätzliche internationale Komplikationen erspart, in dieser Hinsicht also den Schlieffenplan politisch verbessert. Dafür aber verletzten sie Belgiens Neutralität schon am 3. statt erst am 16. Mobilmachungstag, was gerade auch militärisch von fragwürdigem Wert war. Denn ein sofortiger Kriegseintritt Englands ermöglichte es diesem, sein Hilfskorps schon in der zweiten Mobilisationswoche aufs Festland überzusetzen, statt erst in der vierten, und damit die französische Westflanke schon vom 20. August an, und keineswegs unwirksam, zu verlängern und zu decken.

Alles in allem waren seitens der deutschen Militärs die Weichen für den Überfallskrieg vom Sommer 1914 ab unwiderruflich gestellt, vorausgesetzt natürlich, dass bis dahin nicht ein Zerfall der Entente den Weg zu Einfrontenkriegen öffne. Im übrigen äusserten sich in ihrem Kriegsentschluss nicht Bosheit und Heimtücke, um so krasser aber ein extremes Mass von Borniertheit, im Sinne einer "déformation profes-

---

74 Gasser 1968, S. 175–184. [Anbei o. S. 3–11.]
75 Wallach (o. Anm. 31), S. 140 ff.; Gasser 1968, S. 185–191. [Anbei o. S. 12–17.]
76 Ritter (o. Anm. 62), S. 80, 187 f.

sionnelle": Kriege werde es immer geben, und darum wäre es pflichtwidrig, zuzuwarten, bis die russische Aufmarschbeschleunigung ab 1916 dem Schlieffenplan
als sicherem Blitzsiegsrezept den Boden entziehe.

In seiner draufgängerischen Haltung fühlte sich der Generalstab nicht nur durch
den Auftrag des Kaisers vom 8. Dezember 1912 gedeckt, sondern auch durch die
nationale "Aufbruchsstimmung", wie sie vom Offizierskorps und dem neugegründeten "Wehrverein" her immer mächtiger in die Öffentlichkeit ausstrahlte[77]. Seitdem
der Monarch wegen der Daily-Telegraph-Affäre 1908 und der Reichskanzler wegen
des Ausgangs der Zweiten Marokkokrise 1911 die vorwärtsdrängenden Kreise im
Volke enttäuscht hatten, wandten sich deren Hoffnungen um so stürmischer der
Heeresleitung zu, welche das "heilige Erbe" von Königgrätz und Sedan hütete. Das
Gesamtergebnis dieser einseitigen Vertrauensverlagerung fasste der Schreibende
1973 in die Worte:

"Das alte Wort, dass Preussen nicht ein Staat mit einer Armee, sondern eine Armee mit
einem Staate sei – nie hatte es zu Friedenszeiten stärkere Geltung als im verpreussten
Deutschen Kaiserreich der unmittelbaren Vorkriegsjahre, unter einem unfähigen Herrscher,
der die politischen Instanzen bis zum 'Zivilkanzler' hinauf den militärischen ostentativ
hintanstellte und von diesen, nachdem sie sich Tirpitz und Bethmann dienstbar gemacht
hatten, seinen ziel- und folgenlosen Augenblicksstimmungen und Regentenspielereien überlassen blieb"[78].

So nahm denn, nachdem Sarajevo der deutschen Kriegspartei genau zum richtigen Zeitpunkt – die Vertiefung des Kieler Kanals war vier Tage vorher vollendet
worden – den ersehnten populären Aktionsvorwand geliefert hatte, das Schicksal
seinen vorprogrammierten Lauf. Der Reichskanzler seinerseits ordnete während
der ganzen Julikrise seine "Politik der Diagonale" aufs loyalste in das von den
Militärs beherrschte Kräftefeld ein, anfänglich, wie seine Äusserungen zu Riezler
zeigen[79], noch mit leiser Hoffnung, sie durch ein Auseinanderfallen der Entente
zufriedenzustellen, und nachher, auf dem Höhepunkt der Krise, mit gelegentlichem
Abbremsen übereifriger Draufgänger. Mehr als taktische Winkelzüge waren das nicht,
und ihr Zweck erschöpfte sich darin, den Sozialdemokraten und Engländern deutschen Friedenswillen vorzutäuschen[80].

Seit der österreichischen Mobilmachung gegen Serbien am Abend des 25. Juli
waren analoge russische Massnahmen an der galizischen Grenze das einzige Mittel,
um das kleine Königreich vor dem Aufmarsch einer erdrückenden Übermacht zu
bewahren. Bethmann Hollweg hatte die Wirkung einer solchen Wiener Provokation
schon am 23. Juli(!) genau vorausberechnet, als er über eine "russische Mobilmachung ab irato" zu Riezler äusserte:

77 Siehe u. Anm. 118–126.
78 Gasser 1973, S. 314. [Anbei o. S. 55.]
79 Riezler (o. Anm. 17), S. 185, 187, 188 f.; dazu u. Anm. 129–141.
80 Fischer, S. 699–719.

"Dann ist kaum mehr etwas zu verhandeln, weil wir dann sofort, um überhaupt noch gewinnen zu können, losschlagen müssen. Dann aber fühlt das ganze Volk die Gefahr und steht auf" (sic!)[81].

Dergestalt brachte man "die Nation einmütig und begeistert" dahin, wohin Moltke/Ludendorff sie am 16. Dezember 1912 hatten führen wollen[82].

Es bleibt das dauernde Verdienst Fritz Fischers, diesen zielbewussten deutschen Kriegswillen seit 1961 aufgedeckt zu haben. Jenen Apologetikern, die heute noch alles auf blosse "Fehlkalkulationen" reduzieren möchten, entgegnete Berghahn jüngst zu Recht:

"Es ist schon frappant, wie Fischers Kritiker im entscheidenden Punkt zu den Kategorien des 'Verhängnis', der 'menschlichen Blindheit' und des 'Automatismus der Bündnisse' Zuflucht nehmen. Die Antwort wandert damit in eine rational nicht fassbare Begriffswelt ab und weicht einer Beantwortung des Verursachungs- und Verantwortungsproblems aus. So haben wir's vor Fischer auch schon gehabt"[83].

Das blinde Vertrauen, das die deutsche Öffentlichkeit vor Kriegsausbruch dem Generalstab gezollt hatte, erwies sich in der Praxis schon in der ersten Septemberdekade als Illusion. Nach 1918 lastete man den Rückschlag an der Marne verstorbenen Einzelpersonen an, die sich nicht mehr wehren konnten: Sie hätten den sicheren Siegesplan "verwässert". Wie steht es damit?

In Wirklichkeit war der rechte Umfassungsflügel des deutschen Heeres in Belgien und Nordfrankreich genau in der von Schlieffen vorgesehenen Stärke aufmarschiert[84]. Lediglich die aus den steigenden Geburtenzahlen resultierenden Neuzugänge an Truppen hatte man nach Elsass-Lothringen beordert. Und dies mit besten Gründen, weil nämlich die damaligen Transportmittel gar nicht erlaubten, noch grössere Truppenmengen bei ihrem stürmischen Vormarsch mit dem nötigen Nachschub zu versehen[85]; dieser erreichte schon die Kämpfer an der Marne nur ganz unzureichend. Die Missachtung von Clausewitz' Lehre, dass die Kraft des Angreifers mit zunehmenden Entfernungen schwinde und die des Verteidigers wachse, musste sich da ebenso rächen wie zur Zeit Hitlers — bei gewaltig verbesserten Transportchancen — in den Riesenräumen des russischen Kriegsschauplatzes. Der Denkfehler war beidemal der gleiche!

Darüber hinaus litt die Konzeption des Schlieffenplans noch an einem weiteren Grundfehler. Bekanntlich waren die deutschen Armeeführer am äussersten rechten Flügel, statt gegen die untere Seine, erst eigenmächtig, dann mit Moltkes Billigung am 1./2. September über die Oise nach links geschwenkt, um bei der Gefangennahme der vermeintlich zusammengebrochenen Franzosen mit dabeizusein und beim Pflücken der Siegeslorbeeren nicht ins Abseits zu geraten. General Kluck hat

---

81 Riezler, S. 190.
82 Siehe o. Anm. 16.
83 Volker Berghahn, Die Fischerkontroverse, 15 Jahre darnach, in: Geschichte und Gesellschaft, Zeitschrift für Historische Sozialwissenschaft, 6. Jg., Göttingen 1980, S. 18. — Siehe u. Anm. 134–141.
84 Wallach (o. Anm. 31), S. 136 f.
85 Ebd., S. 172 ff.

dies im November 1918 offen zugestanden, als er gegenüber einem schwedischen Journalisten als Hauptgrund des Rückschlags, den "Grund, der bedeutsamer ist als alle andern", folgenden nannte:

> "Dass Männer, die zehn Tage lang zurückgegangen sind, auf der Erde geschlafen haben und halbtot sind vor Müdigkeit, noch in der Lage sein würden, ihre Gewehre aufzunehmen und anzugreifen, wenn das Signal erklingt – damit haben wir niemals gerechnet. Diese Möglichkeit stand in unseren Kriegsschulen nicht auf dem Studienplan"[86].

Es waren die Kriegsschulen Schlieffens! Was diese an Lehrstoff vermittelt hatten, stand augenscheinlich den Erfahrungen von 1866/71 näher als den durch den Wandel der Zeit bedingten neuen Gegebenheiten und Forderungen. Die deutsche Armee von 1914 war offenbar auf den Lorbeeren des älteren Moltke eingeschlafen!

Planmässig und erfolgreich sorgte der Kanzler dafür, dass von der Katastrophe der deutschen Blitzsiegskonzeption nichts in die Öffentlichkeit drang; befürchtete er doch von einem Vertrauensschwund gegenüber der Armee die Gefährdung der Monarchie, ja der ganzen etablierten Staatsordnung[87]. Seine Totschweigetaktik bewirkte, dass die überschwengliche Kriegsbegeisterung in der Nation – das alle Volksschichten durchpulsende "Augusterlebnis" – sich nur um so unwiderstehlicher zur Feldherrenvergottung verdichtete. Sie gipfelte im Hindenburgkult[88]. In weltfremder Überschätzung lokaler Schlachtensiege, die für das Endergebnis des Krieges total belanglos waren, erwartete man alles Heil einzig vom Genie der Obersten Heeresleitung. Und dabei bewies doch die Weltgeschichte, dass just die glorreichsten Sieger auf den Schlachtfeldern wie Hannibal, Karl XII., Napoleon zuletzt regelmässig ihre Endschlachten verloren haben – bei Zama, Pultawa, Waterloo!

Auch fürderhin sollten die von der Nation so vergötterten Feldherren gerade im Entscheidenden nur allzu oft versagen, so etwa bei der Beurteilung der neuen Tankwaffe. Ihr gegenüber appellierte Ludendorff an den Mannesmut und die Nervenkraft, wogegen Tschuppik mit Recht einwandte:

> "Das moralische Argument versagt angesichts der Panzerwände, der motorischen Kraft und der Feuerüberlegenheit der Tanks. Der Soldat fühlt nur die Unterlegenheit der eigenen Kriegführung und verweigert den Mut"[89].

Auch bei seinen Grossoffensiven im Frühjahr und Sommer 1918 blieb Ludendorff

> "der Gefangene seiner Schule ... (und) ... jagt immer dem Phantom der Vernichtungsschlacht nach ..., ohne zu ahnen, dass dies alles nicht ausreicht, den 'neuen Kriegstyp', die Verteidigung in der maschinellen Schlacht umzuwerfen. Der bedeutendste Fachmann des alten preussischen Generalstabs vermag die moderne Schlacht nicht mehr zu meistern"[90].

---

86 Barbara Tuchman, August 1914, Bern/München 1964, S. 518, 578.
87 Karl Lange, Marneschlacht und deutsche Öffentlichkeit, Eine verdrängte Niederlage und ihre Folgen, Düsseldorf 1974, S. 87 ff.
88 Ein besonders groteskes Beispiel bei: Ernst Johann (Hrsg.), Innenansicht eines Krieges. Bilder, Briefe, Dokumente 1914–18, S. 75 f., Frankfurt a.M. 1968 – mit der Korrektur Ludendorffs (o. Anm. 39), S. 44.
89 Tschuppik (o. Anm. 40), S. 214.
90 Ebd., S. 277, 352 f.

Diese Kritik von 1930 ist von einem der besten Kenner der modernen Kriegs-geschichte, Jehuda L. Wallach, 1967 in vollem Umfang bekräftigt worden[91], unabhängig von Tschuppiks zuwenig bekanntgewordenem Buche.

Das nachweisbare militärische Versagen des Schlieffenplans wie des Schlieffen-schülers Ludendorff schuf an sich günstigste Voraussetzungen, um die deutsche Nation von ihrer unheilvollen Kriegs- und Feldherrenvergottung schon seit 1918, statt erst seit 1945, gründlich zu heilen. Statt dessen geschah etwas vom Wider-sinnigsten und Unheilvollsten, was die deutsche Geistesgeschichte kennt: ein nach-trägliches Emporsteigern und Hochspielen ausgerechnet des toten Schlieffen ins Reich des Genialen und Übermenschlichen — im Sinne einer eigentlichen Apo-theose!

Es war in vorderster Linie General Groener, ein dem Preussengeist total ver-fallener Württemberger, der sich zur Zeit der Weimarer Republik dieser in ihren Auswirkungen ruinösen Geschichtsfälschung schuldig machte.

In drei Büchern von grosser Auflagenhöhe[92] und vielen Einzelaufsätzen stilisierte er Schlieffen zum "gottbegnadeten Menschen" empor, der sogar über den alten Moltke "hinausgewachsen" sei und ein "geistiges Erbe in gigantischer Grösse" hinterlassen habe[93]. Der Weltkrieg hätte gar nicht verlorengehen können, so häm-merte Groener der Nation in den 1920er Jahren fortgesetzt ein, würden Schlieffens Nachfolger sein "Vermächtnis" treulich bewahrt haben, statt es eigenmächtig zu "verwässern". Wörtlich:

> "Als Generalfeldmarschall Graf Schlieffen am 4. Januar 1913 die Augen schloss, da hinter-liess er als Vermächtnis das Geheimnis des Sieges im Dreifrontenkrieg (sic!) ...
> Das Genie des Grafen Schlieffen hätte sicherlich auch die Defensive im Westen bewältigt. Aber — wenn ein Schlieffen das deutsche Heer geführt hätte, wäre die Offensive erst recht zu dem gewaltigsten Sieg der Weltgeschichte(!) geworden ...
> Hätten wir auf die Stimme des Alten gehört, so hätte weder das englische noch das amerikanische Heer Zeit gefunden, zu entstehen und übers Wasser zu kommen" (sic!)[94].

Das alles bettete sich bei Groener in eine historische Phantasmagorie und ein politisches Weltbild ein,

> "das einen gigantischen, die deutsche Volksseele bis in die Tiefen durchdringenden Führer-willen verlangte. Dieser Führerwille war mit Bismarck entschlafen und nicht wieder er-standen"[95].

Mit alldem gehört Groener als Militärschriftsteller zu den destruktivsten Figuren der Zwischenkriegsära — auch wenn er als Minister alles andere als ein Begünstiger Hitlers war[96]. Doch sein seit 1920 erhobener Ruf nach einem "gigantischen Führer-willen", der autoritativ "das Volk mitreisst", zeugte satanische Früchte und mün-

---

91 Wallach, S. 271 ff., 281 f., 286.
92 Groener 1920, 1927, 1930 (o. Anm. 27, 33, 36).
93 Ebd. 1927, S. IX, 4, 34.
94 Ebd. 1920, S. 16; 1927, S. 100, 202.
95 Ebd. 1920, S. 15; dazu Lange (o. Anm. 87), S. 132 ff.
96 Wilhelm Deist, Die Aufrüstung der Wehrmacht (u. Anm. 102), S. 382 ff.

dete seit 1933 in einen gigantischen Paroxysmus aus, von dem sich jener Unglücks-
mann nichts hatte träumen lassen.

Der von ihm und unzähligen anderen Nationalisten neuerweckte Köhlerglauben
an den Genius überragender Staats- und Armeeführer liess den altpreussischen
Militärgeist rasch neu erstarken – zumal in einer Nation, die sich "im Felde unbesiegt" und darum vom Ausland ungerecht behandelt wähnte. Auf solchem
Boden wucherte auch die alte Kriegvergottung bald üppiger denn je empor.
Zwei Jahre nach(!) der Unterzeichnung des Briand-Kellogschen Kriegsächtungs-
paktes durch alle Staaten der Welt und drei Jahre vor(!) Hitlers Machtergreifung
scheute der hochangesehene evangelische Kirchenführer Dibelius nicht vor folgen-
der Blasphemie zurück:

> "Alles was wir Kultur nennen, ist bestimmt worden durch die grossen Entscheidungen, die
> auf den Schlachtfeldern gefallen sind ... Das und das allein ist der Inhalt der Geschichte:
> Krieg, Krieg und immer wieder Krieg! (sic!)
> Der Krieg ist eine natürliche Lebensordnung der Völker. Auch die Religion erhebt
> dagegen nicht Protest. Auch das Christentum nicht ... (Der Christ) steht im Dienste seines
> Gottes, wenn er für sein Vaterland kämpft ... Das ist der Weg der Kirche"[97].

Unverkennbar knüpfte damit auch ein Dibelius 1930 direkt an das vom preussischen Kulturphilosophen Lasson 1868 verkündete Kriegsideal an. In diesem war
von vornherein auch die Vergottung der Feldherrnkunst eingeschlossen gewesen:

> "Kein erhabeneres Bild kann die Menschheit überhaupt in ihrer irdischen Erscheinungsform
> gewähren als den Feldherrn an der Spitze des Heeres, nun den Plan überlegend, nun ihn aus-
> führend im Toben des Kampfes.
> Des Geistes Blick nach allen Seiten gerichtet, die Willenskraft straff auf die hohe Auf-
> gabe gespannt, in hoher Seelenruhe die furchtbarste Verantwortlichkeit tragend und die
> erhabene Pflicht erfüllend: So beherrscht der Feldherr, der es im wahren Sinne ist, das
> weite Feld, ... die Person gewordene Intelligenz und Willensenergie zugleich"[98].

Kein Wunder, dass nachmals der Schwerstverbrecher aller Zeiten im Banne der
Afterweisheit solcher Jugendlektüre seinen von allen Furien gepeitschten Psycho-
pathenehrgeiz dareinsetzte, sich auch zum "Grössten Feldherrn aller Zeiten"
– zum Gröfaz – aufzublähen.

Auf den entscheidenden Zusammenhang hat jüngst vor allem auch der Salzburger Historiker Fellner nachdrücklich hingewiesen:

> "Wenn man ... vorstösst zu einer Analyse der Geisteshaltung der deutschen Führungs-
> schichten in den entscheidenden Jahrzehnten vor dem Ausbruch des Ersten Weltkrieges,
> dann wird dem Historiker bewusst, dass es sich nicht vermeiden lässt, von einer moralischen
> Schuld zu sprechen: ... Sie liegt auf dem Gebiete der Erziehung, der Bildung, der Beein-
> flussung der öffentlichen Meinung und des nationalen Denkens.
> Es gibt kein Land (Italien vielleicht ausgenommen), in welchem um die Wende vom
> 19. zum 20. Jahrhundert die Erziehung so sehr im Dienste der Verherrlichung des Krieges
> gestanden ist.

---

97 Otto Dibelius, Frieden auf Erden?, Frage, Erwägungen, Antworten, Berlin 1930, S. 27 f.,
　　57, 210; zit. bei Wette (u. Anm. 102), S. 58 f.
98 Lasson (o. Anm. 41), S. 23. [Anbei o. S. 45.]

Im Wilhelminischen Deutschland war die Idee des Vaterlandes für die Jugend untrennbar mit der Bereitschaft zum Kriege verbunden. Der Gedanke der soldatischen Bewährung, die Auffassung, dass der Opfertod auf dem Schlachtfeld die höchste Erfüllung des Lebens sei, das waren die Grundgedanken der politischen Ethik wie der politischen Erziehung ...
Das Versagen der deutschen Historiker, die Verantwortung der deutschen und österreichisch-ungarischen Staatsmänner, Diplomaten und Militärs für den Ausbruch des Ersten Weltkrieges aufzuzeigen und einzubekennen, ihre Bereitschaft, kriegerisches Denken auch nach den Leiden des Ersten Weltkrieges unverändert zu verherrlichen, diese Haltung hat aus der Verantwortung eine Schuld gemacht, die in den Zweiten Weltkrieg führte"[99].

Im Lichte all dieser Erkenntnisse findet die von Fritz Fischer in den Jahren 1961–78 erschlossene Neubeurteilung der deutschen Geschichte ihre volle Bestätigung:

"Nicht 1918 und 1945, wie es die deutsche Tradition sehen will, sondern 1914 und 1933/39 sind die Katastrophen der deutschen Geschichte nach dem Urteil des Salzburger Historikers Fritz Fellner ...
So singulär die verbrecherisch-unmenschlichen Züge der Hitler-Diktatur waren, es würde eine unzulässige Verkürzung der historischen Wirklichkeit sein, das 'Dritte Reich' allein von diesem Geschehen aus zu sehen.
Vielmehr ist es nötig, die durchgehenden Strukturen und Ziele des 1866/71 entstandenen und 1945 untergegangenen Preussisch-Deutschen Reiches zu analysieren, sich das Kontinuum im Wandel und seine Wirkungen im internationalen System zu vergegenwärtigen"[100].

Da der Schreibende die Entwicklung vom Ersten Weltkrieg an seit je aus der gleichen Sicht beurteilt hat[101], kann er seine innere Bewegung nicht verhehlen, dass es ihm vergönnt war, die neue revolutionäre Wendung in der deutschen Geschichtsforschung noch mitzuerleben. Und in seinen kühnsten Träumen hätte er nicht zu hoffen gewagt, dass nun gar ausgerechnet junge deutsche Militärhistoriker in ihrem Gesamtwerk über den Zweiten Weltkrieg sich zur gleichen Schau und zu den gleichen Wertmassstäben durchringen würden:

"Diese Katastrophe war das Ergebnis der seit 1933 verfolgten, auf eine kriegerische Auseinandersetzung zielenden deutschen Politik, der nicht nur Hitlers 'Lebensraum'-Ideologie zugrundelag, sondern in der auch der seit der Jahrhundertwende ungebrochene Macht- und Geltungsanspruch deutscher Eliten zum Ausdruck kam"[102].

Und eingangs der von allen vier Autoren gemeinsam unterschriebenen "Schlussbetrachtung" wird als Quintessenz der Gesamtentwicklung von 1871–1945 klar und unbeschönigt festgehalten,

99 Fritz Fellner, Die "Mission Hoyos", in: Recueil des travaux aux assises scientifiques internationales ... de l'Académie serbe des sciences et des arts, Belgrad 1976, S. 409 f. (nach einem vom Autor von Setzfehlern gereinigten Sonderdruck).
100 Fritz Fischer, Bündnis der Eliten, Zur Kontinuität der Machtstrukturen in Deutschland 1871–1945, Düsseldorf 1979, S. 94 f.
101 Adolf Gasser 1939 (o. Anm. 55), S. 74, 174 ff., 204 ff., 219 ff.; ders., Für Freiheit und Recht, Ausgewählte Leitartikel der Basler "Nationalzeitung" 1940–45, Bern 1948.
102 Das Deutsche Reich und der Zweite Weltkrieg, hrsg. vom Militärgeschichtlichen Forschungsamt (der Bundeswehr), Bd. 1: Wolfram Wette/Hans Erich Volkmann/Wilhelm Deist/Manfred Messerschmidt, Ursachen und Voraussetzungen der deutschen Kriegspolitik, Stuttgart 1979, S. 716.

"dass sowohl die Gründung des deutschen Nationalstaates, dann der Versuch der Aufrecht-
erhaltung und des Ausbaues des Reiches als auch – nach der Katastrophe des Ersten Weltkrieges – der erneute Anlauf zur Wiederaufrichtung der Gross- und Weltmachtstellung
Deutschlands jeweils mit einer Kriegspolitik verbunden waren ...
        Kriege standen am Anfang und am Ende der knapp 75jährigen Geschichte dieses National-
staates"[103].

3. Die Wahnidee von Deutschlands Unbesiegbarkeit

Im Blick auf Hitlers Höllenreich und dessen Völkermord an den Juden und
Zigeunern wie auch an Millionen slawischer Kriegsgefangener und Zivilisten aktuali-
siert sich immer von neuem die Frage: Wie konnte das Deutschtum als führendes
Kulturvolk sich zu solchen Teufeleien missbrauchen lassen? Regelmässig wird in den
Diskussionen hervorgehoben, wie arg der preussisch-deutsche Militärstaat die
Gehorsamspflicht im Heeres- und Beamtenkörper auf die Spitze trieb und damit
die breiten Massen der Untergebenen daran gewöhnte, bei jedem Befehlsvollzug
neben der eigenen Meinung auch das eigene Gewissen auszuschalten[104].
    Doch ist das nur die eine Seite der Dinge. Seine Virulenz gewann jener knechti-
sche Gemeinsinn erst dadurch, dass er sich mit einer weiteren, bisher übersehenen
Komponente verband. Hitlers Wahnwitz wuchs im Grunde aus einer älteren Wahn-
vorstellung heraus, welche seit 1866/71 die deutsche Nation immer stärker zu
durchdringen begann – als ein nicht angeborenes, wohl aber anerzogenes Element.
Das war die Hybris, der frevle Übermut ihrer militärischen Unbesiegbarkeit.
    Ein Volk, das sich kriegerisch stärker fühlt als die ganze übrige Welt zusammen-
genommen, erliegt unweigerlich der Neigung, die anderen Völker mit ihren nicht
einseitig am Soldatentum orientierten Wertmassstäben an Lebenskraft und Lebens-
rechten niedriger einzuschätzen als sich selbst. Dieser Tendenz erliegt es nicht aus
Boshaftigkeit, sondern aus Infantilismus. Sogar in seinen elitären Schichten sind
nur die wenigsten imstande, sich solch primitiven Wertungen und Emotionen zu
entziehen und nicht der Zwangsvorstellung zu huldigen, dass der Stärkere immer
auch irgendwie der von Natur aus Höherstehende und Bessere sei.
    Wie zäh und übermächtig derart infantile Kollektivregungen auch in der älteren
Generation sämtlicher Völker dominieren, bezeugt aufs augenfälligste das leiden-
schaftliche Publikumsinteresse am modernen, ganz auf den Siegeswillen hin aus-
gerichteten Leistungssport. Im Unterschied zu seinen harmlosen Wirkungen ent-
quellen Schlachtensiegen um so dämonischere und erzeugen in jenen Nationen, die
sich daran berauschen, geradezu zwangsläufig eine Herrenvolkmentalität[105]. In ihr

103 Ebd., S. 703.
104 Siehe o. Anm. 54–58.
105 Darum sind die Entwicklungen im Deutschen Reich von 1871–1945 in ihrer Eigengesetz-
    lichkeit nur mit denen anderer typischer Militärstaaten wirklich vergleichbar: wie des
    Imperiums Napoleons von 1799–1813 und des Japanischen Reiches von 1895–1945,

ist auch der Rassenwahn keimhaft angelegt – wobei natürlich seine grausige Übersteigerung im Hitlerreich primär der persönlichen Diabolik eines psychisch abartigen
Monstrums zu Lasten fällt.

Schon im Jahre 1871 lässt sich beobachten, wie sich ein deutscher Unbesiegbarkeitswahn keimhaft zu regen begann: als die Drachensaat von Königgrätz und
Sedan. Das bezeugt eine Bemerkung des in der Schweiz lebenden deutschen Emi-
granten Friedrich Wilhelm Rüstow. Als ehemaliger preussischer Offizier, demo-
kratisch gesinnter 48er Flüchtling und zeitweiliger Mitarbeiter von Marx, Lassalle,
Garibaldi war er nach seiner Einbürgerung in Zürich zum Obersten im Schweizer
Generalstab aufgestiegen. In Kommentierung des Kriegsgeschehens publizierte er
1870/71 eine Serie von Broschüren, von denen die letzte erstaunlich weitsichtige
Aussagen aufweist:

> "Wie wenig auch die jetzigen Lenker der deutschen Geschicke zu Übergriffen ungerechter
> Art geneigt sein und wie klug sie berechnen mögen – die Menschen wechseln und ver-
> schiedene Anzeichen deuten darauf hin(!), dass bei einem Wechsel nicht dieselbe Umsicht
> und weise Mässigung am Ruder bleiben werde.
>   So mag denn ein Koalitionskrieg gegen Deutschland nicht ausser aller Berechnung
> bleiben, und in einem solchen möchte auch Frankreich viel früher, als es jetzt scheint,
> eine nicht unbedeutende Rolle spielen können.
>   Wohl wird man darauf antworten: Deutschland ist militärisch der ganzen Welt gewachsen
> (sic!). Möglich; wir wollen darüber nicht streiten"[106].

Obwohl Rüstow die bereits damals aufkeimende militärische Hybris mit Besorgnis verzeichnete, verzichtete doch schon er darauf, eine Illusion zu bekämpfen, die
sich im Grunde nur auf dem Wege praktischer Erprobung einwandfrei widerlegen
liess. Eben deshalb waren einem weiteren Umsichgreifen solcher Wahnvorstellungen
im deutschen Volkskörper auch keine Grenzen gesetzt: Er wurde von ihnen zunehmend durchdrungen wie von einem schleichenden Gift.

Der Durchbruch vom Unbesiegbarkeitswahn zur Herrenvolkmentalität ist bereits
im Jahre 1890 nachzuweisen, im Zusammenhang mit der bitteren Enttäuschung
betont nationaler Kreise über den damals mit England abgeschlossenen Helgoland-
vertrag, der dem Deutschen Reiche gegen den Verzicht auf Ansprüche in Ostafrika
lediglich die kleine Felseninsel in der Nordsee eintrug. Am heftigsten und folgen-
schwersten protestierten ausgerechnet reichsdeutsche Akademiker aus Zürich. In
ihrem Aufruf "Deutschland, wach' auf" vom 24. Juni 1890 hiess es wörtlich:

> "Wer kann ein Volk von über 50 Millionen, das seine beste Kraft dem Kriegsdienste weiht,
> das jährlich über eine halbe Milliarde für Kriegswesen ausgibt, wer kann ein solches Volk
> daran hindern, einen Vertrag zu zerreissen, der offenkundig dazu dienen soll, die kommen-
> den Geschlechter um ihr Erbteil am Planeten zu betrügen? ...
>   Wir sind bereit auf den Ruf unseres Kaisers in Reih' und Glied zu treten und uns stumm
> und gehorsam (sic!) den feindlichen Geschossen entgegenführen zu lassen; aber wir können

---

nicht aber mit jenen in zivilen Staatswesen der abendländischen Welt! – Das gilt trotz
    aller scheinbaren Ähnlichkeiten der Institutionen sogar für die Bereiche des verfassungs-
    und sozialgeschichtlichen Lebens. Vgl. auch Krockow (o. Anm. 57), S. 80 ff.
106 W(ilhelm) Rüstow, Der Krieg um die Rheingrenze 1870, politisch und militärisch dar-
    gestellt, 6 Hefte, Zürich 1870/71, VI, S. 64.

dafür auch verlangen, dass uns ein Preis zufalle, der des Opfers wert ist, und dieser Preis ist: einem Herrenvolk anzugehören (sic!), das seinen Anteil an der Welt sich selber nimmt und nicht von der Gnade und dem Wohlwollen eines andern Volkes zu empfangen sucht"[107].

Es war dieser Zürcher Aufruf, der den Anstoss zur Bildung des Alldeutschen Verbandes gab, bereits unter massgebender Mitwirkung des Unglücksmannes Alfred Hugenberg[108]. Bezeichnenderweise glaubten jene Manifestanten ohne weiteres an die Möglichkeit, den von ihnen geltend gemachten nationalen Rechtsanspruch kriegerisch zu realisieren — blind dafür, dass ein Waffengang mit dem Britischen Reich für das deutsche "Herrenvolk" ebensogut mit einer Katastrophe enden könnte.

Solange solch gefährliche Strömungen noch im Anfangsstadium waren, schenkte ihnen die Reichspolitik keine Beachtung. Bismarck wertete jedes Verhalten, welches das Reich in einen Zwei- oder Mehrfrontenkrieg verwickeln könne, als Gipfel aller politischen Torheit. Sein Nachfolger Caprivi (1890–94), im gesamteuropäischen Kulturboden verwurzelt, war einer kraftmeierischen Abenteuerpolitik ebenso abgeneigt[109]. Das sich damals formierende Defensivbündnis Russland-Frankreich interpretierte er als blosse "Wiederherstellung des europäischen Gleichgewichts" und sah nach Bismarcks Entlassung seine Aufgabe darin, "die Nation in ein Alltagsdasein zurückzuführen".

Für diesen Appell zur Selbstbescheidung wusste man ihm um so weniger Dank, als gerade damals die Saaten der alldeutschen Propaganda aufzugehen begannen. Unter deren Einfluss beurteilte der österreichische, aber deutschnational gesinnte Historiker Friedjung Caprivis besonnene Erklärungen später so:

"Eine schneidende Selbstkritik! Bismarck hatte sein Volk aus dem Alltag emporgehoben, hatte dem von ihm gegründeten Reiche die Vorherrschaft in Europa verschafft. Von dieser gewaltigen Stellung glitt es seit seinem Scheiden herab. Hätte nicht die Furcht vor dem unvergleichlichen Heere Deutschlands die Feinde im Zaume gehalten, die Staatskunst seiner Erben würde es nicht vermocht haben"[110].

Zu explosiver Kraft steigerte sich jene wachsende Tendenz im deutschen Volkskörper, die eigene Militärkraft zu überschätzen, als Wilhelm II. zusammen mit seinem Staatssekretär Bülow, dem späteren Reichskanzler (1900–1909), 1897 den Beginn der "deutschen Weltpolitik" proklamierte. Er tat das keineswegs aus persönlicher Laune heraus, sondern sah sich vom Grossteil der Nation förmlich vorwärtsgestossen[111]. Eine neue Generation war herangewachsen, die sich an den kriegerischen "Heldentaten" ihrer Väter berauschte, sie bald einmal zu überbieten hoffte und Schlachtensiege mehr und mehr als höchste Leistungen im menschlichen

---

107 Klaus Urner, Die Deutschen in der Schweiz, Von den Anfängen der Kolonienbildung bis zum Ausbruch des Ersten Weltkrieges, Frauenfeld 1976, S. 531 (mit Photokopie der Flugschrift S. 496).
108 Ebd., S. 533, 536.
109 Hallgarten (o. Anm. 51), I, S. 338.
110 Heinrich Friedjung, Das Zeitalter des Imperialismus 1884–1914, 3 Bände, Wien 1919–22, II, S. 137.
111 J(ean) R(udolf) von Salis, Weltgeschichte der Neuesten Zeit, 3 Bände, Zürich 1951–60, I, S. 546 ff.; u. Anm. 164, 169.

Gemeinschaftsleben bewertete. Ihr übersteigertes und überforsches Kraftbewusstsein setzte sich leichthin darüber hinweg, wie die Aussenwelt auf eine unbesonnene Politik deutscher Provokationen reagieren werde und müsse.

In eindeutiger Missachtung fremder Lebensinteressen sicherte der Kaiser im Herbst 1898 dem türkischen Sultan zu, seine Herrschaftsansprüche über sämtliche Mohammedaner der Welt unterstützen zu wollen[112]. Das geschah ohne Rücksicht darauf, dass Russland, England und Frankreich Millionen mohammedanischer Untertanen beherrschten. Ebensowenig kümmerte sich das deutsche Machtstreben, als es damals den Aufbau einer mächtigen Kriegsflotte einleitete, um die damit tangierten Lebensinteressen des Britischen Weltreiches[113]. Gleichsam mit Teufelsgewalt zwang man mit so tollkühner Kombination von Orient- und Flottenpolitik die drei Randmächte Europas dazu, ihre enormen Interessengegensätze in der weiten Welt auszugleichen und sich aus Besorgnis über den rücksichtslosen und unberechenbaren Militärstaat in der Mitte zum Abwehrsystem einer Triple-Entente zusammenzuschliessen (1904—07).

So extrem-locker die Entente cordiale Grossbritanniens mit Frankreich und Russland auch gestaltet war — ein Gebilde fast so sagenhaft "wie die Existenz der Seeschlange"[114] —, sie bildete doch ein nicht zu übersehendes Alarmzeichen. Die ihr zugedachte Funktion, die Aggressionen im deutschen Volkskörper abzubauen, hat sie nicht erfüllt. Vielmehr setzte sich in diesem, vom irrationalen Wahn der Unbesiegbarkeit genährt, nur um so entschiedener die Bereitschaft durch, den die "Entwicklungsfreiheit" des Reiches hemmenden "Einkreisungsring" bei günstiger Gelegenheit zu sprengen — notfalls im Kampfe gegen alle drei "neidischen" Weltmächte zugleich.

Der entscheidende Durchbruch in dieser Richtung erfolgte zur Zeit der Zweiten Marokkokrise 1911[115]. In diesem Jahr vergrösserten Frankreich wie Italien ihre Kolonialreiche, während das Deutsche Reich, von Italien und Österreich im Stich gelassen, sich mit einigen Kongosümpfen begnügen musste. Vom Heere wie vom Volke aus gerieten seine politischen Führungsspitzen unter unerhörten Druck. Die entscheidenden Weichenstellungen fallen in den Dezember 1912, als ein Berliner Kriegsrat[116] und eine Denkschrift Moltke/Ludendorff[117] feststellten, dass man auch einem Dreifrontenkrieg "mit Zuversicht entgegengehen" könne.

Wie einseitig der Kriegswille von Berlin ausging, erhellt u.a. aus dem eingangs erwähnten Briefe Moltkes an Conrad vom 13. März 1914:

112 Ebd., I, S. 599 f.
113 Ritter (o. Anm. 6), II, S. 181 ff. [Zit. anbei o. S. 27 Anm. 131]; Volker R. Berghahn, Der Tirpitz-Plan, Düsseldorf 1971, S. 173 ff.
114 So der russische Aussenminister Sasonow noch anfangs 1914: Igor W. Bestuschew, in: Kriegsausbruch 1914, München 1967, S. 146.
115 Fischer (o. Anm. 9), S. 117—144.
116 Siehe o. Anm. 66—70.
117 Siehe o. Anm. 16.

"Alle Nachrichten, die wir aus Russland haben, weisen nicht auf eine zur Zeit beabsichtigte aggressive Haltung hin ...
Noch viel weniger als von Russland ist jetzt von seiten Frankreichs eine aggressive Haltung zu erwarten. Frankreich ist augenblicklich in einer militärisch sehr ungünstigen Lage ...
England hält sich vorsichtig zurück. Es wird einen europäischen Krieg nicht entfachen ...
Es ist keine Frage, dass in der europäischen Atmosphäre eine ungeheure elektrische Spannung vorhanden ist. die zur Entladung drängt ..." (sic!)[118].

Also: keine Aggressivität bei den Randmächten – und doch diese "ungeheure Spannung". Der Schluss Fritz Fischers bleibt da unwiderlegbar, dass der Spannungsherd "eben anderswo lag als im Ententelager"[119].

Wie es auch der hervorragende Kenner der europäischen Geistesgeschichte, Benedetto Croce, rückblickend umschrieb:

"Wenn man heute all jene Bücher, Flugschriften und Zeitungen noch einmal liest, die zwischen 1912 und 1914 in Deutschland gedruckt wurden, dann glaubt man sich bereits in einer Kriegsatmosphäre zu befinden"[120].

Genau das gleiche bezeugte schon im Jahre 1913 der besonnene Publizist Hans Plehn, als er in tiefer Besorgnis warnte:

"Seit der Zweiten Marokkokrise ist die Stimmung nahezu Allgemeingut der deutschen Nation geworden, dass wir uns nur durch einen grossen europäischen Krieg die Freiheit zu unserer weltpolitischen Betätigung erkämpfen können"[121].

Weitere Belege zu zitieren ist hier überflüssig; das hat Fritz Fischer 1969 mit erdrückender Materialfülle getan[122], sekundiert von Wernecke[123]. Und im übrigen bestätigte Moltkes obige Aussage einfach jene des Staatssekretärs Kiderlen-Wächter vom Juni 1910:

"Wenn *wir* den Krieg nicht heraufbeschwören, ein anderer wird es sicherlich nicht tun"[124].

Die explosive Aufbruchsstimmung im Deutschen Reiche, wie sie sich in Presse, Vereinen, sogar Kreisen der Wirtschaft und Wissenschaft lautstark äusserte[125], unterstrichen von massiver Heeresaufrüstung[126], nötigte die Ententemächte unweigerlich zu Gegenmassnahmen. Auch sie stärkten weiterhin ihre Wehrkraft und suchten ihre Armee- und Marinebewegungen für den Fall eines Kriegsausbruchs zu koordinieren[127]. Ihre Hoffnung, in Deutschland die Kräfte der Besonnenheit doch

---

118 Conrad von Hötzendorf (o. Anm. 5), III, S. 611 f.
119 Fischer, S. 579.
120 Croce (o. Anm. 50), S. 322.
121 Anonym (= Hans Plehn), Deutsche Weltpolitik und kein Krieg!, Berlin 1913, S. 3.
122 Fischer, S. 62–77, 324–382, 644–659.
123 Klaus Wernecke, Der Wille zur Weltgeltung, Aussenpolitik und Öffentlichkeit im Kaiserreich am Vorabend des Ersten Weltkrieges, Düsseldorf 1970.
124 Ernst Jäckh (Hrsg.), Kiderlen-Wächter, Der Staatsmann und Mensch, Briefwechsel aus dem Nachlass, 2 Bände, Berlin/Leipzig 1925, II, S. 234 f.
125 Siehe o. Anm. 122/23; dazu zeitgenössisch: Otfried Nippold, Der deutsche Chauvinismus, Berlin 1913, z.B. S. 127: "Die chauvinistische Bewegung und nicht die Triple-Entente ist der Feind Deutschlands." – Hitler wars in extremis.
126 Fischer, S. 251–259; Schulte (o. Anm. 73), S. 108 ff.
127 Ebd., S. 613–635; Hölzle (u. Anm. 131), S. 210–222, 241–255.

noch zu stärken, zerbrach von neuem an dem dort allbeherrschenden Wahn, gegenwärtig unbesiegbar zu sein:

"Warum steckte Deutschland zur Verscheuchung jener Ängste in der Umwelt nirgends zurück? Allerorts boten sich Gelegenheiten: gegenüber England durch Begrenzung des Flottenbaues, gegenüber Frankreich durch Erhebung Elsass-Lothringens zu einem sich selbstregierenden deutschen Bundesland, gegenüber Russland durch eine loyale Zusammenarbeit im Türkischen Reiche, die dort jede Hegemonie einer einzelnen Grossmacht ausschloss.
Warum jene 'grandiose Unbekümmertheit'? Es gibt nur eine schlüssige Erklärung: Die Deutschen von 1907–1914 glaubten (anders als die Briten von 1900–1907) eine Überzahl künftiger Kriegsgegner hinnehmen zu dürfen, weil sie im Konfliktsfall sich auch ihren vereinigten Kräften weit überlegen fühlten: in einer Siegeszuversicht ohne Grenzen, einem – wie man gesagt hat (so Klaus Epstein) – 'kollektiven Grössenwahn'"[128].

Eben zur Zeit des Attentates von Sarajevo waren alle deutschen Vorbereitungsmassnahmen zum Losschlagen abgeschlossen – militärisch, politisch, psychologisch[129]. Die ganze entscheidende Willensbildung konzentrierte sich dabei auf die Führungsspitzen des Heeres. Mögen auch der Reichskanzler Bethmann Hollweg wie der Admiral Tirpitz seit Ende 1912 allfällig gehofft haben, die Militärs würden bis 1914 anderen Sinnes werden, so blieb doch für beide das Einvernehmen mit ihnen stets das oberste Gebot.

Da war es recht unwichtig, wie der Kanzler persönlich die von ihm aufgrund höherer Direktiven – "ja die Militärs!"[130] – eingeleitete und ein höchstes Kriegsrisiko in sich bergende Aktion gegen Serbien vor dem eigenen Gewissen zu rechtfertigen suchte. Noch die neuesten Apologetiker Hölzle und Zechlin legen seinen selbstbetrügerischen Ausflüchten ein Gewicht bei, das reichlich wirklichkeitsfremd anmutet[131].

Wie ohnmächtig Bethmann faktisch allezeit war, hat ausgerechnet der ebenfalls zur apologetischen Richtung gehörende Gerhard Ritter eindrucksvoll gekennzeichnet – mit dem Hinweis auf den für das Wilhelminische Reich charakteristischen

"betonten Gegensatz zwischen Zivil und Militär, den übermächtigen Einfluss des militärischen Hoflagers auf den Kaiser, den dort herrschenden 'forschen' Ton in der Behandlung aussenpolitischer Fragen, die überaus schwierige, geradezu eingeklemmte Stellung des Reichskanzlers zwischen ... Militär- und Marinekabinett, Marineleitung und Generalstab, schliesslich seine hilflose Abhängigkeit von der Gunst des Herrschers ohne Rückhalt an einem politischen Kabinett"[132].

Die immer noch weitverbreitete These, der Kanzler habe mit der Österreich-Ungarn am 5. Juli 1914 gewährten "Blankovollmacht" lediglich auf eine Friedensaktion mit "kalkuliertem Kriegsrisiko" hingezielt, ist inzwischen dokumentarisch widerlegt worden. Wie man heute weiss, erklärte Unterstaatssekretär Zimmermann

---

128 Gasser 1973 (o. Anm. 2), S. 325 f. [Anbei o. S. 67.]
129 Ebd., S. 315–322 [anbei o. S. 55–64]; auch o. Anm. 66–78.
130 So am 24. Februar 1918 zu Conrad Haussmann: siehe Wolfgang Steglich, Die Friedenspolitik der Mittelmächte 1917/18, Bd. 1, Wiesbaden 1964, S. 334 f.
131 Erwin Hölzle, Die Selbstentmachtung Europas, Göttingen 1975, S. 241 ff., 282 ff.; Zechlin (o. Anm. 13), S. 160 ff.; o. Anm. 79.
132 Ritter (o. Anm. 62), S. 101.

dem Wiener Sondergesandten Hoyos nach dem Durchlesen der einschlägigen Dokumente spontan:

"Ja 90 Prozent Wahrscheinlichkeit für einen europäischen Krieg, wenn Sie etwas gegen Serbien unternehmen"[133].

90%ige Kriegsgefahr: Da wird ein "kalkuliertes Risiko" ganz eindeutig zu einem Widerspruch in sich selbst!

All das beweist unwiderleglich, dass der deutsche Militärstaat den Kriegsausbruch von 1914 bewusst heraufbeschworen hat. Nur eine einzige Gegenreaktion hätte ihn vom Kriege abhalten können: die Bereitschaft Englands, seine Ententen aufzulösen, Serbien dem Wiener Zugriff auszuliefern und damit dem Dreibundsystem die Herrschaft über den Balkan zu verschaffen, was faktisch auf die deutsche Hegemonie über das Festland und die Etablierung einer Militärachse Berlin-Wien-Konstantinopel-Bagdad hinausgelaufen wäre[134]. In dieser Richtung hat sich der Reichskanzler am 8. Juli zu Riezler[135], am 2. Dezember 1914 vor dem Reichstag[136] sowie am 24. Februar 1918 zu Haussmann[137] unmissverständlich geäussert. Und auch Moltke liess in einer Randnotiz vom 13. Juli 1914 indirekt durchblicken, dass bei einem Fallenlassen Serbiens durch Russland sich eine deutsche Kriegsentfesselung zunächst erübrige:

"Österreich soll die Serben schlagen, dann bald Frieden schliessen und als einzige Bedingung ein österreichisch-serbisches Bündnis fordern"[138].

Was in aktenwidriger Beschönigung als "kalkuliertes Risiko" ausgegeben wird, war in Wirklichkeit nichts anderes als ein politisches Erpressungsmanöver massivster Art: Zerstörung der Entente so oder so — durch Selbstauflösung oder deutsche Militärgewalt! Dergestalt umschrieb der Kanzler selber am 8. Juli 1914 das Ziel seiner "Aktion" Richtung Konstantinopel:

"Kommt der Krieg nicht, will der Zar nicht oder rät das bestürzte Frankreich zum Frieden, so haben wir doch noch Aussicht, die Entente über diese Aktion auseinanderzumanövrieren"[139].

Beide Alternativen liefen auf die Beseitigung des europäischen Gleichgewichts hinaus. Dass dies das bewusste Ziel ihrer Vorkriegspolitik war, haben Kaiser und Kanzler unverhohlen zugegeben: der eine in einem Briefe an den preussischen Gesandten in Karlsruhe vom 12. Dezember 1912[140], der andere in öffentlicher

---

133 Fellner (o. Anm. 99), S. 413.
134 Gasser 1968, S. 193–201; 1973, S. 332 f. [anbei o. S. 18–26, 74 ff.]; Zechlin, S. 178 ff.
135 Siehe u. Anm. 139.
136 Siehe u. Anm. 141.
137 Siehe o. Anm. 130; im Zusammenhang: Gasser 1973, S. 334 f. [Anbei o. S. 76 f.]
138 Geiss (o. Anm. 21), I, S. 160 Anm.
139 Riezler (o. Anm. 17), S. 184. [Dazu anbei o. S. 23 Anm. 111.]
140 Röhl (o. Anm. 16), S. 106. – Der Wortlaut jenes Briefes Wilhelms II. gibt eindeutig seine eigene Meinung wieder und wendet sich in gar keiner Weise gegen angebliche Unterstellungen von englischer Seite: so aktenwidrig Zechlin (o. Anm. 13), S. 142; siehe auch Gasser 1973, S. 334. [Anbei o. S. 76.]

Reichstagsrede am 2. Dezember 1914[141]. Was aber um alles in der Welt konnte an die Stelle eines beseitigten Festlandgleichgewichts denn anderes treten als ein System der deutschen Festlandhegemonie?

Just eine "friedliche" Hinnahme solcher Machtumwälzungen kam, wie sich nach Zimmermanns Erkenntnis zu 90% voraussehen liess, für die Entente nicht in Frage; sie hätte damit ihren Daseinssinn − ihren einzigen! − preisgegeben. Völlig reaktiv handelnd, blieb den drei Randmächten in Anknüpfung an Europas Gleichgewichtskämpfe gegen Philipp II., Ludwig XIV., Napoleon I. gar nichts anderes übrig, als den mutwillig hingeworfenen Fehdehandschuh aufzunehmen. Daraus ergab sich eine traditionell recht paradoxe Mächteverbindung, wenn auch nicht ganz ohne historische Konstante:

"Unter normalen Verhältnissen war den Russen die Herrschaft der Briten über das Mittelmeer ebenso unerwünscht, ja verhasst, wie den Briten die Herrschaft der Russen über die türkischen Meerengen.

Ganz anders mussten sich die Dinge gestalten, sobald eine Beherrschung der kompakten Schlüsselposition Balkan-Meerengen-Ägäis durch einen festländischen Militärblock und Querriegel (1810 Frankreich-Österreich, 1914 Deutschland-Österreich, 1941 Deutschland-Italien) drohte; dies war für die Russen wie Briten schlechtweg unerträglich.

Und so wurden in den Triennien 1810−13, 1914−17, 1941−44 die weitestausgedehnte Landmacht und die beherrschende Seemacht, seit 1716 säkulare Gegenspieler, jedesmal vorübergehend zu echten Bundesgenossen − Notverbündete aus ehernem Zwang"[142].

Ohne es zu gewahren, entschlüsselte just auch Zechlin das Problem, weshalb das Deutsche Kaiserreich − statt Ballast abzuwerfen und seine Gegner zu Freunden zu machen − sich in das so abgründige Abenteuer eines Weltkrieges zu stürzen wagte. Es geschieht in einem Hinweis, der sich zwar auf die Lage nach dem Kriegsausbruch bezieht, aber für die Vorkriegsmonate grundsätzlich die gleiche Geltung hat:

"Der Kanzler war aber auch − wie jedermann im Hauptquartier − überzeugt, dass Deutschland militärisch unbesiegbar sei"[143].

Wiederum sieht sich der Schreibende genötigt, mit einer eigenen Formulierung aus dem Jahre 1973 zu antworten:

"'Unbesiegbar': im Kampfe gegen fast die ganze Welt! Konnte eine Nation, in der solche Vermessenheit vorwaltete, eine auch nur halbwegs vernünftige Aussenpolitik betreiben? Das wird heute mehr und mehr als die entscheidende Kernfrage erkannt"[144]!

Wie die Dinge in Wirklichkeit lagen, hat der Wiener Diplomat Alexander Hoyos − nebenbei bemerkt ein Bruder von Bismarcks Schwiegertochter − im Rückblick auf seine fatale "Berliner Mission" von Anfang Juli 1914 fünf Jahre später festgehalten:

---

141 Friedrich Thimme (Hrsg.), Bethmann Hollwegs Kriegsreden, Stuttgart/Berlin 1919, S. 19 − mit des Kanzlers Geständnis, er habe mit seiner Vorkriegspolitik "England nötigen" wollen, auf das Festlandgleichgewicht friedlich zu verzichten. Auch dazu Gasser 1973, S. 334 f. [Anbei o. S. 76 f.]
142 Adolf Gasser, Die Nationen und Napoleon, in: Wolfgang von Groote (Hrsg.), Napoleon I. und die Staatenwelt seiner Zeit, Freiburg i.Br. 1969, S. 81. [Anbei u. S. 201 f.]
143 Zechlin (o. Anm. 13), S. 58.
144 Gasser 1973, S. 327. [Anbei o. S. 69.]

"Niemand hat heute eine Vorstellung davon, wie sehr der Glaube an die deutsche Macht, an die Unbesiegbarkeit der deutschen Armee (sic!) uns damals beherrschte, und wie sicher wir alle waren, dass Deutschland den Krieg in Frankreich spielend gewinnen müsste und uns die allergrösste Garantie für unsere Sicherheit böte, für den Fall, dass ein europäischer Krieg als Folge unserer Aktion gegen Serbien ausbrechen sollte.

Dieses unbegrenzte(!) Vertrauen hatte den Dreibund oder wenigstens das Bündnis mit Deutschland als eine für die Ewigkeit(!) geschaffene Sicherung unseres Bestandes erscheinen lassen"[145].

"Für die Ewigkeit": Das bezeugt klar genug, wie sehr auch ein annehmbares Wiener Ultimatum an Serbien das Prestige Österreich-Ungarns gewahrt hätte, so wie dies Tisza und andere besonnene Politiker der Monarchie anstrebten.

Doch Berlin wollte es anders und drängte den "Bundesgenossen" mit massiven Drohungen zur Kriegsaktion gegen Serbien hin, und zwar in dem Sinn, die Donaumonarchie würde

"durch eine Politik des Zauderns und Schwäche Gefahr laufen, dieser rückhaltlosen Unterstützung des Deutschen Reiches zu einem späteren Zeitpunkt nicht mehr so sicher zu sein" (so Ministerpräsident Stürgkh am 7. Juli 1914) – und

"dass man in Deutschland ein Transigieren unsererseits mit Serbien als Schwächebekenntnis auslegen würde, was nicht ohne Rückwirkung auf unsere Stellung im Dreibund und die künftige Politik Deutschlands bleiben könne" (so Berchtold zu Tisza am 8. Juli, gestützt auf Warnungen des deutschen Botschafters)[146].

Mit solch brutalen Druckmethoden hetzten die Berliner "Nibelungen" die zerrissene und zu eigenen kraftvollen Entschlüssen kaum noch fähige Doppelmonarchie in einen "lokalisierten" Krieg hinein, der sich dann am 1. August – inmitten ihrer Verhandlungen mit Russland(!) – durch die deutschen Kriegserklärungen unversehens zum Weltbrand ausweitete und den missbrauchten "Freund" in einen Existenzkampf um Sein oder Nichtsein verwickelte[147].

In seinem Rückblick aus dem Jahre 1919 bemerkte Hoyos zur deutschen Hybris von 1914, wieder in einer Linie mit Berlin:

"Die seit dem Kriege erschienenen Memoirenwerke deutscher Politiker und Generäle beweisen, dass die Umgebung Kaiser Wilhelms durchaus nicht in dieser Illusion befangen war und die schwersten Katastrophen befürchtete"[148].

In Wirklichkeit "beweisen" jene nach dem verlorenen Krieg abgefassten Rechtfertigungs- und Propagandaschriften überhaupt nichts, sobald sie im Widerspruch zu den Quellen der kritischen Monate selber stehen[149].

Fassen wir zusammen – mit einem ganz kurzen Blick auf die spätere Entwicklung. Alles in allem brach der Erste Weltkrieg nur deshalb aus, weil der Wahn der militärischen Unbesiegbarkeit in Deutschland alle politische Vernunft erstickt hatte.

---

145 Fellner (o. Anm. 99), S. 415.
146 Geiss (o. Anm. 21), I, S. 107, 128.
147 Fellner (o. Anm. 99), S. 392, 397 f., 401 ff., 405 ff.; Gasser 1968, S. 186 [anbei o. S. 12 f.]; Norman Stone, in: Kriegsausbruch 1914 (o. Anm. 114), S. 202 ff., 214 ff.
148 Fellner, S. 415.
149 Siehe o. Anm. 13/14.

"Jetzt wollen wir sie dreschen!", prahlte zu Kriegsbeginn Wilhelm II.[150]. Und sogar der geniale Soziologe Max Weber versicherte 1916:

"Wir mussten, um mitzusprechen bei der Entscheidung über die Zukunft der Erde, es auf diesen Krieg ankommen lassen"[151].

Notabene: einen Krieg gegen drei Weltmächte zugleich und aus der mittel-europäischen Enge heraus gegen sämtliche Erdteile und Ozeane!

Solche Vermessenheit war echte Kriegsschuld — dies nicht in moralischem, wohl aber politischem Sinne, gemäss Ritters Formulierung:

"Vor dem Urteil der Geschichte kann auch politische Blindheit zur Schuld werden"[152].

Statt die eigene schuldhafte Hybris nach 1918 mannhaft aufzudecken und ihr wie nach 1945 abzusagen, verbohrte sich das Deutschtum der Folgezeit nur um so zäher in den alten Wahnwitz. Weithin konnte man es einfach nicht fassen, dass das "glorreiche" Heer scheinbar vier Jahre von Sieg zu Sieg geeilt war, um zuletzt ohne augenfällige Niederlage die Waffen zu strecken: "im Felde unbesiegt" (sic!) — ein von Ebert geprägtes Unheilswort! Unbesiegbar und doch geschlagen, das durfte nicht wahr, konnte nicht mit rechten Dingen zugegangen sein.

Fortab war es für die Unmenge von sturen Draufgängertypen wie auch für allzu-viele honette Bürger psychologisch ganz folgerichtig, den unverständlichen Zusam-menbruch den Feiglingen und Verrätern im eigenen Volkskörper sowie einer heim-tückischen "Weltverschwörung" anzulasten und eine autoritäre Staatsmacht herbei-zuwünschen, die einen neuen "Dolchstoss in den Rücken" wie den angeblichen vom November 1918 verunmögliche. Und als dann mit dieser Zielsetzung seit 1933 eine Verbrecherbande die Machtstellung des Reiches ausweitete, durfte man sie da auf dem Wege trügerischer Augenblickserfolge behindern — auch wenn Abscheuliches damit verbunden war?

Wie ungebrochen Unbesiegbarkeitswahn und Herrenvolkmentalität zur Zeit der Weimarer Republik in den führenden Volkskreisen weiterwucherten, haben vor kurzem jene jungen deutschen Militärhistoriker, deren Verdienste wir schon würdig-ten, gewissenhaft aufgedeckt[153]. Von 1924 an entfalteten die sogenannten "Front-literaten" als Vorkämpfer eines "Soldatischen Nationalismus" eine immer erfolg-reichere Agitation:

"Ihre Ideologie wirkte in den folgenden Jahren in die oppositionellen Rechtsparteien hinein sowie in die zahlreichen nationalen Wehrverbände ... Der grosse Erfolg, den sie in der Endphase der Republik feiern sollten, war ein literarischer: Jetzt erlebten ihre Kriegsbücher ungeahnte Massenauflagen und übten damit einen unmittelbaren Einfluss auf ein breites Publikum aus ...

---

150 Johann (o. Anm. 88), S. 28 f.
151 Max Weber, Gesammelte politische Schriften, Tübingen 1958, S. 172.
152 Ritter (o. Anm. 6), S. 341.
153 Wolfram Wette (o. Anm. 102), Ideologien, Propaganda und Innenpolitik als Voraus-setzungen der Kriegspolitik des Dritten Reiches, S. 25—173.

Die Literaten des 'Kriegerischen Nationalismus' verstiegen sich in imperialistische Wunschträume, die jene der Alldeutschen vor 1914 weit hinter sich liessen und die den Hitlerschen Kriegsideen in nichts nachstanden"[154] (!)

Zum Beweis seien an dieser Stelle lediglich zwei Äusserungen der bekannten Brüder Jünger wiedergegeben:

"Es gibt nichts Wichtigeres, nichts Dringlicheres, als den imperialistischen Willen überall zu beleben, zu stählen und schlagfertig zu machen. Denn jeder Kampf, der morgen oder übermorgen von uns geführt wird, geht um das Dasein ... Er ist Austrag über die Beherrschung der Erde" (so Friedrich Georg Jünger 1926).

"Den Drang ins Weite und Grenzenlose, wir tragen ihn als unser germanisches Erbteil im Blut, und wir hoffen, dass er sich dereinst zu einem Imperialismus gestalten wird, der sich nicht wie jener kümmerliche von gestern auf einige Vorrechte, Grenzprovinzen und Südseeinseln richtet, sondern der wirklich aufs Ganze geht" (so Ernst Jünger 1925)[155].

Solche wahnwitzige Zielsetzungen, mit denen eine permanente Pressekampagne gegen die Gefahren einer "Verschweizerung" Deutschlands parallel lief, entbehrten keineswegs einer inneren Logik. Denn ein Volk, das zusammen mit dem Soldatenkult erst noch dem Mythos der Unbesiegbarkeit verfallen ist, kann nicht umhin, immer auch dem Mythos der Weltvorherrschaft nachzujagen; beides ist im Grunde identisch.

Auch ein milderer Frieden zu Versailles hätte, nachdem sich die Deutschen als "unbesiegt" fühlten, an diesen Grundtatsachen wenig ändern können. Dass ihnen damals die heilsame totale Niederlage erspart geblieben war, hatte vor allem Präsident Wilson bewirkt. Ende Oktober 1918 drohte er den Briten und Franzosen einen Separatfrieden mit Deutschland an[156] und erzwang damit den vorzeitigen Abbruch des Feldzuges — übrigens im Gegensatz auch zur amerikanischen Volksmehrheit, die eben damals im Ruf nach "bedingungsloser Kapitulation"[157] der Deutschen dem verhandlungswilligen Präsidenten bei den Kongresswahlen eine folgenschwere Niederlage bereitete. Im ehrenhaften Streben, unnötiges Blutvergiessen zu beenden, ahnte Wilson nicht, welche Höllengeister er wachrief und mit welchen Hekatomben vervielfachter Blutopfer er die kommende Generation belastete.

So gesehen war das Verhängnis von 1933–45 keineswegs im deutschen "Nationalcharakter" als solchem angelegt. Vielmehr bestand es darin, dass sich in diesem vorübergehend — von 1866–1945 — zwei selbständige Unheilsfaktoren zu einem hochexplosiven Gemisch vereinigten: übersteigerte Gehorsamsbereitschaft und militärischer Unbesiegbarkeitswahn[157a]. Subordination im Dienste einer Wahnidee

---

154 Ebd., S. 48, 51.
155 Ebd., S. 51.
156 C. Seymour (Hrsg.), Intimate Papers of Colonel House, 4 Bände, Boston/New York 1926–28, IV, S. 75; Leopold Schwarzschild, Von Krieg zu Krieg, Amsterdam 1947, S. 34 ff.
157 Ein seit dem Sezessionskrieg tief im amerikanischen Nationalbewusstsein verankerter Begriff und eine dem Präsidenten Franklin Roosevelt 1943 von der öffentlichen Meinung aufgezwungene Kriegszielmaxime: um nicht in den Fehler von 1918 zurückzufallen!
157a Sogar noch in jüngster Zeit wurde "Deutschlands ... weltgeschichtliche Chance (der) Unbesiegbarkeit im Ersten Weltkrieg" zum Glaubensbekenntnis hochgespielt. Und zwar von Ulrich Noack, Kommentare zur Weltgeschichte, Würzburg 1978, S. 79 – ohne dass

führt nicht nur zur Summierung der Kräfte, sondern zu deren Potenzierung, und das grauenhafte Ergebnis ist uns allen bekannt. Nur ist mit der totalen Niederlage von 1945, ein Menschenalter zu spät, alles ganz anders geworden. Sie war bitter notwendig; denn nur aus ihr konnte das friedliche Deutschland von heute erwachsen.

Mit seiner Genesung vom Wahn der Unbesiegbarkeit steht das deutsche Volk in Europa keineswegs abgesondert da. Auch andere Nationen haben sich früher zeitweilig in analoge Verirrungen verstrickt. So hielten sich z.B. die englischen Schlachtensieger von Crécy (1346) und Azincourt (1415), die schweizerischen von Murten (1476) und Novara (1513), die französischen von Austerlitz (1805) und Jena (1806) seinerzeit ebenfalls für "unbesiegbar" und galten ihrer Umwelt als überaus schreckliche Nachbarn – und das in Epochen einer noch ungebrochenen christlichen Ideologie. Sie alle sind erst durch eklatante Niederlagen – Castillon (1453), Marignano (1515), Waterloo (1815) – zur "Normalität" zurückgeführt worden, nicht zuletzt zum eigenen Heil.

Einzig solche Waffenkatastrophen können sieggewohnte "Herrenvölker" aus der Hybris eines verderblichen Machtrausches erretten – so wie denn auch heute in der Bundesrepublik eine neuherangewachsene Volksmehrheit, die an den unfassbaren Verbrechen von einst völlig unbeteiligt war, an wachem Sinn für die Realitäten von keinem anderen Volk der freien Welt sich mehr nachteilig unterscheidet. Sie bürgt für ein weltoffenes Deutschland, das keine militärischen Expansionsgelüste mehr kennt, mit all seinen Nachbarn, in einfühlender Rücksichtnahme auf deren Sonderinteressen, in Frieden und Freundschaft leben will und die straffe Unterordnung seiner Wehrmacht unter die Zivilregierung als eine Selbstverständlichkeit erachtet. In dieser Gesinnung findet es seinen historischen Wurzelgrund in den Lebenswerten einer tausendjährigen Vergangenheit bündischer Prägung[158] – und nicht in der Irrnis von bloss 80 Jahren, als die sich der Verpreussungsprozess mit all seinen psychopathischen Delirien grausig genug enthüllt hat.

4. Das überwuchernde Vulgärpreussentum und sein Verrat an Clausewitz

Ein besonders prominenter deutscher Historiker der apologetischen Richtung behauptete anfangs 1980 allen Ernstes:

"Mit dem Begriff Preussen lassen sich die missionarisch-pathetischen Begriffe Sendung und Sendungsbewusstsein nicht verbinden, wohl aber die nüchternen Begriffe Pflicht und Dienst und Aufgabe ... Ich möchte es so definieren: Preussen ist ein Staat ohne Sendung. Das

der Autor es gewahrte, wie nahe er mit solcher Hybris den von ihm verabscheuten Reichsverderbern Ludendorff und Hitler steht.
158 Karl Buchheim, Das Deutsche Kaiserreich 1871–1918, Vorgeschichte, Aufstieg und Niedergang, München 1969, S. 279 ff. – Auch in den einstigen ständischen Institutionen verkörperte sich ansatzweise ein föderatives Prinzip: das der freien Einung.

zeichnet ihn aus, kennzeichnet ihn jedenfalls im Unterschied zu andern Mächten ... Es gab keine preussische Idee, mit der dieser Staat in die Welt hätte hinauswirken wollen"[159].

Richtig daran ist, dass Preussen sich bei seiner Expansion von keiner höheren geistig-sittlichen Idee leiten liess, wie es andere Grossmächte ehrlich oder selbstbetrügerisch, anderseits doch auch wieder selbstbegrenzend gerne zu tun pflegten: etwa im Namen der Katholizität (Spanien), der Menschenrechte (Frankreich), der Selbstregierung (England), der Demokratie (Amerika), der Menschheitserlösung (Russland). Statt dessen waren die Monarchen Preussens darauf eingestellt, rein dynastische Machtpolitik zu betreiben, ohne jede ideelle Verbrämung, gleichsam im Zeichen eines nihilistischen Prinzips.

Fast jeder Hohenzoller, ob einst als Kurfürst oder König, hat es mit Erfolg zustande gebracht, seinen Länderbesitz zu vermehren. So ging es jahrhundertelang, bis schliesslich just dieser permanente und uferlose Wachstumstrieb allgemein, im In- wie Ausland, als ureigene und unwegdenkbare Zentralfunktion der preussischen Staatsmacht empfunden wurde: eben als ihre Sendungsaufgabe! Eine Mission im Dienste des Nihilismus!

In der Geschichte kommt es jeweils weniger darauf an, wie die Regenten ihre Machtpolitik vor sich selber begründen, als vielmehr darauf, wie die Zeitgenossen diese unter dem Eindruck der aktuellen Geschehnisse und Sehnsüchte interpretieren. Und so entkeimte jenem unaufhörlichen Ausdehnungsdrang um die Mitte des 19. Jahrhunderts folgerichtig und zwingend, wie allbekannt, ein höchst virulentes preussisches Sendungsbewusstsein: der Borussizismus (oder Borussianismus).

Borussizisten im engeren Sinne des Wortes waren die Historiker Droysen und Duncker. Die kritische Wissenschaft hat die Verzeichnungen der Vergangenheit, die beiden unterliefen, früh korrigiert[160]. Doch in der Öffentlichkeit setzten sich jene Korrekturen keineswegs durch, und die Lehre, wonach das Hohenzollernhaus gleichsam vom Schicksal zur Machtausweitung über ganz Deutschland "berufen" sei, schien durch den preussischen Blitzsieg über Österreich 1866 für immer als richtig erwiesen. Mythen haben nun eben einmal ihre eigengesetzliche Lebenskraft!

Droysen fasste den preussischen Sendungsgedanken 1855 in die Worte:

"Preussen umfasst nur Bruchteile deutschen Landes und Volkes. Aber zum Wesen und Bestand dieses Staates gehört jener Beruf für das Ganze, dessen er fort und fort weitere Teile sich angegliedert hat. In diesem Berufe hat er seine Rechtfertigung und Stärke. Er würde aufhören, notwendig zu sein, wenn er ihn vergessen hätte"[161].

Wie überstark dieses Missionsdenken auch in geistigen Führern lebte, welche die früheren Jahrhunderte nicht verzeichneten, also nur im weiteren Sinne des Wortes zu den "Borussizisten" gehörten, bezeugte der Historiker Treitschke 1864:

---

159 Karl Dietrich Erdmann, Preussens tiefe Spur, in: "Die Zeit", 29. Februar 1980; ebenso in: GWU, Jg. 31, S. 349, Stuttgart 1980. – Jetzt die nötigen Nuancierungen und Korrekturen bei Krockow (o. Anm. 57), S. 47 ff., 57 ff.
160 Kurze Zusammenfassung: Hans Delbrück, Weltgeschichte, Bd. 3, Berlin 1926, S. 69 ff.
161 Johann Gustav Droysen, Geschichte der preussischen Politik, Bd. 1, Berlin 1855, S. 4.

"Einen unvergänglichen (sic!) Grundsatz hat Friedrich der Grosse seinen Nachfolgern hinterlassen: die Pflicht, die Macht ihres Staates in Deutschland fortschreitend zu erweitern ...

Ein wahrhaft gesundes Staatsleben wird in Preussen dann erst gedeihen, wenn dem Staate noch andere deutsche Stämme zugewachsen sind, welche die natürliche Vermittlung bilden zwischen Rheinland und Pommern.

So wird der Staat durch die schwersten Gründe seiner Selbsterhaltung fort und fort(!) auf die Erweiterung seines Gebietes hingewiesen"[162].

Im Zeichen dieses missionarischen Machtprogrammes kam es 1866 zu den mit Kriegsgewalt aufgezwungenen und das Selbstbestimmungsrecht der Völker freventlich missachtenden Annexionen von Schleswig, Holstein, Hannover, Hessen, Nassau, Frankfurt. Mit berechtigter Sorge setzte der Bischof von Mainz, Ketteler, der grosspreussischen Sendungsidee 1867 die prophetische Warnung entgegen:

"Solchen Theorien gegenüber ist kein Recht und kein Staat mehr gesichert. Warum soll dieser naturnotwendige Gedanke am Main stehen bleiben, warum an der Donau und so fort? Es ist eine wahre Torheit zu glauben, dass vor einem solchen doktrinären Hirngespinst von Weltberuf die ganze Welt stehen bleiben und sich willenlos angliedern lassen werde ...

Wenn Preussens Beruf naturnotwendig Angliederung ist, so ist auch kein Mittel mehr schlecht, das ihm dient, diese Angliederung zu vollziehen ... In dieser Fiktion, als ob die hohe Politik in ihren Zielen und Mitteln auf einem höheren Standpunkt stehe als dem der gewöhnlichen Sittlichkeit und Gerechtigkeit, liegt eine unermessliche Gefahr für den Frieden der Welt"[163](!)

Mit der Reichsgründung von 1871 starb denn auch der heute plötzlich als inexistent hingestellte preussische Wachstumsmythos keineswegs ab. Vielmehr durchdrang er alsbald den gesamten deutschen Volkskörper und gewann bei dessen Anspruch auf einen "Platz an der Sonne" im Rahmen der 1897 proklamierten "Weltpolitik" gesteigerte Virulenz[164]. Während die anderen Grossmächte bei ihrer raffgierigen Kolonialpolitik einfach ihre momentanen Chancen gegenüber miserabel bewaffneten Gegnern in Übersee missbrauchten, erhob das verpreusste Deutschtum das Wachstumsprinzip zu einer dem Staat naturnotwendig anhaftenden Fundamentaleigenschaft, ja zur zentralen Funktion aller Grossmachtpolitik, auch in Europa selber! Die dafür vorgeschobenen Begründungen hat Croce recht kritisch kommentiert:

"Die Gerechtigkeit selbst erforderte es, dass Deutschland eine neue Verteilung der Welt verlangte. Es war darauf gerüstet, mit robusteren Armen die Weltherrschaft anzutreten, mit moderneren Ideen und ungeheuren Entwicklungsmöglichkeiten ... In dieser Weise räsonierten und lehrten deutsche Professoren vor überfüllten Hörsälen.

Solchen Theorien und Urteilen lag eine professorale Pedanterie zugrunde, die sich selbst demaskierte mit ihrer Anklage vor allem gegen England, welches das Britische Weltreich Schritt für Schritt mit Raub und Diebstahl und fast unsichtbar errichtet habe, so dass es auf einmal gleichsam spontan dagewesen wäre, rebus ipsis dictantibus.

---

162 Treitschke (o. Anm. 46), II, S. 199, 203.
163 Wilhelm Emanuel von Ketteler, Deutschland nach dem Kriege von 1866, Mainz 1867, S. 38 f.. 41, 47.
164 Siehe o. Anm. 111–128. – Jetzt in erfreulich kritischer und gründlicher Herausarbeitung eben dieser Kontinuität: Wolfgang Hardtwig, Von Preussens Aufgabe in Deutschland zu Deutschlands Aufgabe in der Welt, in: HZ, Bd. 231, S. 265–324, München 1980.

Das Deutsche Weltreich hingegen sollte mit philosophisch-historischen Beweisen und nach einem bestimmten Plan konstruiert werden, nicht durch gelegentliche Handstreiche, kleine Kriege, simple Seeschlachten, sondern in grossen Landkriegen und Völkerschlachten à la Sadowa und Sedan"[165].

Aus der Überfülle an Beweismaterial zur propagierten "Naturnotwendigkeit" staatlichen Wachstums[166] seien hier nur zwei Belege herausgegriffen, die in die unmittelbare Vorkriegszeit fallen und die Denkart im Umkreis der Reichskanzlei widerspiegeln. So legte Bethmanns Privatsekretär Riezler 1912 folgendes Bekenntnis ab:

"Der Idee nach will jedes Volk wachsen, sich ausdehnen, herrschen und unterwerfen ohne Ende, ... immer höhere Ganzheit werden, bis das All unter seiner Herrschaft ein organisches geworden ist"[167].

Und der Kanzler selber erklärte im Januar 1914 dem Botschafter Frankreichs:

"Das vereinigte Deutschland mit seinem übermässigen Volkszuwachs und dem unvergleichlichen Aufschwung seiner Flotten-, Industrie- und Handelsmacht ... ist gleichsam zur Expansion nach aussen verurteilt ...
Wenn Sie ihm die rechtmässigen Ansprüche verweigern, die jeder wachsende Organismus (sic!) besitzt, ... so kann das nur unheilvoll ausgehen"[168].·

Solche naturphilosophisch, im Kerne nihilistisch begründeten Wachstumsansprüche fanden um so mehr Anklang, weil ihnen Presse und Schule zunehmende Popularität verschafften. Aus einer Sache schmaler Führungsschichten wurde der preussische Wachstumsmythos jetzt auch zur Sache der Massen. Der Schreibende hat auf diesen Entwicklungsprozess vom bisher elitären zum vulgär-vergröberten Preussentum hin bereits 1968 nachdrücklich hingewiesen:

"Die expansive preussische Staatsidee bewahrte Mass und Ziel, solange sie ausschliesslich von einer weltkundigen Oberschicht getragen war; für die Masse taugte sie nicht. Jetzt, im anbrechenden Massenzeitalter, sank sie zwangsläufig ins Vulgäre, Bornierte, Brutale, Massund Ziellose hinab, wurde vereinfacht, vergröbert, entwürdigt – bis zum Aberwitz, dass die kriegerische Stosskraft gegen aussen den obersten politischen Lebenswert bilde, und dass ihr alles Schwächere, Friedliche und darum 'Dekadente' in der Welt zur Beute bestimmt sei.
Dieses neue, dämonische 'Vulgärpreussentum' züchtete engstirnige Willensmenschen und Draufgänger vom Schlage eines Ludendorff; gerade auch in der Oberschicht setzten sich solche Ellenbogentypen und Haudegen, gestützt auf die wachsende Zahl ihrer blinden Gefolgsleute, zunehmend durch. Je mehr sie in Politik und Volk Bewunderer fanden und selbst das hohe Offizierskorps durchsetzten, desto massiver geriet die an sich gewissenhafte Führung des Reiches unter ihren Druck, und desto weniger Raum verblieb ihr für ein willensfreies Handeln – und 'Verschulden'. Vor soviel 'Renommiererei, Überforschheit, Überhebung' (so Bethmann 1915) hätte wohl auch ein begnadeter Staatsmann kapitulieren oder dann eben abtreten müssen"[169].

---

165 Croce (o. Anm. 50), S. 317 f.
166 Siehe o. Anm. 122/23.
167 Kurt Riezler, Die Erforderlichkeit des Unmöglichen, Prolegomena zu einer Theorie der Politik, München 1912, S. 203. Dazu seine pseudonyme Schrift: J.J. Ruedorffer, Grundzüge der Weltpolitik in der Gegenwart, Stuttgart/Berlin 1914, mit zusammenfassender Inhaltsangabe bei Fischer (o. Anm. 9), S. 371 ff.
168 Fischer, S. 643 f.
169 Gasser 1968, S. 217 f. [Anbei o. S. 40.]

Das zunehmende Gewicht des neuen vulgärpreussischen Draufgängertums musste vorab das Zusammenwirken von Staat und Armee, von Politik und Strategie arg belasten. Politische und militärische Denkart stehen gleichsam von Natur aus miteinander in einem Spannungsverhältnis, und am Unvermögen, dieses richtig zu meistern, ist sogar der grosse Napoleon, der doch auch in den Bereichen der Literatur, des Rechtswesens, der Volkswirtschaft kein Ignorant war, schliesslich gescheitert:

> "Worin lag der innerste Grund für das Versagen eines so genialen Soldaten und Eroberers auf dem Gebiete der Aussenpolitik? Unstreitig bestand der schlimmste seiner politischen Fehler darin, dass er den jeweils Besiegten immer wieder zu harte Friedensbedingungen auferlegte — die wirtschaftlichen Zwangsmassnahmen inbegriffen — und so konnten sie gar nicht anders, als auf einen baldigen günstigen Zeitpunkt hoffen, um sich der verhassten Fesseln zu entledigen ...
> Im Grunde ergab sich alles daraus, dass der Imperator die soldatische Tugend, jeden Vorteil bis zur Erschöpfung aller Möglichkeiten rücksichtslos auszunützen, unbesehen auch auf sein politisches Handeln übertrug; hier aber wurde jene Tugend zum ausgesprochenen Laster, sein Genie zur Torheit. Im Zusammenleben der Menschen und Völker gibt es auf die Dauer kein gedeihliches Nebeneinander ohne den Geist der Rücksichtnahme — gegen ihn hat sich der grosse Eroberer zwar nicht durchwegs, aber doch allzu oft und allzu krass versündigt"[170].

Gestützt auf die überreichen Erfahrungen, die sich aus den Feldzügen der Napoleonischen Ära gewinnen liessen, verfasste der preussische General Carl von Clausewitz sein berühmtes Buch "Vom Kriege". Die Zeitverhältnisse erleichterten es ihm, ein Werk von philosophischem Gehalt und überzeitlicher Geltung zu schaffen. Dank der Katastrophe von Jena war dem damaligen Preussen jede militärische Hybris ausgetrieben worden; zudem wuchsen ihm dank der hohen Bildung seiner Staats- und Armeereformer sowie dank des die Freiheitskriege durchpulsenden Idealismus ungewohnte geistige und moralische Kräfte zu. So kam es zum Paradox, dass ausgerechnet in einem Militärstaat eine Kriegsphilosophie entstand, welche den unbedingten "Primat der Politik" proklamierte:

> "Das Unterordnen des politischen Gesichtspunktes unter den militärischen wäre widersinnig(!); denn die Politik hat den Krieg erzeugt — sie ist die Intelligenz, der Krieg aber bloss das Instrument, und nicht umgekehrt ...
> Es ist ein widersinniges Verfahren(!), bei Kriegsentwürfen Militäre zu Rate zu ziehen, damit sie rein militärisch darüber urteilen sollen, wie die Kabinette wohl tun ... Die Führung des Krieges in seinen Hauptumrissen ist daher die Politik selbst, welche die Feder mit dem Degen vertauscht ...
> Hienach kann der Krieg niemals von dem politischen Verkehr getrennt werden, und wenn dies in der Betrachtung irgendwo geschieht, werden gewissermassen die Fäden des Verhältnisses zerrissen, und es entsteht ein sinn- und zweckloses Ding(!) ..."[171].

Es lag wohl im Wesen des Militärstaates selbst, dass er mit zunehmendem Kraft- und Machtbewusstsein sich einem "Primat der Politik" zu entziehen trachtete. Der israelische Militärhistoriker Jehuda L. Wallach hat in einer wegweisenden Unter-

---

170 Gasser (o. Anm. 142), S. 82 f. [Anbei u. S. 203.]
171 Carl von Clausewitz, Vom Kriege, Ungekürzte Ausgabe, Ullstein-Buch Nr. 35051, Frankfurt a.M. 1980, S. 675, 677 f.

suchung nachgewiesen[172], wie das geistige Erbe des genialen Berliner Kriegsphilosophen von seinen Epigonen verraten worden ist[173], in totaler Missachtung seiner
Grunderkenntnis, dass der Krieg seine eigene Grammatik hat, nicht aber seine
eigene Logik, die von der Politik geliefert werden muss.

Ein erster Einbruch erfolgte 1858/59, als man das Fach "Logik" aus dem Lehr-
plan der Berliner Kriegsakademie streichen liess[174], zugunsten der militärtechnischen Fächer. Zunächst förderte das die Schlagkraft des preussischen Heeres, ja
legte mit den Grund zu den Siegesläufen bis 1871 – ganz ähnlich, wie im 8. Jahrhundert das Institut des Lehenswesens die Zentralgewalt im Karolingerreich ungemein gestärkt hatte, um dann freilich später, als seine eigengesetzlichen Macht-
tendenzen überwucherten, nur um so hemmungsloser zum Element der Staats-
zerstörung zu werden[175].

Im preussisch-deutschen Militärstaat ging die Entwicklung den gleichen Weg:
infolge des Überwucherns des militärtechnischen Apparates und dessen Tendenz,
innerhalb des Reichskörpers zum Selbstzweck zu entarten. Vor allem Schlieffen
hat, wie Wallach 1967 aufzeigte, dem technischen Spezialistentum zur absoluten
Dominanz verholfen, womit er

"aus der Kriegskunst ein Handwerk gemacht und den Feldherren in einen Techniker ver-
wandelt hat, indem er die äusseren Bedingungen des modernen Krieges wie Waffenwirkung,
Massenheere, Nachrichtenverbindungen ... zu sehr betonte.
    Ein Krieg, dessen Wesen nur an diesen Bedingungen gemessen wurde, hört ohne den
Versuch, eine moderne Grundkonzeption für das Wesen des Krieges zu finden, auf, eine
Kunst zu sein"[176].

Im übrigen vollzog sich das Überwuchern des Militärtechnikertums durchaus
parallel zu dem des Vulgärpreussentums. Beides gehört untrennbar zusammen.
Denn als Fachmann verfällt der Techniker schon von Berufs wegen zu leicht der
Engstirnigkeit. Tschuppik begründete das 1930 überzeugend wie folgt:

"Der Fanatismus innerhalb des Metiers ist gepaart mit völliger Unkenntnis in jedem Bereich,
das ausserhalb des Metiers liegt ... Der Spezialist, innerhalb seines kleinen Terrains ein
Meister, wird zum Sklaven des Faches.
    Seine Sicherheit in den vier Wänden des Ressorts verleiht ihm die Kraft, sich auch vor
dem Ungewissen und Unbekannten sicher zu fühlen. Diese Verführung zur Sicherheit an
falscher Stelle macht den Fachmann blind und taub"[177].

Unweigerlich dann wird der Militärtechniker zum Ignoranten, wenn er Probleme
der Politik zu beurteilen hat:

"Dem soldatischen Wesen ist die politische Natur, ihre Art zu denken und zu handeln, von
vornherein verdächtig. Die politische Begabung entspriesst ganz anderen Wurzeln als die des
militärischen Fachmanns. Sie setzt eine andere Kenntnis der menschlichen Natur voraus,

---

172 Wallach (o. Anm. 31)!
173 Ebd., S. 103 ff., 289 ff., 303; Wehler (u. Anm. 185), S. 484 ff.
174 Werner Hahlweg, Clausewitz und die Gegenwart, in: Schicksalsfragen der Gegenwart,
    Bd. 2, Tübingen 1957, S. 197 ff.
175 Heinrich Mitteis, Lehnrecht und Staatsgewalt, Weimar 1933, S. 176 ff. [Anbei u. S. 144 f.]
176 Wallach, S. 117.
177 Tschuppik (o. Anm. 40), S. 62.

als der Soldat sie hat und haben kann ... Er wird zu einer Gefahr, sobald er den engen Kreis seines Metiers verlässt und nun mit der Sicherheit, die ihn in der Enge trägt, das grosse öffentliche Leben und Welttheater zu meistern beginnt"[178].

Um nur ein einziges drastisches Beispiel anzuführen: Im Rückblick auf ein kurzfristiges Kommando in den Karpaten anfangs 1915 klagte General Ludendorff:

"Als ich jene Huzulenhütten sah, da wurde mir klar, dass dieses Volk nicht wissen könne, wofür es sich schlüge. Österreich-Ungarn hatte unendlich viel versäumt; als verbündete Macht hätten wir das zu verhindern wissen müssen" (sic!)[179].

Der spätere De-facto-Chef der Deutschen Heeresleitung konnte sich offenkundig selbst einen Bundesgenossen mit Grossmachtstellung nur als Befehlsempfänger vorstellen — und das bereits in Friedenszeiten! Und er, der engstirnige Spezialist, der vor Kriegsausbruch nie daran gedacht hatte, sich über die realen Lebensverhältnisse auch nur der Nachbargebiete jenseits der Reichsgrenze zu informieren, masste sich an, über die Motive und Ziele der gegnerischen Weltmächte Bescheid zu wissen! Im Zeitalter der Militärtechniker und Vulgärpreussen sank folgerichtig auch das Verständnis für die tiefen Einsichten des Philosophen Clausewitz dahin. Schon der geniale ältere Moltke hatte sich ihnen bisweilen nur widerstrebend gebeugt und einmal gemeint, der "Primat der Politik" sollte lediglich beim Kriegsbeginn und Kriegsende volle Geltung besitzen[180]. Ehrenhafterweise empfand Wilhelm I. bei aller Begrenztheit seiner Gaben stets eine geziemende Scheu vor der komplexen Natur des politischen Lebensbereiches und hielt es für unklug, den hierin sachkundigeren Bismarck je auszuschalten. Anders als er besass sein seelisch und geistig labiler Enkel zum Gedankengut eines Clausewitz keinerlei Beziehung mehr, und seine martialische Geringschätzung der zivilen Lebenswerte und Amtsträger[181] ebnete von selbst den Weg zu einem "Primat der Soldateska".

Im Einklang damit missachtete auch der Generalstab die Lehren des Altmeisters. Nur verbal verbeugte sich Schlieffen vor ihnen, interpretierte sie aber dergestalt um, dass sie sich ins Gegenteil verkehrten[182]. Weder er noch sein Nachfolger legten ihre Aufmarschpläne der politischen Reichsleitung vor, übrigens ohne dass Bülow und Bethmann sich je darum gekümmert hätten — im Militärstaat gehörte dieses Geschäft nicht in ihre Kompetenz[183]! Immerhin: Solange es noch alternative Kriegspläne gab, lag für den entscheidenden Augenblick ein Einschalten der politischen Instanzen noch im Bereiche des Möglichen. Seit dem Schicksalsdatum des 1. April 1913, da Moltke den Ostaufmarsch-Plan kassierte und den Überfall auf Belgien bei jeder Mobilmachung heimlich zum Sachzwang verwandelte[184], war jeder "Primat der Politik" ausgeschaltet und der Verrat an Clausewitz komplett!

178 Ebd., S. 112 f., 182; ergänzend Krockow (o. Anm. 57), S. 119 f.
179 Ludendorff (o. Anm. 39), S. 90.
180 Wallach, S. 57 f.; dazu Tschuppik, S. 144 f.
181 Endres (o. Anm. 34), S. 67–83.
182 Wallach, S. 103–118.
183 Ebd., S. 81 ff., 138 ff.; ebenso Ritter (o. Anm. 62), S. 101 und u. Anm. 190.
184 Siehe o. Anm. 75/76.

Von dieser Stunde an war die deutsche Armee zu einer Kriegsmaschine geworden, die auf den Sommer 1914 hin loszubrechen bestimmt war und der Politik den Willen aufdiktierte – was diese sich übrigens nur zu gerne gefallen liess[185]. Und der Kaiser zog aus diesem Sachverhalt nur noch das Fazit, wenn er Ende 1915 den Verrat an Clausewitz mit dem Worte förmlich besiegelte:

"Politik hält im Krieg den Mund, bis Strategie ihr das Reden wieder gestattet" (sic!)[186]!

Mit so verschrobener Wertskala war der Erste Weltkrieg (wie auch der von einer den meisten Militärs imponierenden Aggressionsbestie mit wirrköpfiger Weltkenntnis angezettelte Zweite)[187] von vornherein dazu verurteilt, für das deutsche Volk genau das zu werden, wovor Clausewitz gewarnt hatte: "ein sinn- und zweckloses Ding"! Und dafür wurden Millionen von Menschenleben hingeopfert!

Riezlers Tagebücher aus der Kriegszeit geben ein anschauliches Bild davon, wie Bethmann Hollweg und er selber unter dem "Primat der Soldateska" gelitten haben. Um nur einiges wenige herauszugreifen:

"Wo sind nur die gebildeten Offiziere hingeraten, die Preussen gross gemacht haben?" (So schon vor Kriegsausbruch am 23. Juli 1914.)

"Die Militärs wollen 480 Millionen von der Provinz Flandern erheben. Keine Ahnung von modernem Geldverkehr, meinen in Brüssel noch alles Gold der belgischen Bank zu finden" (21. August 1914).

Im Hauptquartier: "Der Begriff des rein Militärischen feiert hier Orgien" (20. September 1914).

Über eine milde Form deutscher Hegemonie: "Diese politische Möglichkeit geht an der Unbildung der Deutschen, insbesondere dem politischen Gewicht des unpolitischen Soldaten zugrunde" (22. November 1914).

Aus Warschau über den Stabschef des deutschen Generalgouverneurs: "... der Prototyp des dummen miles, wütend dass die Leute hier polnisch sprechen, polnisch Theater spielen etc. – Gegner der von uns gemachten Universität ..." (27. Oktober 1915).

"In Warschau macht das Militär bei der Begründung der polnischen Armee, in die, da es eine militärische Angelegenheit ist, niemand hineinreden darf, die üblichen psychologischen Fehler" (11. November 1916).

Über Ludendorff: "Seltsamer Mann, grosse Energien, wunderbarer Stratege, politisches Kind, ganz ungebildet, entdeckt die selbstverständlichsten Dinge als ganz neue, leider auch oft die verkehrtesten" (29. Dezember 1916)[188].

Und mit einem solchen Landsknechtsinstrumentarium gröblichster Unwissenheit und Überheblichkeit gedachte General Groener zu Kriegsbeginn das Ausland wie das Inland zum Parieren zu bringen:

185 Hans-Ulrich Wehler, "Absoluter" und "totaler" Krieg, Von Clausewitz zu Ludendorff (1969), Abdruck in: Günter Dill (Hrsg.), Clausewitz in Perspektive, Ullstein-Buch Nr. 35052, Frankfurt a.M. 1980, S. 485 f.; dazu u. Anm. 190, 203, 209.
186 Lange (o. Anm. 87), S. 30.
187 Diesmal unter dem Oberkommando eines 1919 in die "politische Aufklärung" detachierten Frontveteranen, dessen dämonischer Machtgier die Wehrmacht um der Aufrüstungspolitik willen sogar ihre Ehre aufopferte, indem sie den Mord an Schleicher sowie den Rufmord an Fritsch widerstandslos hinnahm. Dort ein seit dem 30. Juni 1934 notorischer Mordbube, hier eine kriegserpichte Berufssoldateska als "wichtigste Einrichtung im Staate" (hierzu Deist, o. Anm. 96, S. 388 ff., 396 ff.): Wer war da wessen Werkzeug? – Vgl. auch u. Anm. 204.
188 Riezler (o. Anm. 17), S. 190, 200, 207, 229, 310 f., 379, 389 f.

"Wir im Generalstab sind bestrebt, in allem, was wir tun, ganze Arbeit zu leisten, so dass – wenn es nach uns geht – das deutsche Volk für die nächsten 100 Jahre Frieden hat. Der Herr Reichskanzler und seine Leute scheinen den Krieg als philosophischen Begriff aufzufassen und wären nicht abgeneigt, möglichst bald einen faulen Frieden zu schliessen! Das gibt es nicht; wir werden nicht nur mit den Franzosen, sondern auch mit Herrn v. Bethmann und dem Auswärtigen Amt fertig" (sic!)[189].

Faktisch war der "Primat der Strategie" von der politischen Führung längst vor Kriegsbeginn als eine Selbstverständlichkeit akzeptiert worden, so wie es der Kanzler nachträglich ohne weiteres zugestand:

"Überhaupt ist während meiner ganzen Amtstätigkeit keine Art von Kriegsrat abgehalten worden, bei dem sich die Politik in das militärische Für und Wider eingemischt hätte" (sic!)[190].

Damit war auch die etwaige Verletzung der belgischen Neutralität von vornherein ganz und gar ins Belieben des Generalstabs gestellt und zu einer Frage der blossen "militärischen Zweckmässigkeit" herabgewürdigt worden, trotzdem doch gerade die Heeresleitung die denkbar wenigstgeeignete Instanz war, um die politischen Auswirkungen eines solchen Völkerrechtsbruches in der weiten Welt abzuschätzen[191]. Und dennoch hatten die Reichskanzler seit der Jahrhundertwende sich damit abgefunden und keinerlei Mitspracherechte eingefordert: Sie konnten hierbei eben auf keinerlei Rückhalt zählen, weder beim Kaiser noch in der Öffentlichkeit!

In einer Nation, die der Militärvergottung und dem Wahn der Unbesiegbarkeit huldigte, war der Respekt vor dem Eigenrecht der Kleinstaaten und den moralischen Imponderabilien a priori unterentwickelt. Lassons vulgärpreussische Wertmassstäbe von 1868 setzten sich auch da immer folgenschwerer durch:

"Ein Staat ist nur da, wo die unbedingte Möglichkeit des Widerstandes und das Bewusstsein der Fähigkeit zum Widerstande ist. Ein sogenannter Kleinstaat ist gar kein Staat, sondern eine geduldete Gemeinschaft, die nur in lächerlicher Weise affektiert ein Staat zu sein ... Das Schwache unterliegt dem Starken, das heisst auf staatlichem Gebiet nichts anderes als: Das Unrecht unterliegt dem Recht oder das minder Berechtigte dem höher Berechtigten" (sic!)[192].

Das war genau der gleiche Machtnihilismus, wie ihn im September 1914 der Historiker Oncken – privat eine liebenswerte Persönlichkeit – ungescheut zu verkünden wagte:

"Die Lebensgeschicke der unsterblichen grossen Nationen stehen zu hoch, als dass sie im Notfall nicht hinwegschreiten müssten über Existenzen, die sich nicht selbst zu schützen vermögen, sondern schmarotzerhaft (sic!) sich nähren von den Gegensätzen der Grossen"[193].

---

189 Wilhelm Groener, Lebenserinnerungen, Göttingen 1957, S. 295.
190 Theobald von Bethmann Hollweg, Betrachtungen zum Weltkriege, 2 Bände, Berlin 1919–21, II, S. 7 f.
191 Gasser 1968, S. 186 ff.; ders. 1973, S. 318 f. [Anbei o. S. 13 ff., 59 f.]
192 Lasson (o. Anm. 41), S. 7, 50. [Anbei o. S. 44 f.]
193 Hermann Oncken, in: "Süddeutsche Monatshefte", September 1914, S. 807.

Darum wurde denn auch Bethmanns redliches Zugeständnis vom 4. August 1914
– es erfolgte vor Englands Kriegserklärung! –, man habe Belgien leider ein "Unrecht" zufügen müssen[194], von einem Grossteil der deutschen Nation mit lebhaftem
Unwillen aufgenommen.

Erst nach dem Kriege brach sich die Einsicht Bahn, welch kapitaler politischer
Fehler der Einfall in Belgien gewesen sei[195]. Die Verfechter des Zweckdenkens und
Hasardspiels betonten demgegenüber, so General Groener:

> "Wäre dem deutschen Heere der Erfolg beschieden gewesen, so hätte niemand ein Wort ver-
> loren über die Verletzung der belgischen Neutralität, und die nachträglichen Kritiker wären
> voll des Lobes gewesen über den vortrefflichen Plan. Vielleicht hätte man dem alten Schlief-
> fen ein hohes Denkmal gesetzt" (sic!)[196]!

Mit solch hyperzynischen Gegenargumenten, welche die Macht des moralischen
Faktors in der Weltpolitik auch weiterhin missachteten, ja ins Lächerliche zogen,
half Groener, zusammen mit zahllosen "nationalgesinnten" Honoratioren, die Saat
zum Zweiten Weltkrieg auszustreuen, um das Deutsche Reich unter einen "gigantischen Führerwillen" zu zwingen und ihm in einem neuen Anlauf doch noch zur
Festlandhegemonie zu verhelfen.

In den Kriegsjahren 1914–18 hatte die Generalität, das konnte sie nicht vergessen, in ihrer militärischen Hybris an breitesten Volksschichten einen festen
Rückhalt gefunden. Indem sich die Nation an flüchtigen Schlachtensiegen stets von
neuem berauschte, war ihr der Sinn für Mass und Ausgleich vollends verloren-
gegangen. Ja es schien geradezu, wie wenn sie als Ganzes dem genialen Clausewitz
den Krieg erklärt und sein Vermächtnis in die Absurdität verkehrt hätte: Die Politik
ist die Fortführung des Krieges mit anderen Mitteln!

Genau die gleichen selbstzerstörerischen Triebkräfte, welche die Nation "sinn-
und zwecklos" in den Krieg gezwungen hatten, verunmöglichten es ihr, ihn vor der
unausweichlichen Niederlage im Kampfe gegen die ganze Welt jemals abzubrechen.
Die stur in den Siegeswillen verbohrte Öffentlichkeit liess die Bereitschaft zu einem
realistischen "Verzichtfrieden" überhaupt nie aufkommen, in Perioden einer verbesserten Kriegslage erst recht nicht. Wiederum ist es der Österreicher Tschuppik,
der 1930 in seinem fast vergessenen Buch jene politische Tragödie Deutschlands
besonders geistvoll analysiert hat, zumal auch im Blick auf die jeweils mit tödlicher
Sicherheit verscherzten Friedenschancen[197].

Darüber hinaus ging im Ruf nach dem uneingeschränkten U-Boot-Krieg, der
Amerika ins feindliche Kriegslager treiben musste, ausgerechnet der Reichstags-
ausschuss so gut wie einmütig voran (März und Oktober 1916)[198], und als der
Kanzler Michaelis im Juli 1917 der Friedensresolution zustimmte und sie mit dem

---

194 Geiss (o. Anm. 21), II, S. 685.
195 So anfänglich sogar Kronprinz Wilhelm, der dann freilich schon 1923 ganz in die Linie
    Groeners einschwenkte.
196 Groener 1927 (o. Anm. 27), S. 81, auch 217; vgl. o. Anm. 95.
197 Tschuppik (o. Anm. 40), S. 160 ff., 216 ff.
198 Ebd., S. 134 ff.; auch Lange (o. Anm. 87), S. 102 ff.

Vorbehalt, "wie ich sie auffasse", gleichzeitig torpedierte, da akklamierten ausgerechnet die Linksparteien[199]. Im Grunde war sogar die "Einheit von Monarch, Staatsmann und Feldherr" durchaus vorhanden[200]; bloss fehlte ihr, da der "Fachidiot" Ludendorff nur Marionettenkanzler duldete und der Kaiser eine Null war, das Entscheidende: die von Clausewitz vorausgesetzte und im "Triumvirat" von 1866/71 vorhanden gewesene politische "Intelligenz"!
Ein einziges wichtiges Zitat sei herausgegriffen:

> "Es ist vorgekommen, dass Politiker ab und zu als Gäste bei der Heeresleitung erschienen und sich auch vorwagten. Allen Erinnerungen und Berichten über solche Fahrten ist aber ein subalterner Verzicht auf eine eigene Meinungsbildung eigentümlich.
> Man stösst hier wieder auf eine Quelle der deutschen Tragödie: Der ungeheure Respekt vor dem militärischen Fachmann(!) zwingt den Politiker, der berufen wäre, sich ein selbständiges Urteil zu bilden, in die Habachtstellung des Gehorsams"[201].

Es war genau der gleiche militärische Servilismus, der seit dem 10. November 1918 die sozialdemokratischen "Revolutionäre" mit ihrer Unteroffizier-Mentalität dazu antrieb, sich unverzüglich unter den Schutz der alten Generalität und der von Groener und Schleicher kreierten Freikorps-Soldateska – des Bindeglieds zum künftigen NS-Staate hin – zu flüchten[202].
Im Blick auf den Kriegsausbruch 1914 sei noch auf ein Indiz von besonders durchschlagender Aussagekraft verwiesen. Als der Kanzler Anfang Dezember 1912 folgerte, der neue gewaltige Aufrüstungskredit rechtfertige sich nur, wenn wir "die bestimmte Absicht haben, bald zu schlagen", da erwiderte sein Gesprächspartner, General von der Goltz, wie er Mudra berichtete:

> "Ja natürlich, dann machten wir eben praktische Politik" (sic!)[203]!

Die Antwort wirft ein beklemmend grelles Licht auf die Denkart des Militärs, den obersten Sinn aller "Politik", gegensätzlich zu Clausewitz, im Kriegführen zu erblicken. Den gleichen ruinösen Stumpfsinn produzierte Groener, indem er 1920 den eigentlichen Kern des Vulgärpreussentums blosslegte und zugleich dem "Staatsmann" Hitler den künftigen Weg vorzeichnete:

> "Graf Schlieffen ... hinterliess wie Bismarck eine reiche Erbschaft, den operativen Gedanken, in dem der politische verborgen (sic!) war. Leider hat ihn der Staatsmann(!) nicht gefunden ...
> Allerdings war im Heer der vortreffliche alte Geist aus Wilhelms I. Zeiten noch erhalten; es war ein unüberwindliches(!) Kriegsinstrument und eine sichere Plattform, auf der der Staatsmann sich bewegen(!) konnte. Der politische Gedanke(!) fand im Heer(!) die zuverlässigste Stütze.
> War's nicht besser, statt in den Krieg hineinzutaumeln, ihn zielbewusst und schweigend mit *allen* Mitteln vorzubereiten? ... dem operativen Gedanken des Grafen Schlieffen den politischen anzupassen" (sic!)[204]?

---

199 Ebd., S. 184 f.
200 Ebd., S. 338 ff.
201 Ebd., S. 388, ergänzend 364 ff.
202 Sebastian Haffner, Die deutsche Revolution 1918/19, München 1979 (Neuausgabe der 1. Aufl. 1969: Die verratene Revolution).
203 Siehe o. Anm. 73.
204 Groener 1920 (o. Anm. 33), S. 13, 15 f.; siehe o. Anm. 92–95, 189, 196.

1933 war dann der ersehnte "Staatsmann" da, der sich – statt den Militärs nur brav "nachzutaumeln" – auf der "sicheren Plattform" jenes "Kriegsinstrumentes" aktiv "bewegte", um ein neues Blutbad "zielbewusst und schweigend mit allen Mitteln vorzubereiten"!

Jene katastrophalen Denkfehler der deutschen Militärs von 1914 und aller ihnen hörigen nationalistischen Volksteile liefen auf nichts anderes hinaus, als die Politik zur Magd des Kriegshandwerkes zu erniedrigen, damit "das glänzendste Heer der Weltgeschichte" endlich dem vermeintlich obersten aller Staatszwecke dienen könne: der Machtausweitung – als Werkzeug des altpreussischen Wachstumsnihilismus. Gerade die Spitzen der Soldateska ertrugen es nur schlecht, dass ihr "Oberster Kriegsherr" im Unterschied zu all seinen Vorfahren (den nur 99 Tage regierenden Vater ausgenommen) an Gebietszuwachs in Europa bisher nichts vorzeigen konnte als ein auf der Landkarte unsichtbares Inselchen.

Wie total im Juli 1914 zu Berlin der Primat der Strategie die Szene beherrschte, erkannte schon im Mai 1919 der Anthroposoph Rudolf Steiner, als er zu Moltkes "Erinnerungen" im Auftrag von dessen Witwe ein Geleitwort verfasste[205]. Auswärtiges Amt und Generalstab sorgten damals dafür, dass die bereits ausgedruckte Gesamtauflage in Stuttgart eingestampft wurde. Und als das Buch 1922 schliesslich doch herauskam[206], weil Steiner darin enthaltene "Staatsgeheimnisse" wie den von Schlieffen geplanten Einfall auch in Holland und das Fehlen eines Ostaufmarsch-Planes auf anderem Wege bekanntgemacht hatte[207], da war das ärgerliche Geleitwort darin nicht mehr enthalten; es erblickte – ähnlich wie das 1926 von Kantorowicz verfasste Rechtsgutachten zur Kriegsschuldfrage[208] – erst 40 Jahre später das Licht der Welt(!).

Wie Steiner aufs klarste erfasste, lag das Verhängnis von 1914 in der

"Tatsache, dass keine deutsche Politik vorhanden war, welche die *Ausschliesslichkeit* des militärischen Urteils verhindern konnte ... Das politische Urteil steht ganz ausserhalb jeder Beurteilungsmöglichkeit der Lage, steht im Nullpunkt seiner Betätigung ...(!)
Wodurch ist es gekommen, dass Ende Juli 1914 in Deutschland keine andere Macht da war, über das Schicksal des deutschen Volkes zu entscheiden, als allein die militärische? War es einmal so, dann war der Krieg für Deutschland eine Notwendigkeit. Dann war er eine europäische Notwendigkeit ...(!)
Durch dieses (militärische) Urteil war Deutschland *verurteilt*, sich in Konflikt mit der ganzen übrigen Welt zu bringen. Aus dem Unglück wird das deutsche Volk lernen müssen, dass sein Denken(!) in Zukunft ein anderes sein muss. Militärisch musste der Krieg für notwendig gelten, politisch war er nicht zu rechtfertigen, nicht zu verantworten und aussichtslos"(!)[209].

---

205 Rudolf Steiner, Vorbemerkungen zu "Die 'Schuld' am Kriege", in: ders. (Gesamtausgabe), Aufsätze über die Dreigliederung des sozialen Organismus und zur Zeitlage 1915–21, Dornach 1961, S. 376–387.
206 Siehe o. Anm. 20!
207 Steiner, S. 388 ff.: Interview Jules Sauerweins im "Matin", Oktober 1921.
208 Siehe o. Anm. 14.
209 Steiner, S. 378, 383, 386 (kursive Hervorhebungen im Original).

Steiners Einsichten decken sich haargenau mit der Mahnung von Clausewitz, dass jeder nicht vom Primat der Politik gezügelte Krieg zwangsläufig zu einem "sinn- und zwecklosen Ding" entarte. Genau so sah es auch Wallach, als er 1967 zusammenfasste:

"Es ist das Unglück des deutschen Heeres gewesen, dass es die Lehre Clausewitz' nur durch die Zerrbrille Schlieffens kennengelernt hat, der sie zu sehr vereinfacht und nur vom technischen Standpunkt her interpretiert hatte. Der wahre Geist der Clausewitz'schen Theorie wurde durch die neue Tugend des technischen Perfektionismus übertönt.

Hätten die Deutschen die Vorstellungen Clausewitz' von den Beziehungen zwischen Politik und Krieg beachtet und sie verstanden, d.h. wären sie zu den richtigen Schlussfolgerungen bezüglich der politischen(!) Lage Deutschlands gekommen, dann wäre es vielleicht nie notwendig gewesen, dass der Erste Weltkrieg ausbrach"[210].

Mit alldem fällten Clausewitz wie Steiner und Wallach zugleich auch das Verdikt über jene heutigen Historiker, die sich immer noch so eifrig bemühen, das Losschlagen von 1914 in eine berechtigte "defensive Präventivaktion" oder "präventive Abwehr" umzudeuten. Ihr Ehrenrettungsversuch gilt ausgerechnet der Katastrophenstrategie eines Zeitalters, da in Preussen-Deutschland "das politische Urteil" auf dem "Nullpunkt seiner Betätigung" (Steiner) angelangt war, abgewürgt − was Steiner noch nicht wusste, doch heute aktenmässig feststeht[210a] − von einer kraftmeierischen Militärhybris, die sich seit Ende 1912 anmasste, nicht weniger als drei Weltmächte gemeinsam(!) mit Krieg zu überziehen und niederzuringen.

Ob unverhüllt oder unterbewusst, faktisch huldigen jene Apologetiker weiterhin dem "Primat der Strategie" statt dem der Politik − als willige Opfer der verschrobenen Wertskala einer versunkenen Welt: der Welt des preussischen Militärkultes mit all seinen kapitalen Denkfehlern. Als "sinn- und zwecklose" Ausgeburten des von ihm hochgezüchteten Pseudoheroismus walzten die Dämonen eines kollektiven Machtrausches[211] und einer eigengesetzlich in Bewegung geratenen Kriegsdynamik alle im Wege stehenden geistig-sittlichen Hemmnisse spielend nieder, vor allem auch die so leicht zu manipulierenden der Vernunft und des Gewissens.

Wann hätte es irgendwelchen Aggressoren je Mühe bereitet, sich selbstbetrügerisch einzureden und gerne zu glauben, dass sie auf längere Sicht, zumal wenn scheinbar "eingekreist", selber die "Bedrohten" seien? Wer auf solche Gewissensverrenkungen abstellt, um den militärisch vermeintlich opportunen, politisch jedoch rein destruktiven − Clausewitz: "sinn- und zwecklosen", Steiner: "verantwortungs- und aussichtslosen" − deutschen Überfallskrieg von 1914 heute noch als "Defensivaktion" abzustempeln, der bezeugt folgerichtigerweise, wes Geistes Kind er selber geblieben ist: ein Produkt und Relikt der Ära des Vulgärpreussentums (1895−1945) und dessen selbstüberheblichen Verräterei am grossen Berliner Kriegsphilosophen!

Diese vom Zwang der Logik aufdiktierte Kritik bedeutet keine Herabwürdigung jener so vielfach hochverdienten und persönlich sympathischen Geschichtsforscher.

---

210 Wallach (o. Anm. 31), S. 303.
210a Siehe o. Abschnitt 1: "Moltkes Siegesgewissheit", S. 84−92.
211 Siehe o. Anm. 19/20, 111−128; auch Krockow (o. Anm. 57), S. 35 ff., 79 ff.

Auch Wissenschafter, selbst solche vom Range Max Webers, leben wie andere Zeitgenossen jeweils nicht nur von ihren Urteilen, sondern auch von ihren Vorurteilen, und zwar meist solchen, die unterbewusst den Zeitströmungen ihrer Jugend entstammen. Der Schreibende nimmt sich davon nicht aus. Um so mehr Genugtuung bereitet es ihm, dass er sich in der vorliegenden Streitfrage mit Clausewitz einig weiss; hat er doch schon früher, und zwar noch ohne Rückgriff auf dessen Gedankengut, die politisch selbstzerstörerische deutsche Überfallsstrategie von 1914 als "ausweglöses Kriegsunternehmen" erkannt und gekennzeichnet wie auch das zu ihrer Rechtfertigung produzierte professorale "Ideengut von 1914" als eine Sinnwidrigkeit, "zu nichts anderem tauglich als in Schall und Rauch aufzugehen"[212].

5. Die normalisierende Weltenwende von 1945

Unstreitig besass das Deutsche Kaiserreich, jenes durchmilitarisierte Grosspreussen mit seinem am Wachstumsnihilismus orientierten Sendungsgedanken, bis 1914 wertvollste föderative, rechtsstaatliche, freiheitliche, auch ausbauwürdige parlamentarische Institutionen. Nur waren sie im Volkskörper spürbar schwächer verankert als die Lust an Disziplin und Gehorsam sowie an kollektiver Machtvergottung[212a] und insofern eher eine Art von blossem Fassadenanstrich. Dies vorauszuerkennen, war nur erleuchteten Geistern beschieden. Allbekannt sind die düsteren Prognosen des Basler Kulturhistorikers Jacob Burckhardt, eher vergessen die des katholischen Luzerner Rechtsphilosophen Segesser, in die er 1875 eine seiner Schriften ausklingen liess:

> "Die Weltherrschaft der Römer hat Jahrhunderte gedauert, weil diese, nachdem sie einmal die griechische Zivilisation in sich aufgenommen, nur barbarische Völker um sich her hatten, und weil sie, auf republikanischer Grundlage erwachsen, neben dem Cäsar und seinem Gesetz der individuellen und munizipalen Freiheit weiten Spielraum liessen.
> Die Herrschaft der Deutschen wird von kürzerer Dauer sein, weil sie, umgeben von zivilisierten Völkern, die sie weder zu assimilieren noch zu zertreten vermögen, auf der Idee des absoluten Staates fussend, die menschliche Freiheit in ihren unveräusserlichsten Gebieten bedrohen"[213].

Heute liegt das verpreusste Reich im Schutteimer der Geschichte, mitsamt seiner furchtbaren Kriegsmaschinerie, von der die sie kommandierenden Militärtechniker vermeinten, dass sie unter einem Napoleon die ganze Welt hätte erobern können[214],

---

212 [Anbei o. S. 78.] – Wir sprechen oben konsequent von Apologetikern statt von Apologeten, weil sie einen logisch unhaltbaren Standpunkt vertreten. Das betrifft auch nichtdeutsche Historiker, denen das Phänomen Militärstaat von Hause aus fremd ist.
212a Auf deren fatales Grassieren verwies 1946 sogar Gerhard Ritter, zit. bei Gasser 1968, Anm. 192, 199. [Anbei o. S. 40, 42.]
213 Anton Philipp von Segesser, Der Culturkampf, Bern 1875, S. 107.
214 Davon war sogar der nach 1919 zum Pazifisten gewordene Major Endres 1923 immer noch überzeugt: (o. Anm. 34), S. 121.

und die, als Akkumulator wie Werkzeug arger nationalistischer Wahnvorstellungen und Aggressionstriebe zum Eigenzweck geworden, in zwei Amokläufen sich selber wie auch den Reichskörper zerstörte, dessen Kernland Preussen inbegriffen.

Die totale Niederlage und die bedingungslose Kapitulation von 1945 haben einem Wiederaufleben solcher Militärhybris für immer jeden Boden entzogen. Die in der Bundesrepublik seither neuherangewachsene Generation kennt das alles nur noch als einen wüsten Traum, der nicht sie, sondern ihre Grossväter und Väter heimsuchte, verblendete und irreleitete, und hat mit solch lebensfeindlicher Vermessenheit nicht das geringste mehr zu tun. Die freie Welt der abendländischen Nationen hat in ihr ein neues Brudervolk gewonnen, dem sie Solidarität schuldet. Um auf eine Erkenntnis Fritz Fischers zu verweisen:

> "In der Bundesrepublik hat sich das politische Leben, auch wenn sich eine 80jährige Sonderentwicklung nicht mit einem Schlage überwinden lässt, im wesentlichen wieder zu den ursprünglichen, in der Mitte des vorigen Jahrhunderts zurückgedrängten föderativen, liberalen und demokratischen Traditionen zurückgefunden und damit auch zu einem entspannten, normalisierten Verhältnis zur übrigen Welt im Sinne einer realitätsbewussten friedlichen Zusammenarbeit mit allen Nachbarn"[215].

Als Quintessenz der hier vorgelegten neuen Beweisketten sei festgehalten: Um lebensnah zu urteilen, hat der Historiker die ausgeprägten, ideologisch primär am "Rechte des Stärkeren" orientierten Militärstaaten von den übrigen Gemeinwesen klar zu scheiden, und zwar immer dann, wenn ihr Volkskörper vom Soldatenideal einseitig durchdrungen und fasziniert und gar noch vom Wahn der Unbesiegbarkeit verseucht ist. Neben der Staatenwelt des freiheitlichen Pluralismus und jener der kommunistischen Parteidiktatur steht der Typus des explosiven Militärstaates, ob nun zeitweise in bieder-liberaler oder brutal-totalitärer Metamorphose, als abwegiges Gebilde da, dem Sendungsziel versklavt, im Siegesirrwitz rundum loszuschlagen und am zynisch provozierten Hass der Völker unterzugehen[216].

Dergestalt pflegte man schon um 1900 die Militärmonarchie Napoleons I. zu beurteilen und zu richten. Das geschah nicht zuletzt auch seitens der deutschen Geschichtswissenschaft[217] – ohne dass diese es gewahrte, wie ihr eigener verpreusster Nationalstaat auf dem Wege war, sich im neuen Zeitalter der Vermassung seinerseits zu einem Selbstexplosivkörper zu entwickeln. Sowohl Europa wie Ostasien lebten fortab im Zeichen "neo-bonapartistischer" Gefährdungen, bis endlich das Schicksalsjahr 1945 die vom Kriegsheroismus korrumpierten Militärimperien der deutschen Vulgärpreussen wie der japanischen Samurais ausradierte.

Wie vorauszusehen[218], war die Wende von 1945 weit davon entfernt, eine Epoche der Friedenspolitik einzuleiten. Doch wenn auch die Rivalität der seither führenden Weltmächte stets wieder neue Spannungen und Gefahren heraufbeschwört, so bewegt sie sich immerhin in einigermassen berechenbaren und insofern, universal-

---

215 Fischer 1979 (o. Anm. 100), S. 95; siehe auch o. Anm. 158.
216 Vgl. o. Anm. 99–105, auch 187, 212.
217 Julius von Pflugk-Hartung (Hrsg.), Napoleon I., 2 Bände, Berlin 1900.
218 Gasser 1948 (o. Anm. 101), S. 166 ff.: Artikel vom 6. Mai 1944.

historisch betrachtet, "normalen" Bahnen und wird nicht mehr von bornierten Militärtechnikern oder gar monomanen Unmenschen in die Sackgasse des Hasardspiels und hirnverbrannten Umsichschlagens manövriert. Zum mindesten an den entscheidenden Schalthebeln sitzen seither zivile Regenten, wobei just die Moskauer Parteidiktatoren sorgsam darauf achten, zu selbstbewusste begabte Generale vorzeitig zu pensionieren[218a], was sich im Kriege von selbst verböte.

So wird die Weltpolitik heute von Schachspielern gelenkt, die in ihrer Machtrivalität, auch wenn ihnen Fehlzüge unterlaufen, stets die moralischen Kräfte mit in Rechnung stellen und darum auch bereit und fähig sind, sich aus belastenden Machtpositionen zurückzuziehen – so Moskau aus Nordnorwegen und Nordiran (1945/46) wie aus Österreich (1955), so London und Paris aus Südasien wie Gesamtafrika (1947–62), so Washington aus Vietnam (1975). Auch Präsidenten-Generale wie Eisenhower, der den Koreakrieg beendete, oder de Gaulle, der Algerien räumte, waren primär als Talente des Masses und Ausgleichs an die Staatsspitze gelangt.

Die Gefahr neuer Weltkriege aufgrund von "Fehlrechnungen" ist natürlich nie völlig ausgeschlossen und rechtfertigt darum immer wieder massive Aufrüstungen "zur besseren Wahrung des Kräftegleichgewichts". Doch auch das ergibt keine Parallelen zu jener unseligen Ära von 1895–1945, als in Europa wie Ostasien aggressive Militärapparate den Geist und das Denken zweier "Herrenvölker" und ihrer Regenten massgebend formten und zur "befreienden Kraftprobe"[219] im Sturmlauf gegen die ganze Umwelt antrieben. Die misstrauensbedingten Gefahrenquellen von heute liegen nicht auf der gleichen Ebene wie die pseudoheroischen von damals. Landläufige Vergleiche solcher Art hinken nicht nur, sondern gehören geradewegs in den Bereich des Absurden; denn 1945 endete jene fatale "Kontinuität".

Um 1920 sagte der Apostel eines "preussischen Sozialismus"(!)[220] dem Abendland das angeblich unentrinnbare Schicksal voraus, vom 20. Jahrhundert an für alle Zukunft zur Beute eines in "rassebewussten" Gewaltmenschen verkörperten Cäsarismus zu werden, wobei dessen Soldateska mit ihrem fanatischen Willen zum Kriegen und Siegen(!) die Welt unaufhörlich in neue "Katastrophen voller Blut und Entsetzen" stürze[221]. Es ist und bleibt das denkwürdige Verdienst der Weltenwende von 1945[222], dass die Industrievölker in West und Ost ein so uferloses Umhertrampeln des Militärstiefels und eine so entmenschte Landsknechtmoral, wie Hitler sie seiner SS-Garde einimpfte – "ohne Erbarmen nach oben und nach unten"[223] –, nicht mehr zu befürchten haben.

218a Michael S. Voslensky, Herrschende Klasse und Rote Armee, Vortrag, siehe Neue Zürcher Zeitung, 4. Februar 1981.
219 So Alfred Huggenberg am 25. April 1914: Fischer (o. Anm. 9), S. 651.
220 Oswald Spengler, Preussentum und Sozialismus, Berlin 1919.
221 Ders., Der Untergang des Abendlandes, 2 Bände, Berlin 1922/23, vor allem II, S. 538 ff. – Bei seinen "Rassemensch"-Diktatoren dachte Spengler freilich an solche adligen Geblüts ...
222 Gasser, Die Weltenwende von 1945, in: "Nationalzeitung", 9. Mai 1965. [Anbei u. S. 230–237.]
223. So Jacob Burckhardt in seinem berühmten Brief an Friedrich von Preen vom 26. April 1872 – eine Prophetie, die sich ausdrücklich auf den "Militärstaat" bezieht, wie er sich

Viel schwerer wiegt da die Sorge vor einer Atomwaffen-Apokalypse, und gerade diese stünde, weil allseitig und sofort nur Besiegte und Wüsteneien hinterlassend, mit dem frevlen Drang zu Sieg und Machtrausch von ehedem in keinem Kontinuum. Auch unabwendbar ist sie mitnichten – um so mehr ein Warnsignal an die Supermächte und Superblöcke, einander nichts Unerträgliches zuzumuten und mit Waffengewalt aufzuzwingen, so wie dies seinerzeit gegenüber den Weltmachtschützlingen Serbien und Polen geschah: "1914 aus Kraftmeiertum, 1939 aus Teufelei"[224].

Und so schrecklich es in der Welt – wie seit eh und je – vielerorts weiterhin zugeht, so hat die Wende von 1945 doch die humanitären Leitideale entschieden neu gestärkt, mitsamt dem seit 1914 tödlich gefährdeten "Recht des Schwächeren", das heute in West wie Ost als wegleitendes Prinzip für alle Sozialpolitik gilt. Mag es in der Praxis noch so oft und krass missachtet werden, auf alle Fälle verschafft sein grundsätzlich anerkannter Primat dem Ringen um menschenwürdigere Zustände auf dem Erdenrund überhaupt erst einige Chancen. Sie lassen sich in der pluralistischen Welt des Westens mit ihrem System der Kritik und Gegenkritik unvergleichlich besser nutzen als im totalitären Osten.

Andauernd sehen sich die freien Demokratien dazu aufgerufen, soziale Mängel im Innern zu beheben, nach aussen Festigkeit mit Mässigung zu verbinden, unter sich die nötige Solidarität zu wahren, das Elend in der "Vierten Welt" möglichst zu lindern, dazu neuerdings auch dem Vorrang der Ökologie vor der Ökonomie Rechnung zu tragen. Mögen aktuelle Missstände weltfremde Doktrinäre noch so sehr verbittern, weltgeschichtlich mutet die Chance wie ein Gnadengeschenk an, im Tageskampf um jene Hochziele die Gewissen aller einzelnen in Freiheit aufrütteln zu können. Darum verkörpert die nordatlantische Völker- und Kulturgemeinschaft relativ am ehesten das Menschheitsgewissen, sogar wenn sie sich in neuen globalen Spannungsfeldern in Gegensatz zu UNO-Mehrheiten stellt.

---

eben damals über ganz Deutschland neu etabliert hatte. Vgl. dazu Werner Kaegi, Jacob Burckhardt, eine Biographie, 6 Bände, Basel 1947–77, V, S. 626 f., wobei mir Kaegis, des feinsinnigen Humanisten, einseitig pessimistische Wertung der Gegenwart fernliegt.
224 [Anbei o. S. 43.] – Vgl. zum Ganzen auch die eben neuerschienene Schrift von Fritz Fischer, Juli 1914: Wir sind nicht hineingeschlittert, Hamburg 1983.

Adolf Gasser

Staatlicher Grossraum und Autonome Kleinräume

Gemeindefreiheit und Partizipation
Ausgewählte Aufsätze

(Social Strategies, Monographien zur Soziologie und
Gesellschaftspolitik, hrsg. von Paul Trappe, Vol. 3)
VII + 171 Seiten

Inhalt

Paul Trappe, Geleitwort

Die Schweiz als Modell für die Partizipationsforschung?

Adolf Gasser, Ausgewählte Aufsätze (politologischen Inhalts)

Der europäische Mensch in der Gemeinschaft (1956)

Deutschlands Weg vom Obrigkeitsstaat zum Volksstaat (1950)

Bürgermitverantwortung als Grundlage echter Demokratie (1959)

Vom griechischen zum schweizerischen Bundesstaat (1948)

Die direkte Gemeindedemokratie in der Schweiz (1952)

Die Schweizer Gemeinde als Bürgerschule (1959)

Bürokratisierung und Rechtsstaat – Der Gegensatz Volksrecht-Staatsrecht und seine
Überwindung (1952)

Bürokratisierung und Gemeindedemokratie (1959)

Der "freiwillige Proporz" im kollegialen Regierungssystem der Schweiz (1966)

Staatlicher Grossraum und autonome Kleinräume (1975)

Eidgenössischer und europäischer Föderalismus (1963)

Literaturhinweise

Social Strategies Publishers Co-operative Society
(Soziologisches Seminar der Universität Basel)

Basel 1976

Adolf Gasser

Ausgewählte Historische Schriften 1933–1983

(Basler Beiträge zur Geschichtswissenschaft, Band 148)
IX + 523 Seiten

Inhalt

Zum Kriegsausbruch von 1914

Deutschlands Entschluss zum Präventivkrieg 1913/14 (1968)
Der deutsche Hegemonialkrieg von 1914 (1973)
Preussischer Militärgeist und Kriegsentfesselung 1914 (1983)

Zur europäischen Geschichte

Strukturwandlungen des mittelalterlichen "Staates" (1983)
Zur Staats- und Rechtsentwicklung des Mittelalters (1933)
Lutheranertum und Obrigkeitsstaat (1946)
J.J. Rousseau als Vater des Totalitarismus? (1953)
Napoleons Weltmachtstreben und die Nationen (1969)
Die Drachensaat von Königgrätz (1966)
Bismarck statt Hitler? (1947)
Aleksander Kesküla: ein estnischer Revolutionär (1964)
Geheimdienstliches aus dem Zweiten Weltkrieg (1983)
Die Weltenwende von 1945 (1965)

Zur Schweizer Geschichte

Der älteste Dreiländerbund von 1273 (1983)
Die Entstehung der Schweizer Landesgrenze (1964)
Ewige Richtung und Burgunderkriege (1973/76)
Landständische Verfassungen in der Schweiz (1937)
Der Irrweg der Helvetik (1947)
Vom altgriechischen zum schweizerischen Bundesstaat (1948)
Kanton Jura und Berner Jura (1965/79)

Tradition und Verpflichtung

Universalgeschichte an den Schweizer Gymnasien (1934)
Zum Melier-Dialog des Thukydides (1938)
Demokratie als schweizerisches Schicksal (1941)
Rede vor dem Niedersächsischen Landtag (1949)
Geschichte und Gegenwart (1969)
Gemeindefreiheit und die Zukunft Europas (1977)
Gedenkrede auf Albert Einstein (1979)

Gesamtschrifttum des Autors
in den Bereichen Geschichtswissenschaft und Politologie

Verlag Helbing & Lichtenhahn, Basel und Frankfurt am Main 1983

Adolf Gasser/Franz-Ludwig Knemeyer

Gemeindefreiheit – Kommunale Selbstverwaltung

(Studien zur Soziologie, hrsg. v. Lothar Bossle und Gerhard W. Goldberg, Würzburg, Bd. 4), X + 22* + 302 Seiten

Inhalt

Alois Lugger, Geleitwort

Franz-Ludwig Knemeyer, Gemeindefreiheit – kommunale Selbstverwaltung

Adolf Gassers Staats- und Geschichtsauffassung – Begriffsklärung Gemeindefreiheit-Selbstregierung-Selbstverwaltung – Einige Thesen Gassers zum "Kommunalismus" als unverzichtbarem Aufbauprinzip einer Demokratie

Adolf Gasser

Gemeindefreiheit als Rettung Europas
Grundlinien einer ethischen Geschichtsauffassung

(Nachdruck des Buches, Basel 1943, in Form der Zweitauflage von 1947).

I. Kommunalismus als organische Verbindung von Freiheit und Ordnung

Gesunde und brüchige Demokratien – Die beiden Grundformen aller Gemeinschaftsbildung – Die kommunale Gemeinschaftsethik – Gemeindefreiheit und kollektive Gesetzestreue – Gemeindefreiheit und kollektives Vertrauen – Gemeindefreiheit und kollektive Verträglichkeit – Gemeindefreiheit und Humanitätsidee

II. Die Welt der Gemeindefreiheit

Der ureuropäische Stammesverband – Die griechische Polis – Die römische Republik – Die christliche Kirche – Die mittelalterliche Bürgerschaft – Das britische Commonwealth – Die amerikanische Union – Die skandinavisch-niederländischen Volksmonarchien – Die schweizerische Eidgenossenschaft – Alte Gemeindefreiheit und moderne Demokratie

III. Die Welt der Gemeindeunfreiheit

Feudalismus und Absolutismus – Das grosse Versäumnis des Liberalismus – Frankreich als liberalisierter Obrigkeitsstaat – Preussen-Deutschland als liberalisierter Obrigkeitsstaat – Die übrigen liberalisierten Obrigkeitsstaaten – Eine Voraussage Tocquevilles – Alte Gemeindeunfreiheit und moderner Totalstaat

IV. Der Weg zur dauernden Demokratisierung Europas

Historisches statt rationalistisches Denken – Ein geschichtliches "Gesetz" – Der dualistische Staatsbegriff – Das dualistische Wesen aller Sozialbegriffe – Der gerechte Aufbau aller Staatsordnung – Europas Rückkehr zum kommunalen Urprinzip?

V. Die Überwindung des machtmässigen Kollektivismus

Die asiatische Gemeinschaftsethik – Die russische Gemeinschaftsethik – Gemeindefreiheit und soziale Gerechtigkeit – Gemeindefreiheit und Völkerfrieden – Der Glaube an das Gute im Menschen

Adolf Gasser, Nachwort (1983)

Zweierlei Staatsstrukturen in der freien Welt

Nymphenburger Verlagsanstalt, München 1983

Von der freien Gemeinde zum föderalistischen Europa

Festschrift für Adolf Gasser zum 80. Geburtstag

Herausgegeben von Fried Esterbauer, Helmut Kalkbrenner, Markus Mattmüller
und Lutz Roemheld
652 Seiten

Inhalt

Einleitung: Helmut Kalkbrenner, Adolf Gasser zum 80. Geburtstag – Hendryk Brugmans, Persönliche Erinnerungen an A.G.

Verlag Duncker & Humblot, Berlin 1983